高校预算支出绩效
管理研究

邱向英 ◎ 著

吉林科学技术出版社

图书在版编目（CIP）数据

高校预算支出绩效管理研究 / 邱向英著． -- 长春：吉林科学技术出版社，2021.6
　　ISBN 978-7-5578-8051-4

Ⅰ．①高… Ⅱ．①邱… Ⅲ．①高等学校－预算管理－研究－中国 Ⅳ．① G647.5

中国版本图书馆 CIP 数据核字（2021）第 099136 号

高校预算支出绩效管理研究
GAOXIAO YUSUAN ZHICHU JIXIAO GUANLI YANJIU

著	邱向英
出 版 人	宛　霞
责任编辑	丁　硕
封面设计	舒小波
制　　版	舒小波
幅面尺寸	185 mm×260 mm
开　　本	16
印　　张	11.375
字　　数	250 千字
页　　数	182
印　　数	1-1500 册
版　　次	2021 年 6 月第 1 版
印　　次	2022 年 1 月第 2 次印刷

出　　版	吉林科学技术出版社
发　　行	吉林科学技术出版社
地　　址	长春市净月区福祉大路 5788 号
邮　　编	130118

发行部电话／传真　　0431-81629529　　81629530　　81629531
　　　　　　　　　　　　　　　　81629532　　81629533　　81629534
储运部电话　0431-86059116
编辑部电话　0431-81629518

印　　刷	保定市铭泰达印刷有限公司
书　　号	ISBN 978-7-5578-8051-4
定　　价	50.00 元

版权所有　翻印必究　举报电话：0431-81629508

前　言

2018年9月，中共中央和国务院发布《关于全面实施预算绩效管理的意见》，要求"加快建成全方位、全过程、全覆盖的预算绩效管理体系"，并提出要"创新评估评价方法，立足多维视角和多元数据，依托大数据分析技术，运用成本效益分析法、比较法、因素分析法、公众评判法、标杆管理法等，提高绩效评估评价结果的客观性和准确性"。

全面预算绩效管理以结果为导向，与所有预算构成体系密切相关，其本质是公共管理领域的制度创新。要实现管理主体和管理对象的全覆盖，各级政府、所有部门具有公共性质的财政性资金都应纳入绩效管理。我国的高等教育经费绝大部分来源于公共财政拨款，高等学校作为使用公共财政资金的非营利性组织，进行全面预算绩效管理理所应当。近年来，按照财政部和教育部的要求，高等学校已经开始推行预算绩效管理并积累了一些经验，但是，"绩效目标设置不科学、不准确，绩效运行监管流于形式，绩效评估指标信度、效度分析不足，绩效评价结果应用欠缺"等问题一直未能有效解决，管理人员思想上的排斥、管理过程中具体实施环节的繁复、技术手段的落后等几个方面原因交织缠绕在一起。《高校预算支出绩效管理研究》一书通过对中央部门预算改革的主要内容，国外部门预算的编制及以美国高校会计体系为例，分析我国预算管理现状的前提下，针对高校预算管理中存在的问题，提出完善高等学校财务预算管理的对策、建议及方法。

编者

2021.3

目 录

第一章 导论 1
第一节 研究背景 1
第二节 研究综述 4
第三节 高校预算绩效理论基础 10

第二章 高校预算支出理论 19
第一节 预算及高校预算支出概念 19
第二节 高校财务预算支出的作用 31
第三节 高校财务预算支出的特征 38
第四节 高校财务预算支出的原则 40

第三章 高校预算绩效管理的主要内容 46
第一节 目标设置 47
第二节 预算的编制 51
第三节 预算的执行 54
第四节 预算的监督与评价 67

第四章 我国高校预算支出的绩效管理现状 73
第一节 我国高校预算支出绩效管理现状 73
第二节 我国高校预算支出绩效管理存在的问题 85

第五章 提高高校预算支出绩效的对策 101
第一节 更新高校预算支出观念 101
第二节 预算编制与长期战略规划和目标相结合 104
第三节 改进高校预算支出编制模式 106
第四节 增强高校财务预算支出风险意识 108
第五节 提高预算的约束力和权威性 113

第六节　加强预算监管以及预算执行 116

第六章　高校预算支出绩效管理体系构建 125
　　第一节　高校预算支出绩效管理的可行性 125
　　第二节　高校预算支出绩效管理的基本原则 131
　　第三节　高校预算支出绩效管理的评价机制 139

第七章　发达国家及地区高校财务预算支出的经验借鉴与启示 146
　　第一节　美国高校财务管理方面的经验及借鉴 146
　　第二节　澳大利亚高校财务预算支出的主要做法与经验 149
　　第三节　英国高校财务预算支出的主要做法与经验 154
　　第四节　我国高校预算支出绩效管理改革实践与启示 156

参考文献 174

第一章 导论

第一节 研究背景

改革开放以来，随着我国高等教育的深化体制改革，高校逐步面向市场，1997年国家教委、财政部联合颁发《高等学校财务制度》确立了我国高校独立办学的法人地位，一改由政府高度集中管理的模式转由面向社会的自主办学模式。

高等教育是在完成中等教育的基础上进行的专业教育和职业教育，是培养高级专门人才和职业人员的主要社会活动。高等教育是教育系统中互相关联的各个重要组成部分之一。它通常包括以高层次的学习与培养、教学、研究和社会服务为其主要任务和活动的各类教育机构。20世纪后半叶是高等教育发展史上不寻常的扩展和质变的阶段，社会对高级专门人才需求的迅速增长以及个人对接受高等教育就学机会的迫切需要，使得高等教育以前所未有的速度发展，从精英教育走向大众化教育。

中国高等教育在经过大规模扩招以后，已进入了一个比较稳定和更加有序的发展阶段，这对于高等教育的协调健康发展走非常有利的。根据智研咨询发布的《2020-2026年中国高等学校行业市场现状分析及投资前景预测报告》显示：2019年中国各类高等教育在学总规模4002万人，高等教育毛入学率51.6%。全国共有普通高等学校2688所（含独立学院257所），比上年增加25所，增长0.94%。其中，本科院校1265所，比上年增加20所；高职（专科）院校1423所，比上年增加5所。全国共有成人高等学校268所，比上年减少9所；研究生培养机构828个，其中，普通高等学校593个，科研机构235个。普通高等学校校均规模11260人，其中，本科院校15179人，高职（专科）院校7776人，如图1-1和1-2所示。

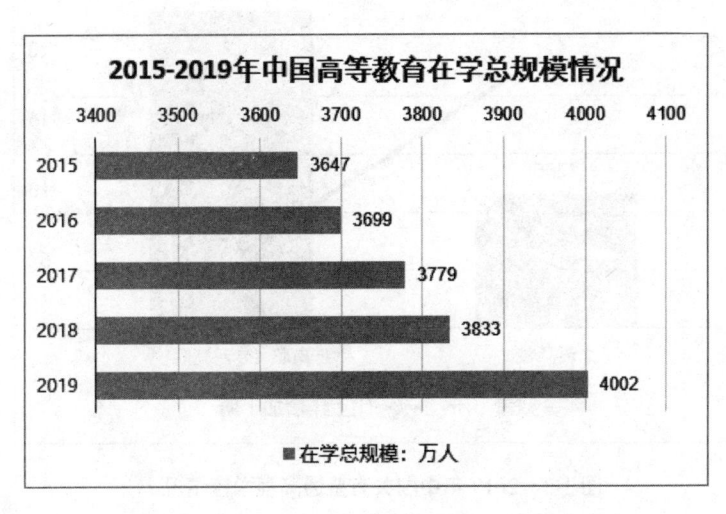

图1-1 2015-2019年中国高等教育在学总规模情况

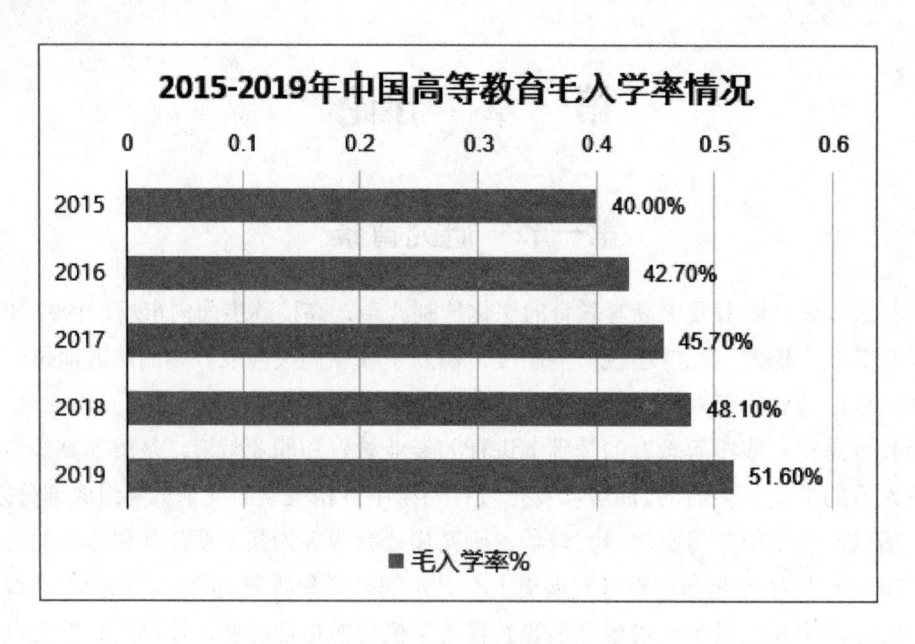

图 1-2　2015-2019 年中国高等教育毛入学率情况

2019 年中国各类高等教育在学总规模 4002 万人，高等教育毛入学率 51.6%。全国共有普通高等学校 2688 所（含独立学院 257 所），比上年增加 25 所，增长 0.94%。其中，本科院校 1265 所，比上年增加 20 所；高职（专科）院校 1423 所，比上年增加 5 所。全国共有成人高等学校 268 所，比上年减少 9 所；研究生培养机构 828 个，其中，普通高等学校 593 个，科研机构 235 个。普通高等学校校均规模 11260 人，其中，本科院校 15179 人，高职（专科）院校 7776 人，如图 1-3～1-5 所示。

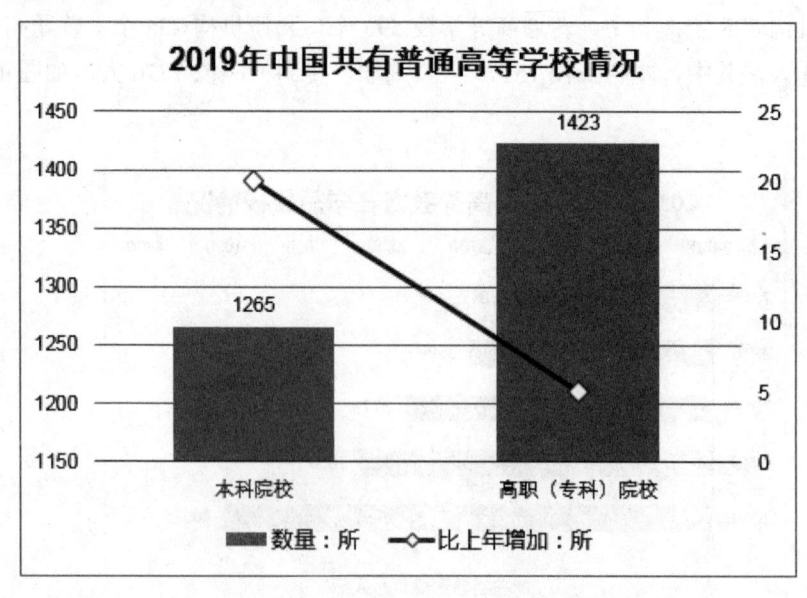

图 1-3　2019 年中国共有普通高等学校情况

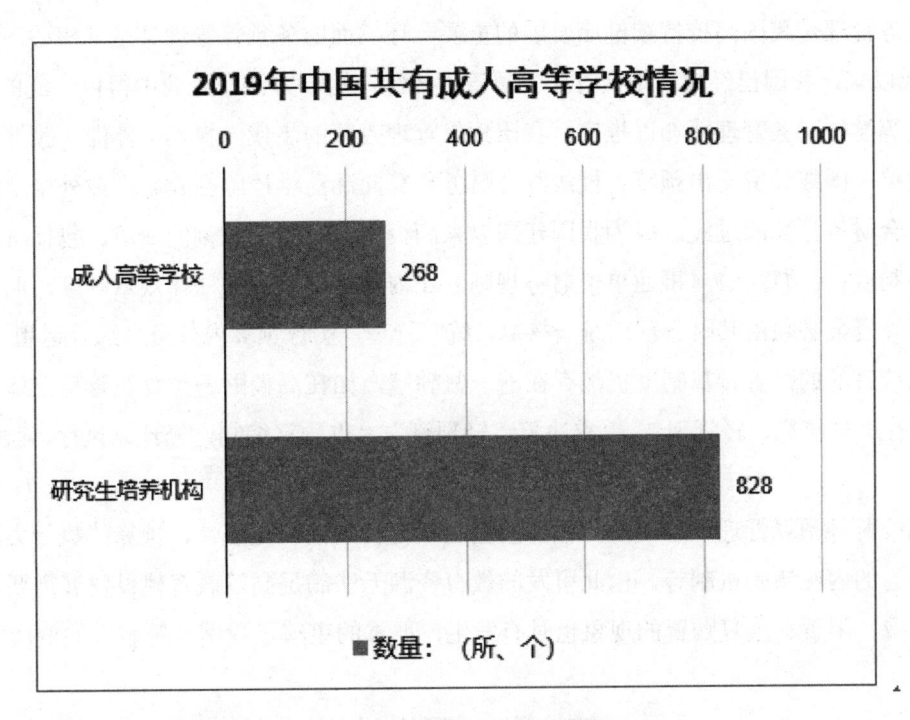

图 1-4　2019 年中国共有成人高等学校情况

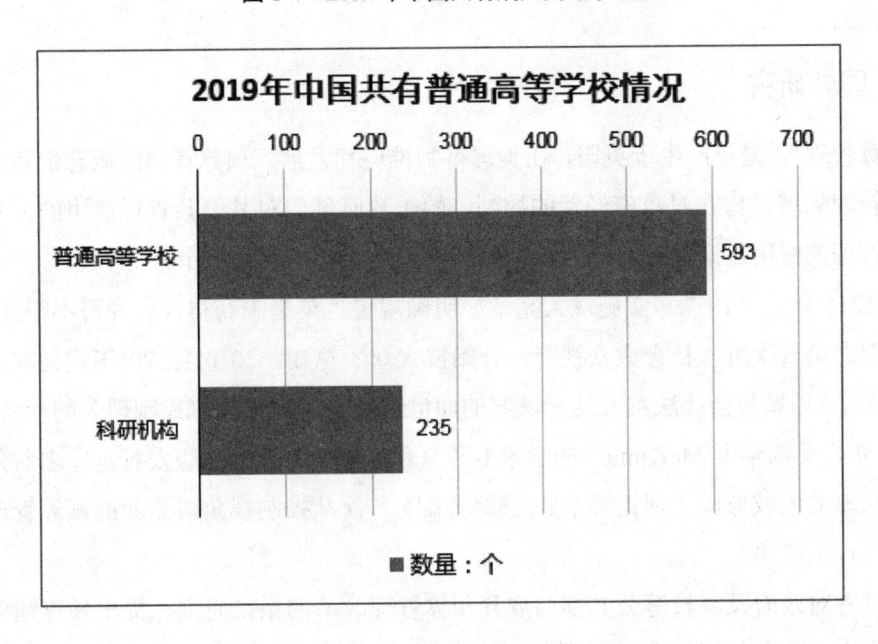

图 1-5　2019 年中国共有普通高等学校情况

教育经费的来源由单一的政府渠道走向多元化融资，高校经费来源除财政性拨款以外，高等学校社会团体和公民个人办学经费、社会捐（集）资经费、事业收入（包括学杂费）以及其他自筹经费在内非财政性经费都有所增长。截止 2019 年，全国教育经费总投入首次超过 5 万亿元，国家财政性教育经费首次超过 4 万亿元。

财务管理是我国高校持续健康发展的重要一环，而财务预算管理又是其核心。上世纪90年代以来，我国已经成功地实行了预算管理控制，这一方法在企业中得以广泛的应用，随后高等学校财务管理并加以推广。我国预算管理改革的步伐一直都未停滞，预算管理实现了由单一国拨经费支出预算、校级综合财务预算向涵盖学校除基建、产业外全部资金收支的综合财务预算的过渡，成为我国建国以来高校财务制度最深刻的变革。包括《高等学校财务制度》《预算法》《事业单位财务规则》在内的等一系列的法律规章制度，明确要求预算内外资金必须由其财务部门统一核算，统一管理，实行预算内外资金综合运用。然而，我国高校目前的财务预算制度仍然存在着一些弊端，如在高校财务预算在管理上体制不健全，往往"重核算、轻管理"、"重决算，轻预算"、"重预算编制，轻预算执行、监督和控制"。

高校财务预算管理观念淡薄，预算的编制缺乏科学性和完整性，预算的执行力不足缺乏强有力的内在激励机制等。由此引发的教育资源无法满足高等教育建设发展需要，造成资源浪费、闲置、重复购置的现象也时有发生，严重的束缚了我国高等教育的健康发展。

第二节　研究综述

一、国外研究

"预算管理"，最早产生于英国，在美国得到推广和发展。预算管理的概念最初应用在行政公共管理领域，旨在对政府经费的控制，始于政府部门对其公共管理费用的控制。后来，预算管理的应用逐渐从行政经费控制延伸到大企业管理的领域中。

公元1215年，英国颁布实施《大宪章》明确规定"英皇未获得议会许可不得征税"。这是预算理念第一次进入社会大众视野，开始被大众所熟知。20世纪20年代初期，美国颁布并实施了《预算与会计法案》。这一法案的面世进一步扩大了预算控制理念的社会影响。跨入1922年，美国学者McKimiey的学术专著《预算控制》一书出版发行，标志着预算管理在企业管理的领域形成了理论雏形。《预算控制》首次从控制视角对企业的预算管理理论和方法论进行了论述。

国外学者对政府及高校等公共部门展开预算管理改革的系统研究，提出预算绩效管理能够提高资金分配和使用效率，预算管理还能促进组织优化内部控制管理手段和提高整体内控水平。Carl R Borgia, Randolph S.Coyner选取了美国1972年至1996年间一定数量的综合性大学的预算展开系统研究，深入分析了这些大学陆续开展预算绩效改革的手段、范围和成果。他们的研究结果表明，开展绩效预算对美国的大学高校具有深远意义，建议美国高校应该尽快展开预算改革，提出要从传统的增量预算转变为预算绩效管理，以提高政府预算资金的使用效率，从而推动高校财务资金的配置。。StevenA. Finkler 在其著作《财务管理—公共、医疗卫生和非营利机构组织》中，阐明其将预算作为一种管理控制手段的理念观点。他认为，预算是对资金的分配和安排，预算能够帮助组织将有限的经费资源相对合理地分配到事业发展的无尽需求中。预算不仅具有计划功能是一种计划的手段，还具有管理控制功能。Van Helden G J.， Northcott D.从管理会计的研究视角出发，提出将管理会计理念与公共部门预算结合的研究思路，并利用政府及高校等公共部门的预算公开资料进行了实证性分析和相关性研究。他们展开的研究结果表明，管理会计理论与预算实践相结合能够深度促进公共部门预算的研究。NarenManadula 对高校开展预算改革的情况进行了研究，提出高校应该落实开展预算管理改革，进行更加全面的预算管理。他指出，为了巩固预算改革的成果，各高校在推陈出新的同时也应当加大力度提升与新预算管理模式相匹配对应的内部控制管理手段。Wallapha，Saowanee，Ngang 对泰国加拉信府地区初等教育学校的预算管理情况进行研究，认为提高学校内部控制管理水平能够改善初等教育学校在预算管理中存在的问题，提出内部控制水平和预算管理水平具有正相关影响。

随着对预算管理改革的研究深入，一些学者研究更加细致，从预算管理的编制、执行、监督、评价等环节入手，强调预算目标的重要性和预算管理方法和工具的选取，以预算管理环节局部的优化促进整体管理水平的提升。Sea，Ball 着重于预算分配的研究，选取控制变量法展开了关于高校长期预算与短期预算在编制环节相关性和一致性的研究。他们认为，高等院校在预算编制过程中应当考虑预算的期间和预算项目的长短时效，提出了平衡长短期预算的滚动预算编制方法。Peter Rausch 选取了企业集团预算和政府公共部门预算的具体案例，从预算分配的角度进行研究，他认为，不管是政府公共部门还是集团企业，其组织内部部门机构之间对各类资源分配的有效程度和分配过程中的沟通协调水平都深刻影响整体的预算管理水平。他提出，无论是什么组织形式，组织内部机构之间都需以预算总体目标为统领和基础，各方要在充分沟通的前提下基于预算总体目标进行本部门的预算细化，任何预算管理内部行为都不能脱离预算总体目标。Macinatia，Rizzo 认为大学高校的战略目标应该成为其预算编制中最重要的编制指引，编制预算方案应充分考虑高校发展目标符合高校发展愿景，充分发挥预算管理的激励作用。Sarkar，Hossain，Rahman 对孟加拉高校的预算管理进行研究，发现孟加拉高校的预算管理水平对高校自身发展规模存在一定的制约影响。他们指出，孟加拉高校预算管理问题主要体现在二级预算分配不均衡和缺乏有效的预算执行政策指引。研究认为孟加拉公立大学除了从政府财政拨款取得预算收入，还应该从大学内部以及其他外部途径获取更多资金，建议加强孟加拉大学预算编制和预算执行的监管。Bratti，Knight，Naylor 等通过统计分析的方法分析了英国高等院校的绩效预算评价指标，并根据实际工作中表现出的问题，提出了在对评价指标进行权重的确定时，可以利用调查法询问相关专家意见，这样在评价时结果才更准确、更具有实际意义。Riveenbark，

Kelly 研究了各地政府的预算绩效管理工作实践情况，认为政府部门不论规模大小，通过对工作状况进行绩效评价并将预算执行结果同步公开，可以提高政府部门的预算绩效能力。他们提出，绩效评价指标体系的建立以及评价标准、评价方法的使用，能够促进政府部门的预算决策，保证合理的政府预算范围，防止预算膨胀。

二、国内研究

预算管理是企、事业单位财务管理中重要的组成部分，其是否规范、可行直接关系到财务资源的配置效率。近年来，国内学者主要是从以下几个方面展开了相关研究。

1.预算管理理念

潘爱香认为预算管理就是要在事前对资金流和业务流进行规划，并根据权责范围将其落实到相应的责任人，从而实现权责利三者的统一，因此，预算至少应涵盖业务预算和财务预算两部分内容。但是，谢志华提出在实务工作中，一个有效的预算管理体系不仅要依据功能或项目编制，还要考虑企业的组织结构，只有这样，预算才能体现出"企业内部的权责利结构"，才能发挥应有的计划与控制的作用。不同学者对预算起点和内容的界定并没有给出统一的说法，理论研究显得十分分散。此外，于增彪指出我国企业预算实务工作中面临的主要问题是预算与战略、与激励机制、与作为预算动因的非财务指标相互脱节，预算流于形式。也就是说，企业尚未树立正确的预算管理理念，仍然只是为了预算而预算，失去了将其作为协助企业管理控制手段的意义。

近年来，随着预算法的改革推进，学者们对预算管理理念的研究也不断发展进步，包晓岚和谢巧丽认为预算是组织战略"着陆"的形式和工具，战略到预算是一个"渐降"的过程，战略目标决定组织的预算目标，因此，预算管理要站在战略高度，做好资产资源配置工作。闫华红、毕飞提出了围绕大数据管理中心，结合平衡计分卡四个维度从制定战略目标到预算编制、预算执行、预算评价及预算调整等整个闭环的全面预算系统构架思路。因为，战略是预算制定和预算执行的前提与方向，要建立战略导向的非营利组织预算体系，起点和核心就是要确立正确的体现战略意图的预算目标。总之，预算管理本质上是一种有效的控制工具，用来控制战略目标和年度任务妥善落地。

2.预算编制

张兰萍和李红霞、刘天琦指出预算编制是否完整、合理、科学会影响预算管理的有效实施，如果没有一个完善的预算编制制度及标准，各部门上报的预算数据不够科学合理，也会导致后续的执行控制和绩效评价无法顺利进行。王海涛总结了现有预算编制问题的表现，他认为预算编制不准确，影响了预算管理的严肃性。一方面，收入预算倾向于保守，对超收收入安排也较为自由，另一方面，对支出的预算没有细化到实际支出项目，十分模糊，预算成为一种摆设。

基于此，许多学者开始寻求解决问题的出路，池国华、邹威认为企业应根据预算内容、特征等的不同，灵活选用滚动预算法、零基预算法或作业成本法等方法编制预算。叶剑、李秋实和蒋瑛都指出在编制预算之前，应完成本单位的三至五年发展战略规划，力求将年度预算与发展规划衔接，做好经常性预算与建设性预算、短期计划和长期目标之间的平衡。邢振明和盛贤鑫提出要坚持自下而上的路线，各部门共同参与预算编制，避免出现财权、事权互相脱离的现象。

3.预算执行

韩楠指出目前事业单位在预算执行的过程中，擅自在项目支出中列支人员工资或公共经费，挤占挪用项目资金问题严重，且缺少必要的预算执行考核机制，无法调动事业单位各业务处室及全体工作人员参与预算管理的积极性。陈秋红也站在我国事业单位的视角提出目前普遍存在的预算松弛现象，造成了财政资金的错配和浪费。

现有对预算执行的研究主要集中在预算松弛的成因和对策上。潘飞、程明对上市公司预算松弛的影响因素及其对公司业绩的影响进行了实证研究。他们发现，信息不对称程度和政府的行政干预手段是我国上市公司预算松弛的重要影响因素，此外，他们认为严紧的预算目标有利于提高企业绩效，实现有效的激励作用。然而，这种"激励"并未带来企业实际价值的真正提高，只是导致经理人更为严重地操纵企业的盈余水平。所以，这也说明，在企业制定预算的过程中，不仅要注意预算指标的可控性，还需考虑预算指标的可操纵性。张朝宓等人认为信息对称性、真实导向的薪酬计划两个因素对预算松弛都有抑制作用，其中信息的对称性对预算松弛的影响最显著。王斌、潘爱香认为要解决预算松弛，不能局限于设计诱导行为的绩效评价激励机制等传统办法，而应考虑从编制技术上寻求突破，如借助于IT技术背景，也许能够有效减轻预算宽余问题。

此外，刘浩，许楠和时淑慧从内部控制的角度对预算执行展开了研究，他们收集了A股中899家样本公司的收入预算数据，通过一系列的实证分析得出：内控好的企业，预算的执行效果更好（执行偏差小、达标率高），但更容易发生预算松弛的结论，他们认为较为确定的外部经营环境可以削弱上述内控与预算松弛的关系，因为，松弛的预算是为应对外部不确定因素而制定的一种防御措施。

4.预算考核与评价

所谓的预算绩效考核与评价指的是对预算执行效果进行考核与评价，目的是为了提高预算资金的使用效率，保证预算收支的公正公开，并确保预算制度真正得到落实。预算改革作为推进国家治理能力现代化进程的重要一环，在其推进过程中，必须重塑绩效考评与问责机制，使绩效考评与问责机制长效性地存在于财政预算的整体性流程中。

然而，邓传洲等人和程新生等提出了基于预算的事后考核刚性越强，预算的副作用越大的观点，随后通过问卷调查和一系列分析证明了这一观点，也得出了这些副作用可以通过建立明晰、科学的绩效评价制度来降低的结论。因此他们认为，企业应优化预算考核环境，营造良好的预算氛围，以建立合理有效的预算绩效评价体系。叶建芳等人也实证考察了我国上市公司的预算绩效考评功能，推导出国有企业高管更具备操纵预算执行进度的动机，以规避预算绩效考核所导致的经济后果，因此，他们认为在制定预算目标时，政府应更多地考虑预算的计划、协调、资源配置、控制等功能，弱化预算的绩效考评功能。随后，刘凌冰等人修正和补充了上述结论，他们通过理论分析和实证研究发现预算文化、预算考核和预算人员专业能力是促进预算沟通的重要因素，并证实了预算考核对预算效果具有直接和间接的正向影响。

总而言之，考评是预算管理的生命线，它保证了预算的严肃性，确保了发展方向的正确性，是预算管理流程中承上启下的重要一环。因此，为了科学引导高校的预算方向、合理配置预算资金并产出更多的经济效益和社会效益，高校应建立完善、合理的预算绩效考核评价指标体系。

5.高校预算管理研究现状

随着预算管理改革的深化，对高校预算管理的要求不断提高，传统预算管理的问题已逐渐显现，国内许多学者对我国高校预算管理现状进行了研究。

许江波通过发放调查问卷，对中国高校预算管理的现状进行了分析，他认为目前中国高校预算存在校内预算与部门预算脱节、预算执行的软约束和欠缺对预算执行情况进行绩效评价等问题并提出了对改进的思考。方永刚认为当前我国的高校预算缺乏长期规划，且各学院的创收往往没有在高校预算中体现，支出的资金没有明细科目也使得预算编制不够全面。吴海鹏、张雪芹，杂彧认为我国高校尚未树立正确的预算管理理念，预算管理缺乏战略导向，预算编制方法不够科学使得预算执行约束力不强。徐勇指出目前高校普遍存在相互模仿、方案出台快、调整多、短期化等问题，战略目标左右摇摆，资源重复投入，资源浪费情况十分严重，影响预算的有效性。陈萍，孙培清和孙玲、王涛等人认为目前许多高校预算编制缺乏科学性，提出可以按项目的轻重缓急实行滚动预算的想法。毛建荣、彭松波指出，由于存在信息不对称、代理问题和逆向选择等因素，我国高校预算松弛现象十分突出。袁晋芳、何毅认为预算松弛的存在，限制了预算作用的发挥，已经构成了高校预算控制中难以解决的一个主要问题。他们通过实证分析得出了高校预算执行松弛与教育经费拨款收入显著正相关，而与组织规模显著负相关的结论。

李现宗等人指出我国的高校预算模式属于依附型预算，他们认为这种预算只能称之为"上报预算"，缺乏刚性和可操作性，没有体现高校内部各预算单位的权责关系，存在许多弊端，并认为当务之急是转型为自主发展型的预算管理。杨志红也提出了依附型预算管理模式弊端明显的观点，他认为依附型预算缺乏现实独立自主性，既不符合我国高等院校的资金使用的现状，又与高校独立自主办学、科学民主管理以及相对独立的经济运行规律相悖。但乔春华认为高校的资金来源主要是财政资金，所以依存于财政资金，不能脱离这种关系去寻求转型，在他看来，高校预算的自主权是有限的，不受政府管控的自主权是有害的。此外，他还认为，"上报预算"与"管理用预算"并不冲突，因为国有企业也需要上报、审核预算，这是由财政资金的性质所决定的。

　　另一方面，尽管高校经费支出每年都在增长，许多高校仍然存在经费短缺的问题，因而提高预算管理水平，实现资源优化配置十分必要，彭秋莲、杨运东认为我国高校预算管理缺乏完善的绩效评价体系，提出采用平衡记分卡与关键绩效指标结合的方法设计一套绩效评价指标体系的想法。龙辰辰通过定性和定量的研究方法构建了高校预算绩效评价指标体系，对高校预算管理进行评价和反馈，优化高校资源配置。汪建华认为对于政府的教育投资项目来说，教育投资绩效首先应当体现其社会效益。此外，随着信息技术的蓬勃发展，许多学者开始从信息化的角度研究预算管理问题。冯文轶、林爱梅从多个角度分析了大数据背景下云会计对高校全面预算管理的影响，并搭建了高校全面预算管理框架，他们认为基于云会计的高校全面预算管理体系以大量宏观与微观数据为基础，有先进的数据分析技术作为保障，其结果必定更加准确、合理与科学。章雯华也指出由于目前许多高校的内部控制存在缺陷，导致预算管理、资产管理等方面出现问题，她认为可以通过结合云计算和大数据并树立IT治理理念的手段，提高信息化下的内部控制水平，进而弥补现有高校预算管理等方面的不足。

　　此外，田华静从大学治理的角度出发，指出高校财务部门要建立起内、外部的监督机制，成立预算咨询委员会和预算监督考核机构，对预算执行情况实施考核。她认为追踪问效和失误问责同等重要，相互衔接配套，预算工作才能更科学合理。

三、文献述评

　　综上所述，国内外学者对预算管理进行了广泛的研究，形成了十分丰富的研究成果。但通过梳理这些文献，仍然可以发现其中存在一些局限性。就研究角度而言，从已有文献中可以看到，国内外对预算管理的研究较多侧重于某一方面，更关注预算编制、预算执行和预算绩效考核与评价这些预算管理流程，对于整体预算管理的研究相对较少，而预算管理作为一个综合管理体系，单独研究某一领域略显片面。就研究深入性而言，一方面，尽管国内外都明确了预算考评的重要性，但多数研究还停留在考评指标构建原则等纲领性话题，尚未形成完整的考评体系，指标的设计依旧存在难以量化、笼统分散的问题。另一方面，现有的研究成果大都侧重于预算基础理论方面的研究，对如何解决高校实际预算工作中存在的问题方面还有待深入。此外，现有研究多是基于预算参与者都是理性的假设，忽视了预算管理中复杂的行为动因、过程及后果，使研究结论的现实适用性大打折扣。

基于以上分析，本文认为，预算作为一个以战略为核心，结合先进的信息技术，全面、透明、动态的综合管理体系，需要我们对其进行全面、深入的研究。以高校为研究对象还应立足于我国国情，结合高等教育改革等背景，以调查、分析为手段，对高校预算管理进行研究，以求为我国高校预算实践提供参考，切实解决我国高校预算管理当前存在的特定问题。

第三节　高校预算绩效理论基础

一、公共产品理论

在公共经济学中，经济学家将社会产品划分为公共产品和私人产品，有关学者对公共产品进行定义，即每个人对公共产品的消费都不会导致其他人对该产品消费的减少"。从定义中可以看出：公共产品与私人产品完全不同，主要具有效用的不可分割性、排他性和受益的非排他性等特点。而准公共产品介于公共产品与私人产品之间，纯粹的公共产品和私人产品都很少见，最常见的为准公共产品。

1.公共产品理论的思想渊源

公共产品理论最早源于英国著名学者霍布斯所著的《利维坦》一书，他在该书中提出了社会契约论和利益赋税论。该理论所阐述的基本思想是：处在社会中的每个人都是自由且平等的，如果个体凭借自身的能力不能实现时，进而就会运用个体间的契约产生现实社会中的国家和政府。霍布斯对国家的本质作出如下定义："即很多人之间形成契约，且个体对其行为赋予职权，促使其按照对广大居民的和平及共同安全有益的方式，运用整体共同的力量和方法的一个人格"。这成为后来公共产品理论的重要思想渊源。

英国著名的哲学家大卫·休谟于1740年发现了"搭便车"现象。休谟在他的著作《人性论》中提出了这样一种设想：两个邻人很容易达成关于怎样处理公共牧地污水的协议，但是在一千人中间达成共同的协议是很困难的，这是因为每个人都会怀抱侥幸心理，希望其他人去完成。休谟希望阐明这样的观点：对个人而言，完成它可能是没有多少利益可图的，但是对于集体而言，完成它是非常有益的，故而这些事情的处理只能依靠国家。休谟没有对公共产品的概念进行准确的定义，也没有对公共产品的供给进行详细的论述，但是不能否认，休谟的一些理论与现在公共产品理论的关键问题是有关联的。

在休谟发现"搭便车"现象之后，亚当·斯密站在国家职能的立场上继续对公共产品问题进行了研究。斯密指出，自由市场可以导致资源配置达到最优化，他认为政府的天职是"守夜"。根据斯密的论述，国家政府有以下职能：保护本国社会的安全，避免其遭受其他社会的暴行与侵略；最大程度上保护社会中个体的安全，让其免受社会中其他个体的迫害；促进某些公共事业的顺利进行以及建设有益于社会的公共设施，并对其进行维修和保护。所以，私人或者个体不会主动去完成这些公共事项，即存在"搭便车"现象，此时需要国家政府出面，运用税收等手段筹集公共资金，并利用公共资金来提供这些公共产品。特别需要指出的是，亚当·斯密虽然主张"自由放任"的观点，但是他也认为政府部门应该提供适当的公共产品。

约翰·斯图亚特·穆勒与斯密的观点一致，认为在一些重要的情况下，可以不遵照自由放任主义。这可以分为两种情况：①一般性职责；②选择性职责。一般性职责包括保障居民的生命安全、财产安全及人身安全，还包括保障国家安全（国家安全是实施自由放任制度的基础和前提）。另外，政府在很多时候，通过获得公众的同意，运用权力来履行一些职责。这是因为，这种方式可以为广大民众创造方便。穆勒认为，公共产品的存在是必要的，但是个人却不会主动提供，原因是公共服务的供给不一定能够获得相应的回报。因此不得不由国家政府来供应这些公共产品。即使穆勒没有详细阐述供应公共产品这个问题，但是包含有公共产品的思想。

2.公共产品理论框架的形成

（1）公共产品概念的提出与林达尔均衡

1919年，瑞典学派的代表人物林达尔在他的文章《公平税收》一文中，正式给出了公共产品的概念。林达尔通过对维克赛尔理论进行深入研究，创建了用来分析公共产品最优供应问题的数学模塑。他认为，当两个权力不平等的政党针对一项政府开支问题进行谈判时，谈判的最终结果必定是各种最佳产出或者非最佳产出，原因是两个政党都想破坏均衡以使结果对自身最有利。但如果是两个势均力敌的政党，而且预算是两个政党都同意的预算，那么经过某一拍卖程序，就可得出一个最优结果。在这一点上，一个政党最后一个单位货币花费的边际价值等于另一个政党最后一个单位货币花费的边际价值。林达尔均衡模型的重点在于告诉大家，公共产品的供给是由社会中的个人通过谈判和讨论而确定的结果。该模型对供应公共产品的费用来源进行了分析，不仅有助于西方公共财产理论和公共产品理论的发展，亦有助于公共选择理论的发展研究。

（2）萨缪尔森范式的建立与萨缪尔森条件

美国诺贝尔经济学奖第一人保罗·萨缪尔森（Paul Samuelson）发表在期刊《经济学与统计学评论》的两篇文章中，即《公共支出的纯理论》和《公共支出理论图解》，对公共产品的定义作出了很经典且标准的表述，直至今天，仍在继续沿用。萨缪尔森认为，如果公共产品市场用于资源配置的价格体系是不完善的，此时就会变成主要由国家对公共产品进行配置，亦或被公有企业垄断。此外，萨缪尔森在对林达尔的均衡模型进行批判的同时，也将均衡分析、最优分析等分析方法与工具运用到公共产品最佳供给的分析中，提出并建立了用于分析公共产品最优供给的一般均衡模型，即"萨缪尔森条件"。萨缪尔森假设：在最后的消费产品中，纯私人产品和纯公共物品均是唯一的；有且只有两名消费者，且认为两者的收入水平是一定的，当公共产品对私人产品的边际转化率相当于消费者 A 公共产品对私人产品的边际替代率与消费者 B 公共产品对私人产品的边际替代率的和时（用公式可以表示为 $MRT=MRS_A+MRS_B$），可以实现最佳配置。如果消除对收入水平、消费者人数及消费产品数量三者的限制，而假设收入水平是 j，消费者人数是 $i=1\cdots n$，消费产品数量是 $k=1\cdots m$，并且满足全部的消费者公共产品对私人产品的边际替代率的总和与公共产品对私人产品的边际转换率相等时，此时实现最佳供应。萨缪尔森条件说明公共产品的供求均衡在理论方面是合理的，这些理论有助于公共产品理论的发展和形成，并且具有跨时代的意义。

（3）公共产品理论的发展

在萨缪尔森等前人的理论基础上，布坎南创造性地提出了另一个理论，即"俱乐部产品"，该理论准确地将纯公共物品和纯私人物品两者联系起来。在其文章《俱乐部的经济理论》中，布坎南认为经济学家萨缪尔森仅仅将纯公共产品当做全部的公共产品，可是存在于现实经济社会中的大部分都是"准公共产品"。他还针对具有排他利益的产品、生产成本及成员特点这三部分的联系进行了分析，并提出包含公共产品的供给量和成员的数量两部分的"俱乐部均衡"，进而推出俱乐部容纳量的最佳规模。他所建立的俱乐部规模分为两个方面：一是所能提供的产品数量；二是成员容纳量。可以看出，俱乐部经济理论缩小了公共产品和现实之间的距离。之后，公共产品理论继续发展，最终变成由国家政府、个体、俱乐部以及地方共同供给社会所需要的公共产品。

美国著名学者，被誉为现代财政学之父的马斯格雷夫在其 1945 年的经典著作《财政学原理：公共经济研究》中，创造性地提出了"公共经济"。之后，他先后于 1964 年和 1965 年两年中，将《公共经济学基础：国家经济理论概述》和《公共经济学》两本著作分别出版了法语版本和英语版本。在这两本著作中，他将"公共经济学"直接引进书名使用。在此之后，公共经济学（public economics）开始逐渐成为一门独立的经济学，并从现代财政学（public finance）体系中独立出来。后来很多知名的财政学家也开始效仿马斯格雷夫，将"公共经济学"或"公共部门经济学"引入其著述，其中美国著名经济学家斯蒂格利茨于 1999 年对公共经济学的研究内容做出具体划分。至此，现代公共经济学的理论体系得以完全确立。

二、新公共管理理论

1.新公共管理理论概念

20世纪70年代末以来，西方发达资本主义国家实行的政府改革，引起了极大的社会反响。"重塑政府运动"、"企业型政府"、"政府新模式"、"市场化政府"、"代理政府"、"国家市场化"、"国家中空化"等，只是对这场改革的不同称谓。人们普遍认为，区别于传统公共行政典范的、新的公共管理模式正在出现。赫克谢尔（C.Heckscher）指出，政府改革打破了单向的等级指挥关系，建立了互动交流和导向管理，并开始向"后官僚组织"变迁。而巴扎雷（Michael Barzelay）说，摒弃官僚制的时代已经到来，公共管理由重视"效率"转而重视服务质量和顾客满意度，由自上而下的控制转向争取成员的认同和争取对组织使命和工作绩效的认同。"重塑政府"运动的积极倡导者奥斯本和盖布勒总结美国改革地方政府和联邦政府的经验，宣扬政府管理的新范式。胡德（Christopher Hood）把西方国家的政府改革所体现出来的政府管理新模式称作新公共管理典范。"新公共管理"实践催生出不同于传统公共行政理论的理论新范式。这就是新公共管理理论。

（1）新公共管理理论产生的历史背景

自上世纪中叶开始，西方发达资本主义国家普遍实行"福利国家"制度。它们运用凯恩斯主义经济学指导国家的经济活动，试图依靠政府的作用来弥补市场的不足。然而过了多年，"福利国家"制度并未取得如愿的经济增长和社会满意度。上世纪六七十年代以来，经济滞胀、政府扩大支出产生高税收、政府公共服务无效率，造成社会普遍不满，最终导致意识形态变革。人们开始从政治上批判"福利国家"的政策基础，主张以自由市场、个人责任、个人主义来重塑国家和社会。

在意识形态上崛起的"新右派"思想，主要来源于自由经济思想、新制度经济学和公共选择经济学。它强调自由市场的价值，批评政府干预的弊端，主张用市场过程取代政治或政府过程来配置社会资源并且做出相应的制度安排。它认为国家和政府作为非市场力量，会扭曲社会资源的有效配置。高税收将资源从"创造财富"的私营部门转移到"消费财富"的公共部门，妨碍经济增长和削减社会福利。只有让市场进行资源的最佳配置，让消费者和生产者决定福利的供给和需求，才能促进社会和经济的繁荣。于是，市场化成为政府改革的必然选择。公共企业的私营化、公共服务的市场化、公共部门之间的竞争、公共部门与私人部门之间的竞争，广泛进入西方国家的政府改革策略。

市场化改革，从一定意义上讲，是在为政府减负，同时也意味着政府放权。在现代国家，政府扮演着双重角色，即"社会福利的提供者"与"经济稳定和增长的主舵手"。政府在社会保障、社会公平、教育平等、医疗保健、环境保护等方面依然承担着不可推卸的责任，仍然支配着巨大的社会资源。社会要求政府"花费更少、做得更好"，更有效地使用公共财政资源。对此，政府必须积极从内部管理上挖潜，寻找新的管理理念和管理工具，提升政府的管理能力。私营企业优良的管理绩效和先进的管理方法，自然地成为政府进行管理创新的改革选择。西方国家的政府改革鼓吹市场化和效法私营企业管理，最终导致新公共管理典范的诞生而不同于传统的政府管理模式。

在这场改革运动中，英国是先行者。1980 年，撒切尔政府推行以缩小政府规模和进行"财政管理创新"为中心的改革，其后的梅杰政府（"公民宪章运动"）、布莱尔政府（"第三条道路"）继续推进政府改革，进一步发挥市场化作用；新西兰则在 1988 年开始以"政府部门法案"为蓝本的改革；加拿大在 1989 年成立"管理发展中心"，并于次年发表题为"加拿大公共服务 2000"的政府改革指导性纲领；美国于 1993 年成立"国家绩效评估委员会"，用来指导政府改革，后于 1998 年更名为"重塑政府国家伙伴委员会"（National Partnership for Reinventing Government）。这些改革的重要特征就是，发挥市场机制在公共服务领域中的作用，积极借鉴私营管理的技术和方法，提升政府的管理能力和公共服务能力。

（2）新公共管理理论形成与发展

新公共管理作为一种新的管理模式，其理论基础与以往的行政理论有很大的区别。如果说传统的公共行政以威尔逊、古德诺的政治—行政二分论和韦伯的科层制论为其理论支撑点的话，新公共管理则以现代经济学和私营企业管理理论和方法作为自己的理论基础。

1）新公共管理从现代经济学中获得诸多理论依据，如从"理性人"（人的理性都是为自己的利益，都希望以最小的付出获得最大利益）的假定中获得绩效管理的依据；从公共选择和交易成本理论中获得政府应以市场或顾客为导向，提高服务效率、质量和有效性的依据；从成本—效益分析中获得对政府绩效目标进行界定、测量和评估的依据等等。

2）新公共管理又从私营管理方法中汲取营养。新公共行政管理认为，私营部门许多管理方式和手段都可为公共部门所借用。如私营部门的组织形式能灵活地适应环境，而不是韦伯所说的僵化的科层制；对产出和结果的高度重视，而不是只管投入，不重产出；人事管理上实现灵活的合同雇佣制和绩效工资制，而不是一经录用，永久任职，等等。

总之，新公共管理认为，那些已经和正在为私营部门所成功地运用着的管理方法，如绩效管理、目标管理、组织发展、人力资源开发等并非为私营部门所独有，它们完全可以运用到公有部门的管理中。

2.新公共管理理论对高校管理的影响

高校的管理也深受新公共管理理论的影响，如高校的经费区别于以往的单一形式，而是逐渐走向多元化，现阶段高校的教育经费来源的方式之一是国家财政资金的拨款，国家在教育方面投入的多少直接影响着高校的办学水平和质量，因此需要国家加强对高校财务运行的监管力度，通过财务绩效的评价来衡量教育资金的具体使用情况，所以，国家应该不断加强对高等院校的教育投入力度，同时高校也可以采用新公共管理理论中的竞争机制和可以量化的绩效考核系统，客观的研究财务绩效状况，从而了解高等院校财务的运行状况，从而提高高等院校的办学水平。

三、利益相关者理论概述

早在 20 世纪 80 年代，利益相关者理论就已经提出，以弗里曼出版的《利益相关者科学管理的分析方法》一书为代表，首次提出了关于利益相关者管理的理论。弗里曼认为一个公司的发展与各个利益相关者的加入是紧密相关的，对于企业而言，所追求的目标不单是一些主体的利益，更多的是为了整体的利益。在此后的几十年里，利益相关者的理论研究继续得到深化和发展，对利益相关者的定义在学术界可谓是百家争鸣。在众多研究者中，弗里曼（Freeman）的观点得到广泛的认同，弗里曼认为："利益相关者指的就是可以影响到组织目标的实现，或者受到一个组织实现其目标过程影响的所有个体和群体。"

1.利益相关者理论的基础

（1）利益相关者关系管理的背景

利益相关者被定义为"任何影响或影响于企业目标实现的团体或个人"。近年来利益相关者的重要性日显突出，主要表现为：

1）在公众化、社会化与全球化趋势下，企业与社会的接口增多，独立性程度降低。

2）利益相关者所形成的社会关系网络尽管隐藏在层级制与市场的阴影之下，但其发挥的作用如果不是比层级制与市场更为重要的话，至少也是同样的重要。

3）增加对利益相关者的关注正成为全球性的潮流。

4）利益相关者的力量越来越大，对企业在社会责任方面的要求越来越高。

作为对利益相关者重要性的反映，以利益相关者理论命名的理论体系已得到了长足的发展，Donaldson 与 Preston 从科学方法角度将其区分为规范性理论、工具性理论与描述性理论，Freeman 清楚的指出利益相关者理论在本质上所展现的是一个管理概念，或者说是关于管理与组织行为的框架，它关注的是公司的管理者怎样对于利益相关者及其要求进行认识与作为。虽然利益相关者理论提供了对利益相关者在理论层面的关注，但在实务层面还需要一套应用的原理与方法论把这些理论以系统的方式延伸至实践，而利益相关者关系管理可以认为是利益相关者关注在实务层面的反映。

（2）利益相关者关系管理的原理

利益相关者理论包含了规范性理论、工具性理论与描述性理论。其中规范性理论在形式上是直接陈述的，表达的是某种价值倾向、情感信念与社会信仰，其正当性依赖于这些倾向、信念与信仰而非实证，因此规范性理论具有某种程度的公理性质；而工具性理论本质上是基于因果假设的，它关心作为假设的"工具"与它所导致的结果之间的关系，其有效性取决于实证；而描述性理论试图描述事实本身，用以说明理论中所使用的概念是对所观察的实体的反应，描述性理论是价值无关的。

（3）利益相关者关系管理系统方法论

利益相关者系统方法论是指一套用于利益相关者关系管理的系统思考与建模的概念的与解析的方法，利益相关者系统方法论创建于利益相关者理论之上，但与利益相关者理论主要关注利益相关者关系管理的理性，回答为什么的问题不同，利益相关者系统方法论关注利益相关者关系管理的内容与过程，回答是什么与怎样做的问题。利益相关者系统方法论的出发点是基于管理者的，强调管理者在进行利益相关者关系管理时应遵循系统思想，综合考虑企业与利益相关者等内外环境因素的互动关系，将这种系统思考总结为三个统一的视角，第一，内内视角：管理者如何看待与管理内部的利益相关者，包括一般员工，以及管理者本身，在此，如何看待管理者是最为棘手的，有人认为管理者是利益相关者之间合约的管理者，也有人认为管理者是所有其他利益相关者的代理；第二，内外视角：管理者如何看待与管理外部的利益相关者；第三，外内视角：管理者应如何从利益相关者看待企业的角度来思考问题，获取营养。

但是利益相关者关系管理关系管理系统方法论并无统一的形式。在此领域，Freeman的理性—流程—交易三元素框架可以被认为是一个基础性的"知识结构"或"概念语言"，在 Freeman 的三元素框架中，理性被用以回答"谁是组织的利益相关者"、"他们关注的利益是什么"这样的问题，流程被用以回答"组织如何管理（以直接或间接的方式）其与利益相关者的关系"、"这些流程是否与理性相符"这样的问题，而交易用以回答"组织及其利益相关者之间存在着那些交易"、"这些交易是否符合理性与流程"这样的问题。与上述模型强调利益相关者关系管理的结构与内容不同，Maani 与 Cavana 则提出了一个称之为"利益相关者价值管理"的面向过程的模型，此模型的基本思想是，第一，参与者驱动，强调从每一个进行利益相关者关系管理的人员角度思考问题与解决问题，第二，分阶段的利益相关者关系管理实施，Maani 与 Cavana 提出了五个阶段的实施框架：问题的结构化、因果建模、动态建模、情景规划与建模、实施与组织学习。

2.利益相关者理论对高等院校财务绩效评价的影响

弗里曼的定义是主要站在利益相关者的重要程度的角度进行阐释。国内研究者汲取了弗里曼定义的精华，又进行了相关的理论探索，得出了利益相关者的定义："利益相关者是指在企业的生产活动中进行了一定专用性投资，并承担一定风险的个体和群体，其活动能够影响或者改变企业的目标，或者受到企业实现其目标过程的影响。"这一定义是国内目前最为广泛接受的,主要在于兼顾了投资的专用性与的风险性,同时还包括众多的利益相关者之间及与企业的相互影响, 将利益相关者理论引入到高等院校财务绩效评价研究中,高等院校的社会责任是其中最主要的一方面,高等院校主要的社会责任是以培养数以万计的基层复合型人才为基础责任,以帮助学生顺利就业为目标责任,以直接服务区域经济为核心责任,从这三个层面相互依托,互为推进,形成了高等院校自己独特的社会品格和价值追求。

培养大量的工学结合人才这一基础责任需要资金作为保障,努力实现高等院校的资金来源的多元化,高等院校的经费来源通常以学生缴费为主,财政拨款为辅的方式筹集,但是,这远远不能满足高等院校的办学需求,除此之外,还应从其他途径筹措资金予以补充,在其他经费中,有专项拨款、社会捐助、企业资助以及校办产业来弥补经费的不足。帮助学生顺利就业这一目标责任就需要在学生的培养过程中注重以就业为导向,深入调研、拓宽思路,从调整专业设置、加强实践培训的工厂化、实现用人单位的定向化等方面不断深化专业改革。 利益相关者理论最初主要是应用于企业管理,现如今,也广泛应用于学校的管理方面,在研究高等院校的财务绩效方面不再是传统意义上的单一论,而是综合各个相关利益者分析,不仅包括高等院校自身,而且包括国家、企业、管理者、债权人、投资者、参与者等。

在开放和变革的社会条件下,高等院校与越来越多的社会力量发生联系,面临着各种利益集团所提出的复杂要求,它自身也在执行着越来越多的职能与任务。高等院校的学生既是投资者,又是参与者,受教育者在一定程度上体现着产品的质量。在高等院校财务绩效的研究中引入利益相关者理论,可以为研究提供一个总体的理论框架,把组成影响财务绩效的各个部分联系在一起综合分析,从而达到优化财务绩效,改善财务管理的目的。

四、平衡计分卡相关理论基础

1.战略管理理论

早期的管理理论,如泰罗提出的科学管理理论和马克斯·韦伯提出的官僚制理论等,基本上都是侧重于研究企业的生产效率和组织结构等内部要素,而随着市场竞争的加剧,"放之四海而皆准"的管理模式已经无法解决瞬息万变的外部环境带来的问题,在这种情况下,战略管理理论应运而生。

战略管理是指企业为了长远的发展,对内外部环境进行综合分析,从而确定其战略目标,并做出一系列的管理决策以实现该目标的管理活动。20世纪70年代后期,战略管理理论在企业中的应用逐渐成熟,政府、大学和科研组织等非营利组织也逐步引入了战略的理念。而后,随着我国市场经济体制和对外开放政策的逐渐完善,以及高等学校制度的不断改革,国内高校也在朝着市场化、产业化、多元化和国际化的方向发展,要想在这种激烈的竞争中脱颖而出，战略管理是必不可少的。由于不同高校拥有的资源和能力各不相同，所处的战略群组、面临的竞争环境也不尽相同，在进行高校的预算管理时，需要我们深入剖析其拥有的资产规模、资源条件、师资力量等因素，同时结合外部环境分析，确定正确的战略方向，制定合理的战略目标。预算作为实现战略目标的重要管理工具，面对不同的战略导向，预算管理的方向和目标也应有所不同。然而传统的高校预算管理的固定范式，是把一个高校的预算模式复制粘贴给其他高校使用，无法体现出现有环境下不同高校各具特色的发展战略。

在这个背景下，本文引入了平衡计分卡的概念使高校预算管理与战略对接，以此为基础展开研究。

2. 平衡计分卡理论

公认最早的 BSC 雏形衍生于 1987 年著名的半导体公司 AnalogDevice（以下简称 ADI）的一项战略方案调整，ADI 的管理层在战略管理的过程中发现，尽管企业制定了战略方案，但企业在战略方案制定完成后就将其放在了一边，实际执行中方案没有落地，形成的方案对于后续的工作没有起到任何帮助。他们意识到，战略管理仅流于形式是不正确的，不能只关注制定战略的过程，更要重视战略的执行过程和实施效果。为此，ADI 开始了积极的探索，希望能够将战略规划与日常经营活动紧密结合起来，以便推动战略的实施，在这个愿景驱动下，ADI 绘制出了第一张"平衡计分卡"。在整个研究的过程中，ADI 邀请了一些具有较高造诣的管理学专家及学者参与到战略管理的研究当中，卡普兰就是其中的一位专家，随后他和诺顿以研究公司的绩效考核评价为切入点展开了对 BSC 的理论研究，平衡计分卡理论就此形成。

随着研究的进一步深入，卡普兰和诺顿发现 BSC 可以划分成财务、客户、内部运营和学习与成长四个不同的维度，将企业的战略规划、目标通过这四个维度分解为具体的目标值和指标，可以用来考核评价企业的绩效。该理念一经提出，引起了国内外专家学者们的高度关注，许多学者开始对平衡计分卡理论展开了更为深入的研究，使该理论得以不断完善。今时今日，BSC 作为战略实施的有效手段，已经不止局限于考核评价企业绩效，许多非营利组织、机构也在积极探讨引入平衡计分卡的可行性，以提高公共资源配置和战略的实施效果。对于高校预算来说，借助平衡记分卡，以战略为导向确定预算目标，并将长期发展规划落实分解为一个个小目标，有的放矢的执行预算，将战略与预算管理紧密结合，能够改善高校目前预算与战略脱节的现状，提高高校预算管理水平。

第二章 高校预算支出理论

第一节 预算及高校预算支出概念

一、相关概念界定

1. 绩效

绩效，绩效是一个组织或个人在一定时期内的投入产出情况，所谓投入指的是人力、物力、时间等物质资源，产出指的是工作任务在数量、质量及效率方面的完成情况。绩效，单纯从语言学的角度来看，绩效包含有成绩和效益的意思。从管理学的角度看，是组织期望的结果，是组织为实现其目标而展现在不同层面上的有效输出。目前对绩效的界定主要有三种观点：一种观点认为，绩效是结果；另一种观点认为，绩效是行为；再一种观点则强调员工潜能与绩效的关系，关注员工素质，关注未来发展。

（1）绩效是结果

Bernadin 等认为，"绩效应该定义为工作的结果，因为这些工作结果与组织的战略目标、顾客满意度及所投资金的关系最为密切"。Kane 指出，绩效是"一个人留下的东西，这种东西与目的相对独立存在"。从这些定义不难看出，"绩效是结果"的观点认为，绩效是工作所达到的结果，是一个人的工作成绩的记录。一般用来表示绩效结果的相关概念有：职责（account-abilities），关键结果领域（key result areas），结果（results），责任、任务及事务（duties, tasks and activities），目的（objectives），目标（goals or targets），生产量（outputs），关键成功因素（critical success factors）等等。对绩效结果的不同界定，可用来表示不同类型或水平的工作的要求。对此，我们在设定绩效目标时应注意加以区分。

（2）绩效是行为

随着人们对绩效问题研究的不断深入，人们对绩效是工作成绩、目标实现、结果、生产量的观点不断提出挑战，普遍接受了绩效的行为观点，即"绩效是行为"。支持这一观点的主要依据是：许多工作结果并不一定是个体行为所致，可能会受到与工作无关的其他影响因素的影响（Cardy and Dobbins, 1994；Murphy and Clebeland, 1995）；员工没有平等地完成工作的机会，并且在工作中的表现不一定都与工作任务有关（Murphy, 1989）；过分关注结果会导致忽视重要的行为过程，而对过程控制的缺乏会导致工作成果的不可靠性，不适当地强调结果可能会在工作要求上误导员工。

认为"绩效是行为"，并不是说绩效的行为定义中不能包容目标，Murphy（1990）给绩效下的定义是,"绩效是与一个人在其中工作的组织或组织单元的目标有关的一组行为"。Campbell 指出,"绩效是行为,应该与结果区分开,因为结果会受系统因素的影响"。他在1993 年给绩效下的定义是,"绩效是行为的同义词,它是人们实际的行为表现,而且是能观察得到的。就定义而言,它只包括与组织目标有关的行动或行为,能够用个人的熟练程度(即贡献水平)来评定等级(测量)。绩效不是行为的后果或结果,而是行为本身。绩效由个体控制下的与目标相关的行为组成,不论这些行为是认知的、生理的、心智活动的或人际的"。Borman&Motowidlo 则提出了绩效的二维模型,认为行为绩效包括任务绩效和关系绩效两方面,其中,任务绩效指所规定的行为或与特定的工作熟练有关的行为;关系绩效指自发的行为或与非特定的工作熟练有关的行为。

(3) 高绩效与员工素质的关系

随着知识经济的到来,评价并管理知识型员工的绩效也越来越显得重要。由于知识性工作和知识型员工给组织绩效管理带来的新挑战,越来越多的企业将以素质为基础的员工潜能列入绩效考核的范围里,对绩效的研究也不再仅仅关注于对过去的反应,而是更加关注于员工的潜在能力,更加重视素质与高绩效之间的关系。

2.绩效管理

所谓绩效管理,是指各级管理者和员工为了达到组织目标共同参与的绩效计划制定、绩效辅导沟通、绩效考核评价、绩效结果应用、绩效目标提升的持续循环过程,绩效管理的目的是持续提升个人、部门和组织的绩效。绩效管理强调组织目标和个人目标的一致性,强调组织和个人同步成长,形成"多赢"局面;绩效管理体现着"以人为本"的思想,在绩效管理的各个环节中都需要管理者和员工的共同参与。

(1) 预算绩效管理的概念

全面实施预算绩效管理是推进国家治理体系和治理能力现代化的内在要求,是深化财税体制改革、建立现代财政制度的重要内容,是优化财政资源配置、提升公共服务质量的关键举措。它是一种编制预算的方法,强调的是预算决策要以绩效为导向,在制定预算时就需要考虑带来的社会效益和经济效益,并用量化的指标表示,评价的结果作为财政部门预算决策的主要依据。

1) 增强部门绩效管理的责任

讲求绩效的政府预算可以强化支出责任,"花钱必问效,无效必问责",不断提高财政部门和预算部门对预算支出的责任意识,约束激励部门有效使用财政资金。

2) 提高公共资源配置效率

政府预算讲求绩效可以为社会提供更多、更好的公共产品和服务,控制节约成本,促进了资源整合,优化了支出结构,增强了预算支出决策的科学性,预期绩效高的项目更容易拿到资金，提高了预算资金的使用效益。

3）提高政府的公信力

社会公众有权知道政府如何花钱以及花钱的效果，因此政府预算讲求绩效首先要做到的就是预算信息公开，杜绝私自挪用、贪污，强调收支合法性。从重投入转为重产出、重成果，推进高效、透明政府的建设，真正做到为人民办实事，增强人民对政府的信任。

（2）全过程预算绩效管理实施

全过程预算绩效管理包括绩效目标管理、绩效监控、绩效评价实施、绩效评价结果应用四个方面的实施内容。具体如下：

1）绩效目标管理

绩效目标管理是指各级财政部门和预算部门以绩效目标为对象，以绩效目标的设定、审核、批复为主要内容所开展的预算管理活动，是全过程预算绩效管理的基础，在整个预算绩效管理中处于龙头地位。

绩效目标是指财政预算资金计划在一定期限内达到的产出和效果。绩效指标是绩效目标的细化和量化描述，主要包括产出指标、效益指标和满意度指标等。设定的绩效目标应当符合"指向明确、细化量化、合理可行、相应匹配"的要求。绩效目标审核时，应主要对完整性、相关性、适当性、可行性进行审核。按照"谁批复预算，谁批复目标"的原则，财政部门和预算部门在批复预算时，一并批复绩效目标。绩效目标确定后，一般不予调整。预算执行中因特殊原因确需调整的，应按照绩效目标管理要求和预算调整流程报批。

2）绩效监控

绩效监控是指各级财政部门和预算部门依据设定的绩效目标对资金运行状况及绩效目标的预期实现程度开展的控制和管理活动，是全过程预算绩效管理的重要环节。

绩效监控旨在跟踪年初设定的绩效目标执行情况，查找资金使用和业务管理中的薄弱环节，及时弥补"漏洞"，纠正偏差。绩效监控的主要内容是绩效目标执行情况，包括产出指标的执行值、效益指标和满意度指标的实现程度及趋势等。在收集上述绩效信息的基础上，对偏离绩效目标的原因进行分析，对全年绩效目标完成情况进行预计，并对预计年底不能完成目标的原因及拟采取的改进措施做出说明。开展绩效监控有利于促进预算管理、财务管理和项目管理的有机融合，有效提高预算资金使用绩效和管理水平。

3）绩效评价实施

绩效评价实施是指各级财政部门和预算部门根据设定的绩效目标，运用科学合理的绩效评价指标、评价标准和评价方法，对预算支出的经济性、效率性和效益性进行客观、公正地评价活动。

各部门各单位开展绩效自评工作，应包括预算执行率、年度总体绩效目标完成情况、各项绩效指标完成情况、未完成原因和改进措施等主要内容，并形成绩效自评报告。

4）绩效评价结果运用

绩效评价结果运用是指财政部门、预算部门和被评价单位等通过多种方式充分利用绩效评价结果，并将其转化为提高预算资金使用绩效行为的活动，是全过程预算绩效管理工作的落脚点。

绩效评价结果的运用方式包括完善预算管理、合理安排预算、报告评价结果、公开评价结果、纳入政府考核、实施绩效问责等方面。

本文讨论的主要是高校财务预算，即是高校根据事业发展计划和任务编制的年度财务收支计划，是学校年度内要完成的事业计划和工作任务的货币表现，是日常组织收入、控制支出的主要依据，也是学校规模和事业发展方向的综合反映。

3.预算管理

（1）预算管理的内涵

预算通过合理的计算对于未发生事情的合理规划，管理通过合理的程序对于将发生事情有效的实施。预算管理则是结合预算和管理的积极影响。预算管理在市场经济条件下将计划与市场这两种形式结合形成计划中的市场也称作市场中的计划。"市场中的计划"是市场管理者为了规避市场中出现的风险指数以及提高竞争能力从而依据自己对于市场的经验所做出的对于市场的预算管理。预算管理通过对于市场的预测从而规避可能出现的风险，从而降低企业对于不确定市场中的风险，从而降低企业的支出成本。预算是一种通过自身对于风险的预测从而减少公司风险性，这种方式是主动去规避，而不是被动的接受从而掌握市场的发展动向。"计划中的市场"将市场作为计划的实施环境，离开了市场的计划是没有任何意义的，将市场中的不可控因素计划的管理将有效发挥计划的效率作用。

本文的研究对象是高校的预算管理。高校中的预算管理是通过合理有效的实践对其既定目标的实现，通过结合各种有利于明确预算准确性，促进预算的有效性，结合各种科学的研究方法，通过合理有效的预算程序，进行合理有效的预算。预算管理在高校财政支出过程中占有重要作用，是高校进行各种财务活动的有力依据，也是促进高校财务效率的重要方法。对于高校预算管理过程中的合理程序促使高校预算管理具有非常重要的作用。

（2）预算管理的特征

1）以财务管理体系为保障这是预算管理的最主要特征

预算管理通过财务管理提供的有效数据来进行预算管理的实施。通过对前一期工作的支出数据分析编制未来一段时间的数据预算，通过财务人员提供的数据以及财务人员的观察以及所获数据的分析协助促进预算管理的有效实施，这一过程中财务人员对于提供的信息的有效性程度促使预算管理的可靠性高低，通过接受对于具有合理参考作用的有效数据进行合理制定，并且对于制定的数据计划进行紧密的跟踪确保数据过程收集的真实性以及能够及时发现存在于预算管理过程中的问题，并且及时解决。显而易见，在预算管理整个过程的制定执行以及合理控制实施及收取可靠信息结果中，财务管理体系起到十分重要的作用。

2）战略性

高校预算是为了促进高校有序健康的发展而依据学校自身的发展前景以及发展目标而进行的合理的规划，是高校进行各种有序的程序的指导性策略。预算管理是高校进行管理活动的一种有效形式它的主要作用就是对学校可利用的资源进行合理有效的组织运营，这种运行有三方面作用：第一以高校的战略发展为目标进行规划；第二通过合理有效的预算管理提高高校在战略发展过程中的有效支撑；第三不同高等学校应结合自身情况，不同发展时期对预算管理进行合理的规划。

3）指导性

预算管理是为了促进学校在发展过程中有效合理的利用资源进行整合规划，因此指导性作用将有利于高校的有序发展。预算管理通过结合单位内部对于各项事业的发展情况进行从人、财、物三方面的有效结合。通过管理进行对于预算的编制，这种编制是以高校发展的管理目标为基础，促进各个因素的有效整合。在预算编制完成并得到确认后应积极进行有效执行，并且严格按照执行。在这种预算期即将结束的时候进行对本年度预算的总结性回复，总结不足及优点，并且为即将进行的预算提供合理有效的指导作用，提高预算的准确程度。

4）动态性

预算完成后应进行坚决的执行，但是在执行过程中应结合实际情况进行合理有效的变动，促进预算的时效性，积极的采用动态化的管理形式。如在进行有固定额度的财政预算时，但是实际过程中不可避免的出现误差，采用弹性预算的预防措施增加解决的问题的广度，采用长期短期双结合的预算方式降低在实际过程中存在的风险。

5）约束性

在预算进行实施的过程中避免对已制定的预算进行随意的无约束的改动的行为，在各部门中强调出预算管理的不能随意更改的权威性，增加预算管理更改的约束性，这种约束性的提高有力于提高预算管理的实施效率以及效果。

（3）预算管理的职能

1）规划职能

高校管理人员通过制定预算对高校的发展前景进行合理有效的预测，这种预测的方式间接的对高校的发展指明了方向，通过预算管理促进高校规划在有效的实施过程中进行有效的完成。预算管理通过对于各部门的职能进行细化的划分明确各部门职能，各部门依据预算计划进行有效的执行，这种执行过程体现了预算管理的规划职能。

2）协调职能

预算管理的通过三方面进行协调职能的实施。

①细化的预算目标通过相互配合协调促使总目标的实现。

②通过将不同预算分配到各个协作部门，通过各部的合理有效协作，促使资源进行最大效度的利用，发挥资源的效益作用。

③协调学校在发展过程中出现的不协调因素，使之成为合理有效的组成部分，解决出现的不协调因素的消极因素。

3）控制职能

预算管理的基本职能是所具有的控制职能。预算管理通过对规划进行合理的控制促使预算在一定的控制额度中，通过编制，执行以及分析进行预算不同过程中的控制。

二、高校财务预算绩效管理的内涵和背景

1.高校财务预算绩效管理的内涵

高校预算绩效管理是绩效管理的重要组成部分，是一种以支出结果为导向的预算管理模式。它强调预算支出的责任和效率，要求在预算编制、执行、监督的全过程中更加关注预算资金的产出和结果，要求学校不断改进服务水平和质量，花尽量少的资金、办尽量多的实事，提供更多、更好的服务，促使高校运行管理更加务实、高效。

2.高校财务预算绩效管理的背景

改革开放以来，我国经济历经三十多年的高速发展，目前进入到新常态时期，从高速增长转为中高速增长，财政收入的增速明显放缓，财政收支出现较大压力，财政经济运行的不确定性增大，收支呈现紧平衡。我国高校的主要经费来源为财政拨款、学杂费及社会来源经费，其中财政拨款占主导地位。中央财政对高等教育经费的投入力度不断加大，2012-2018年中央财政安排的高等教育投入累计8000亿元，年均增速8.1%。在高等教育投入压力日益增大的情况下，经费投入规模高位运行和资金绩效低位运转情况并存。国家出台一系列文件办法要求通过实施预算绩效管理，优化财政资源配置效率和使用效益，提升公共服务质量。党的十九大明确提出要建立全面规范透明、标准科学、约束有力的预算制度，全面实施绩效管理。《预算法》第12条：各级预算应当遵循统筹兼顾、勤俭节约、量力而行、讲求绩效和收支平衡的原则。

《国务院关于深化预算管理制度改革的决定》（国发[2014]45号）中指出，健全预算绩效管理机制。全面推进预算绩效管理工作，强化支出责任和效率意识。《财政部教育部关于改革完善中央高校预算拨款制度的通知》（财教[2015]467号）改革完善了中央高校预算拨款

制度，形成基本支出与项目支出"1+6"的制度体系，重构项目支出体系，同时，资金分配更加重视绩效导向，对于管理水平低、绩效评价差、执行进度慢、结转结余多的项目，切实压减预算，加大清理整合力度。《关于印发<中央部门预算绩效目标管理办法>的通知》（财预[2015]88号）进一步规范了中央部门预算绩效目标管理。《国务院办公厅关于进一步调整优化结构提高教育经费使用效益的意见》（国办发[2018]82号）提出科学管理使用教育经费，全面提高使用绩效。2018年9月中共中央、国务院印发《关于全面实施预算绩效管理的意见》，建立全方位、全过程、全覆盖的预算绩效管理体系，并明确"花钱必问效、无效必问责"。2019年1月1日《政府会计制度》在全国各级各类行政事业单位全面施行，实行权责发生制，强化财务会计功能，对准确反映单位财务状况和运行成本等情况具有重要的意义，政府财务报告将更能反映预算绩效管理水平和资金使用效益。

三、高校绩效评价基本理论

1.一般绩效评价理论

（1）绩效评价基本概念

绩效评价表示的是在常态化的评价策略和量化指标下，根据中央部门在职能实践过程中所指定的绩效目标完成度，以及在该目标下进行预算安排的最终效率展开科学性评价。绩效评价的过程就是将员工的收集工作绩效同要求其达到的工作绩效标准进行比对的过程。组织参考预期标准和相对固定的评价流程，结合相对专业的评价方式，根据评价的内容和标准来实现相关主体的工作能力和业绩等多元化的周期性评价。

绩效评价是绩效管理的一个环节。绩效管理是企业的一种管理模式，它是指制定目标与完成目标而达成共识的过程，以及增强员工达到目标的管理办法；而绩效评价仅仅是绩效管理的一个环节，是对员工完成目标情况的检查与评估机制。绩效管理是指将企业的远景、战略目标分解到组织和个体，并通过集合、辅导、评估和激励等环节来实现，其注重的是员工未来绩效的改善和提高，从而有助于推动组织战略目标的实现。而绩效评估是指对企业员工过去一定时间内的工作表现和工作成果给予考核和评判，其着眼点是对员工过去绩效的总结。从这两个概念上来看，二者的着眼点和概念的外延式不相同的，绩效评估只是绩效管理过程中的一个重要环节，绩效管理功能的正常发挥还需要其它几个环节的有效"辅助"。

（2）绩效评价的目的

通过绩效管理实现公司目标；通过绩效管理提高公司运营效率，让绩效管理给员工职业能力产生积极影响，同时还可以提高发展的规划性，在绩效管理的实践过程中实现员工和企业的共同利益最大化，企业在管理提升的过程中，员工可以收获更强的工作能力，但绩效管理的持续性是必要前提。

（3）绩效评价方法

1）关键绩效指标法（KPI）

关键绩效指标（Key Performance Indicator）的主要内容是深入研究组织内部流程的输入和输出，并将其中涉及到的参数进行科学整合并分析，考察流程绩效是具有代表性的量化管理指标，其基本前提是确定有关机构的基本职能，并在此基础上细分详细工作者的业绩指标。以此来制定出一套实用性较强的 KPI 体系，这是绩效管理的核心影响因素。KPI 的理论是比较有代表性的二八定律，该定律的主要提出者是著名经济学者帕累，其表达了单一企业的整个价值塑造流程，每个部门的任意员工只需要采取 20%的有效行为就可以实现百分八十的工作目标，这其中的 20%就是核心行为。而该原理在一定程度上也说明了绩效考核的主要方向，充分证实了重点行为的作用。基于此，绩效考核从最初就要针对核心指标展开，后续考核工作也要以核心指标为主。

核心绩效指标的鉴别过程中要遵循 SMART 原则。该原则的主要内容涉及到五个方面，首先 S 表示的是详细的工作指标，其中涉及到特殊性内容，要求细分处理，而 M 表示的正式整个指标在研究上具备可量化性，除此之外，相关绩效指标的数据收集上不存在较多的阻碍，A 表示的可行性，主要涉及到相关绩效指标在一定程度的努力之下具备实现可能性，规避不科学的目标，R 表示的是相关性，主要指相关绩效指标和企业整体目标存在较大的相关性，并可以实现一定程度的结合，T 主要是在规定时间内可以及时达到绩效指标要求。

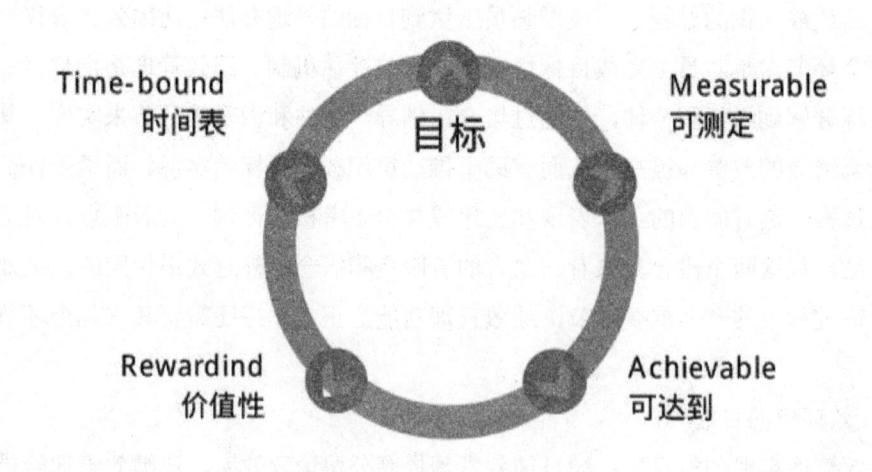

图 2-1 SMART 原则示意图

2）目标管理法（MBO）

目标管理出自于美国在管理领域比较具备权威性的专家彼得·德鲁克，其在相关著作中曾经明确表示过目标管理和自我控制对于企业管理而言是比较关键性的内容之一，同时还提出了企业目的和任务要在一定程度上制定详细目标，在缺乏目标的情况下，职工生产和管理会产生较大的局限性，企业规模和人员的不断增长下，资源利用率可能会降低。简单而言，目标管理就是相关企业的管理者和内部人员共同参与的过程，在工作中提出了新的控制需求，同时也对工作目标的达成起到了一定作用。目标管理主要涉及到下属原则，首先企业目的和任务要在一定程度上选择适用性的目标，在此基础上要结合多元化的评价标准，让企业相关人员和们都能够实现目标化工作。若有关项目缺乏专属模板，则工作的效率和最终效果会受到消极影响，还会激发明显的内部矛盾，目标管理的参与者涉及到公司全部成员，任意个体都要接受目标的集中管理，同时要尊重目标和考核标准的一体化要求，在目标考核过程中会确定最终的薪酬措施，能够有效激发相关参与者的主动性。任意主体也要积极参与到相关目标的确立过程中。管理者必须要尊重下级在目标设立中的独立性和自主性，让其具备自我成就的关键心理追求，而个人目标要和企业目标相结合。在企业逐步扩张的情况下，部门的差异性导致必须遵循部门设立目标的差异，相关目标最终都会归结于实现用户需求的整体性目标，企业综合性目标要起到综合平衡的客观作用。

3）平衡计分卡（BSC）

平衡计分卡的首次提出是1992年《哈佛商业评论》的相关内容中，其强调的是基础财务会计体系在评价过程中存在比较明显的滞后性，对于企业未来情况的阐述比较模糊，基于此，应该制定出一项适用于评价未来组织绩效的精确性指标，而指标的详细内容主要涉及到四个方面，首先是财务，其次是和市场有关的客户，最后是内部运营以及学习。

上述几个方面的评价，都需要利用相对专业的方法来阐述其策略，首先对于基础财务指标而言，可以保留其中的有效内容，这有利于保持财务目标和绩效的均衡性，而在组织不断提升业绩的同时，也需要根据学习和成长的情况作出调整，深入考察其中潜在的因果关系，让组织能够在有效时间内进行相关性整合，以此实现对机构使命和策略的系统性分析，最终让其过渡为前后具备相关性的专业绩效评价量度，让相对多元化的概念过渡到专一性的目标，让财务和非财务内容产生一定均衡，让短期和长期目标协调发展，同时还能够提升内部和外部绩效之间的均衡性。

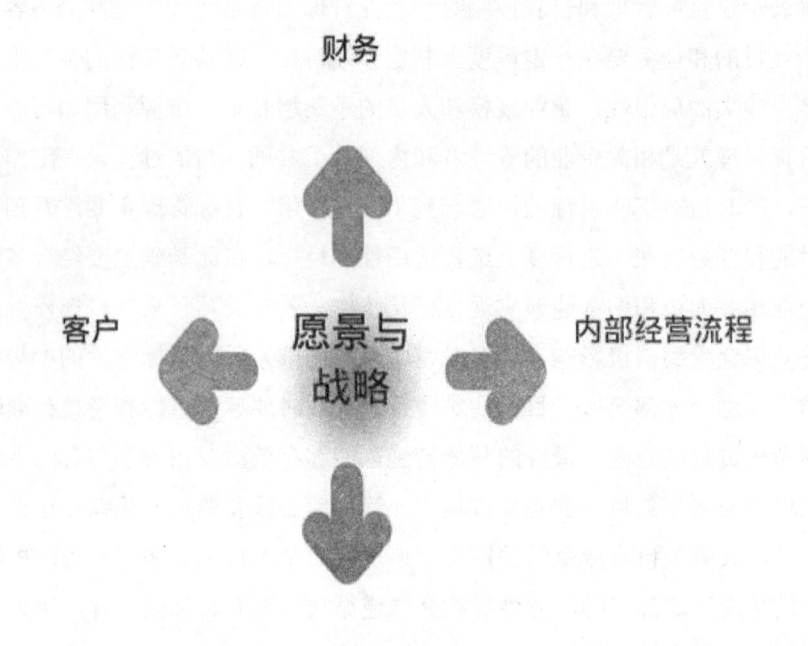

图 2-2　平衡计分卡的四个维度基本框架图

平衡计分卡基本原理和流程如下。

　　坚持机构一致性意愿和战略为核心，充分参考多元化哲学思想，参考机构的具体结构，把机构的愿景和战略过渡到相关分支机构在财务、顾客、内部流程、创新与学习、等四个方面的系列具体目标（即成功的因素）；参考不同部门的职能差异，针对财务、顾客以及流程和创新等四个不同的方面设计相对科学的目标，同时要制定出一套相匹配的绩效评价系统，相关指标在一定程度上要考虑公司整体目标的影响，还要兼具事前性和事后性的客观要求，满足长短期目标的一致性条件，更要考虑到内外部利益等内容的均衡影响。要让任意部门的管理者和责任部门都参与到所有指标的评分标准制定过程。首先是把其中涉及到的预算值和现实展开类比，考察差异性范围内的具体差异程度，制定科学的评分权重。在综合评分的大体框架下，周期性考察责任部门在上述四个角度的目标完成和执行中存在的问题以及取得的成就，在第一时间反馈给管理部门，根据最终成果来对评价指标展开修正，让公司战略的执行更具备可持续性。

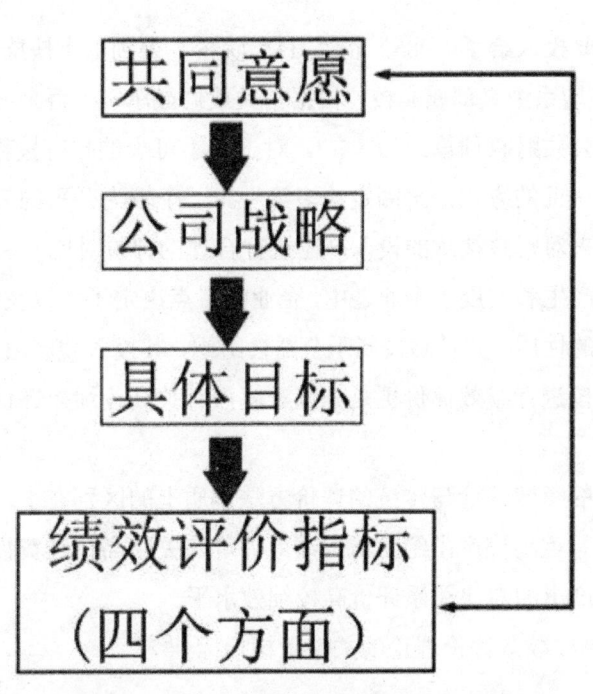

```
┌──────────────┐
│   共同意愿   │◄──┐
└──────┬───────┘   │
       ▼           │
┌──────────────┐   │
│   公司战略   │   │
└──────┬───────┘   │
       ▼           │
┌──────────────┐   │
│   具体目标   │   │
└──────┬───────┘   │
       ▼           │
┌──────────────┐   │
│ 绩效评价指标 │   │
│ （四个方面） │───┘
└──────────────┘
```

图 2-3 平衡计分卡管理循环过程的框架图

2.高校绩效评价理论

（1）与 211、985 高校相比的特点

"211 工程"重点建设院校多为中央部属院校，兼顾到各省至少一所省属院校（部分边远省份暂缺），同时兼顾到各行业至少一所。1993 年，国内权威机构联合制定了《中国教育改革和发展纲要》，并在一段时间后又共同出台了《关于<中国教育改革和发展纲要>的实施意见》，提到了国内重点项目 211 工程的主要精神是考虑到全世界技术的发展，以及 21 世纪的特殊时代背景，要充分发挥全社会力量，有计划的展开 211 工程的建设工作。即代表了该工程主要的时间周期在 21 世纪，主要的任务是建设好一百所以上的专业教育组织和一系列重点学科。

在"211 工程"院校相关目标完成的基础上，1998 年领导团队又在北京大学相关会议中明确表示，考虑到现代化社会的客观条件，国内应该建设一批具有先进教学能力的大学，教育部在此之后又和有关地方政府协同制定了协议，把国内超过 39 所院校纳入到国内重点建设的先进教学大学名单，是谓"985 工程"。截止到 2020 年，全国"985 工程"建设院校共有 39 所高校。985 建设任务的基本思路主要是把建设一系列具有先进教学能力的大学和一系列国际知名大学为基本任务，制定具备创新性的大学管理体系和运营模式，让当代战略发展机遇成为国内教育机构的进步契机，充分提高资源利用率扩大原有优势，实现比较大的进步，让国内大学在全球范围内的影响力进一步提升。

总体来说，我国教育投入较低，但高等教育占教育总投入的比例过高。而这笔过高的教育投入，实际上主要投入给了"985"和"211"院校。得到重点扶持的全部"985"院校和大部分"211"院校均系中央部属高校，根据相关数据显示，一百余所中央部委所属高校与两千余所地方高校公共财政预算约为3：7，对于必不可少的政府拨款，其实完全没必要用对高校以进行资格认证的方式，来圈定给多给少。一个较为公平的方法是，建立或引入统一的绩效评价体系来对财政拨款的投入产出进行合理的评价对比。

绩效评价的概念产生和发展于企业之中，企业的特点决定了它以获得利润为主要目的，高等院校不具有盈利的性质，并且高校属于公益性组织，其投入和产出对象是人而非产品。这一特点决定了对高校进行绩效评价更是充满难度，有关高校绩效评价的研究具有更为强烈的挑战性。

由于对高校进行的绩效评价与传统的评价方法本质上的区别在于，传统的高校评价指标仅为绝对数指标，看重高校产出绝对量；绩效评价在关注高校经费投入和产出的同时，更加关注通过投入和产出的对比关系评价高校绩效水平。

（2）基于KPI高校绩效评价理论的关键考核指标

1）项目立项指标

资金到位率=实际拨付资金额/计划投资资金*100%，该指标可以保证项目资金的落实，与资金保证程度成正比。

2）过程指标

设置合理的财务管理制度，查找制度漏洞，防止资金在使用过程中出现不合规的情况，保证合规使用资金，避免出现资金挪用，对重大支出项目的支出进行严格论证和评估；监督和严控既定制度的施行，在制度执行过程中，对项目完成的质量进行严格的把关，做好重大项目的验收决算工作，严格遵守财务审计制度和流程；项目完成后严格验收，坚持原则。保证事前、事中、事后全过程的严格控制，从源头防范风险。

项目（基建/科研经费项目）完成率=实际经费使用额/项目预算总金额，项目完成率反映了高校经济活动的完成情况，能够加强对各项资金使用效率的监控，根据项目完成率给出评价水平，对相关负责人进行奖惩，促进经费使用效益的提高和高校可持续发展。

项目完成变动率=项目实际完成变动数/实际项目数，该变动率用于调查项目在实际施行过程中是否与预算标准是否一致，包含实际运行中项目使用情况的变动和删减数，通过该指标的考核，奖惩分明，对变动数少的项目负责人进行奖励，提高项目完工准确度。

服务对象（教师/学生）满意度=综合满意的调查人数/调查总人数*100%，该指标用于分析高校服务对象教师和学生对高校建设的满意程度。

（3）基于BSC理论高校绩效评价的四个维度

1）财务维度

收入支出比率=当年实际收入/当年实际支出，当年实际收入≥当年实际支出时，即收入支出比率≥1，高校财务运营能力良好；反之，财务运营出现风险。

资产负债率=负债/资产×100%，当资产负债率大于等于50%时，高校财务风险过大，偿债能力出现问题。

预算收支完成率=预算收支实际完成额/预算收支实际预算额，预算收支完成率越接近1，表明高校预算执行情况越好，能够反映高校预算管理水平。

2）客户维度

学生人均教育成本=教育事业支出/在校学生人数×100%，该指标是衡量高校教学业绩的重要指标，反映了高校学生对学校经费的占用情况。

毕业生就业率=当年就业毕业生人数/当年实际毕业学生数，毕业生就业率一定程度上能够反映高校培养学生的素质情况，与高校对学生的培养能力成正比。

3）内部流程维度

基本人员经费支出率=基本人员支出数/支出总数，该指标越低则经费使用效益越高，与高校事业支出合理性成反比。

教师人均科研经费=科研经费总数/教师总数，指标数与高校教学质量成正比，反映了高效学术水平的高低。

4）学习与成长维度

教师培训费比率=教师培训费支出数/总支出，通过对每年教师培训费比率的对比可以反映高校对教师的培训力度是否增强，可以反映高校对教师能力发展的重视程度。

固定资产增长率=（期末固定资产－期初固定资产）/期初固定资产×100%，反映了高校对基础设施建设的投资力度。

第二节 高校财务预算支出的作用

一、提高资源配置效率

预算可以将高校的目标、行动方法和策略细化，在实际工作中按照提前预算的轨迹执行，达到期望效果，预算管理向资源配置提出要求，高校必须优化高校的资源配置，进而提高资源配置效率。例如，将高校的经费来源分为财政拨款和自筹，高校对这部分经费进行初次资源配置决策，下发到各院系、各部门则可以进行二次资源配置决策，优化改善二次资源配置，可以提高初次资源配置效率。高校的资源有限，有重有轻，公平合理的资源配置，可以让高校发展达到事半功倍的效果。

1.目前高校内部资源配置的现状

（1）效率与公平难兼顾

在高校内部资源配置中，效率与公平常常难以兼顾。高校内部有限的、既定的教育资源，不管是用于学校优先发展领域，还是用于内部二级单位间的平均分配，都不可能同时满足各利益主体的合理诉求，难以兼顾公平与效率。

（2）博弈现象较普遍

高校内部资源配置的主要是通过编制校内预算来实现的，而校内预算是部门间"博弈"的结果。高校内部资源配置既没有市场信息，也没有明确的预算目标，使得预算配置资源成为部门之间"讨价还价"的结果。

（3）内部资源难共享

最大限度地实现资源的共享，是目前我国高校在进行内部资源配置时最有效提高资金使用效率的途径之一。然而，完善资源共享机制的缺乏，难以实现校内资源合理共享，资源利用率不高，浪费现象比较普遍。

（4）集权与分权难把握

高校的整体性要求集权，而学科特殊性和业务具体性则要求分权，二者都有利有弊。高度集权的资源配置方式，能够保证有限的内部资源流向优先和重点领域，但人为因素可能会影响资源配置效率。高度分权的资源配置方式，根据实际情况进行配置资源，使资源使用的针对性和有效性得以提高，但缺乏对学校整体利益的考虑。

2.财务管理在高校内部资源配置中的作用

要想实现高校内部资源优化配置，关键途径在于"开源"和"节流"，"开源"即从源头上扩宽融资渠道、增加教育投入，"节流"则是要求在资源使用过程中提高使用效率，实际上就是通过财务管理优化资源配置。

（1）充分发挥财务管理的杠杆作用，为学校发展合理调度资金

高校可以充分利用财务杠杆原理，认真评估财务风险，采用适度规模的负债，达到增加教育投入的目的。随着财务杠杆系数的增大，其产生的作用也就越大，高校所承担的财务风险就大；反之，则相反。

（2）合理确定科学的财务分析指标，为资源配置提供依据

高校可以通过合理、科学的指标体系，分析比较本会计年度内的财务状况，以高校的财务状况进行客观公正的评价，从而发现在资源配置过程中存在的问题，提出合理的优化措施，推进高校又好又快的发展。

二、合理控制财务风险

高校为了保证教学活动的正常进行，需要对所耗费的物化劳动和活劳动的价值进行核算，计算出高校运行成本，并作为价值补偿的依据。随着高校逐渐成为独立的主体，高校

也面临着诸多风险,其中对高校影响最大的财务风险,比如高校过度负债问题。高校为了谋求发展,适度举债可以更好使用资金,解决资金周转不灵的困境,但是如果预算控制不当,造成高校过度举债,就会给学校的带来财务危机,影响高校的正常发展。

因此,必要的预算评价指标就可以考核和评价高校的财务发展潜力,衡量高校的负债和风险承受能力。在真实可靠的核算基础上对高校财务运行边界进行预报,从而避免或者降低高校财务风险。以绩效管理作为高校预算管理的约束激励手段能使预算执行部门提前做好计划,用量化和非量化手段实现资源约束与高校发展目标的动态平衡,避免盲目发展给学校带来经营风险和财务风险。

1.高校财务风险的概念

在研究高校财务风险之前,有必要对财务风险的概念进行界定。财务风险一般可从广义和狭义两个角度来理解:广义的财务风险是指在经济活动中由于存在各种不确定因素,实际收益与预期收益发生偏离,进而造成损失的可能性。狭义的财务风险指企业用货币资金偿还到期债务的不确定性。这一概念是与企业生产经营的实物运动相对应的,一方面,资金是企业的生命线,缺乏资金会成为企业发展的瓶颈;另一方面,企业的资金运动又具有相对独立性,企业的资金运动按照"资金—成本—利润—资金"的运动轨迹循环,这一运动过程并非时时处处都与企业的"采购—生产—销售"的实物运动相伴而行,而是经常发生游离正常实物过程的独特运动。因此,将企业资金运动中可能面临的风险单独考虑是很有必要也是有可能的。作为非营利性事业单位的高等院校,其所面临的财务风险既不同于广义的财务风险,也不同于狭义的财务风险。从概念的性质看,更接近于狭义的财务风险概念,只是要将研究对象换成非营利的高等院校。

结合以上对于风险及财务风险的理解,将高校财务风险定义为:高校在经营过程中,由于在内外部环境因素的变化及作用下形成的财务状况的不确定性,从而使高校蒙受损失,造成其不能充分承担其社会职能、提供公共产品乃至危及其生存的可能性。

2.高校财务风险的类型

目前,关于企业界的财务风险,我国学者提出将风险管理理论和财务理论结合起来进行研究,并认为应当按"两权分离"后所形成的不同财务主体,将企业财务划分为出资者财务和经营者财务,财务风险也顺理成章地划分为出资人财务风险和经营者财务风险。这样分类是为了更好地划分经营者和出资人的管理责任。然而,对高校而言,"两权分离"及多层次委托代理关系的存在,使得高校在事实上对财务管理也存在两个层次。因此,对普通高校财务风险的分析也应当分别从政府与高校两个层面进行。

(1)政府角度

财产所有权是经济生活中最基本的经济权利。政府角度的财务风险是高校最基本的财务风险，其风险程度是高校风险程度中最高的，其他层次的财务风险管理都应以符合此财务风险的限度为前提。就具体内容而言，主要包括：

1）高等教育投资风险

高等教育投资风险是指高等教育投资未来收益的可能变动幅度，亦即高等教育投资预期收益率的可能背离程度。它可分为系统风险（主要指政策风险、财政风险、市场风险）和非系统风险（主要指内部管理风险、教学质量风险）。这是由于对于非营利组织的普通高校，作为最终出资人的国家所要求的主要是高校带来的社会效益增值，包括为社会培养合格人才和提供智力产品两方面。因此，对这一风险的管理，将是国家首先要考虑的。

2）教育资本减值风险

在企业，当出资者投入资本以后，企业管理当局为履行其受托责任，保护投资者利益；为了企业的持续发展，必须实现对资本的保全并力求不断增值。而高校虽然是非营利组织，国家也要求对高校资产实现保值增值，当然，这种保值增值必须服务于高校的生存目标——社会效益的增值，但这两年出现了所谓的净资产潜亏风险，现实表现是：高校净资产的账面余额少于净资产的应有余额；净资产结构与专项结余指标不对称；预算包干与结余留用的专项经费缺乏净资产保证。产生净资产潜亏的直接原因是预算失控，特别是对实行零基预算的公用经费使用失控。事业支出按支出对象可分为人员经费和公用经费以及对个人和家庭补助三类，公用经费按余额的预算处理方法又可分为结余留用的专项经费和零基预算经费。实行零基预算的经费项目在年初预算时不管其是否存在余额，均应抹为零；而结余留用的专项经费余额是不能抹为零的，其未用完的余额必须仍然有资金保证。如果这部分资金因预算控制不严而被前者挤占、耗用，必然使事业基金下降，从而形成潜亏。这部分专项经费的结余指标并不会因为其资金被挤占而减少，且其余额随时有可能被拥有者投入使用。因此，净资产潜亏必然对学校的财务状况构成巨大压力，进一步使高校发展缺乏后劲，必然影响高校目标的实现。

（2）高校自身角度

对于高校财务风险而言，高校层面面临的财务风险更直接。在财务管理层面，与国家关注的是投入资本经营的最终结果不同，高校本身更关注现金流转的顺畅及现金性收益的增加，以确保高校业务工作的正常进行。由于风险也存在于现金流转的各环节中，所以经营者财务风险具有动态性，由此引发的经营者财务风险管理也必然是一个动态的过程。筹资、投资和收益分配是企业经营者财务管理的主要内容，而作为非营利组织的高校，由于不存在收益分配活动，所以也就不存在这方面的风险，高校自身的财务风险主要存在于筹资和投资这两个环节中。此外，高校的经营过程与高校财务状况息息相关，因此也应将高校经营风险考虑在内。

1）高校筹资风险

企业筹资的具体目标是在不影响现金流出及偿债能力的基础上实现权益资本收益的最大化。筹资实际结果与其目标之间产生偏差的可能性就是筹资活动风险，具体包括收益风险和偿债能力风险。高校作为国有公办的事业单位，与企业单位有所不同。企业一旦经营不善，资金周转不畅，就有可能面临破产的局面。目前我国没有并且短期内也不可能存在高校破产制度，虽然很多高校财务事实上已经破产。同时，高校资金来源中，仅有银行贷款是需要向银行偿还本息的。因此，高校筹资活动风险是指高校向银行等金融机构进行过度举债或不良举债后到期无法偿还债务造成严重影响的可能性。过度举债是指借款金额超过还款能力的举债行为；不良举债是指以借款维持日常运转的举债行为。其又可具体分为：

①利息风险

借款是要付出代价的，这种代价就是利息。对于高校而言，借款资金本身不能带来收入，更无盈利可言，利息费用只能通过学校的事业收入来弥补。举债金额越大，所付利息越多，日常运行费用中的有形效益支出比例越低。在事业收入一定的情况下，利息支出的增加必然减少人员经费与其他公用经费的支出。"从高校财务运行的经验数据来看，当一个学校的利息费用超过其收入的 1/10 时，该校人员经费与其他公用经费的原有规模便很难保持，甚至会萎缩"。

②偿债能力恶化风险

高校使用借入资金与企业使用借入资金不同。企业借入资金的本金仍然没有耗费，它还是以某种可以偿还债务的形式存在；而高校对借入资金的使用实际上是一种最终耗费，其结果是不但不能弥补利息支出，还需要用其他资金来偿还本金。因此，高校举债实际上是对未来收入的提前使用，而未来收入能力的不确定性和未来支出压力的扩张性使高校的财务风险难以估量。即使支出压力按现有收入能力同步扩张，本金偿还的需求也会使未来财务结构趋于恶化，最终导致偿债能力降低。

③信用等级下降风险

当前银行大力推崇向高校进行放贷，就是因为高校信用记录良好，收入来源稳定，并且在性质上是国有公办。而一旦出现高校到期无法偿还债务的情况，必然直接影响到高校在银行心目中的信用等级，并对高校将来的融资造成困难，使得高校将来的现金流入可能性及筹资能力大大降低。

2）高校投资风险

笼统地说，企业的投资活动可以分为长期投资和短期投资两类。长期投资风险主要是现金净流量风险，而短期投资主要面临资产流动性风险。高校情况与此相似。高校的投资活动所形成的资产主要有四类：

①教学用固定资产。

②后勤经营性资产。

③校办产业。

④股票、证券等金融资产。

这四类资产中，能够给高校带来净现金流入的，只有后面三种资产。然而从现实情况来看，全国高校大部分校办产业都处于微利甚至是亏损经营的状况。投资金融资产的高校，也不乏在证券市场上遭到惨败的现象。只有后勤经营性资产在后勤开始社会化这几年，可以说经营得蒸蒸日上。然而由于体制上的问题，后勤经营性资产能给高校带来的现金流量的增长往往有限。因此，从长远来看，高校存在长期投资风险。同时，除了金融资产，其他资产都是无法快速变现的。从短期来看，高校的资产变现能力天生就比企业差，还有资产流动性风险。同时，这几年高校扩招之风甚烈，存在严重的过量投资现象。这种过量投资主要是体现在基建项目上，表现为高校没有考虑到自己的资金实力，盲目进行大量的基础设施、实验设备等方面的投入，超过了高校正常的资金负荷，从而加剧了短期的流动性风险。

3）高校经营风险

无论是"过度投资"还是"过度负债"，归根结底都是决策者做出了不符合高校实际情况的决策。错误决策的做出既有可能是内部控制过程的失效—决策者不必为自己的决策负责，也可能是人员的缺乏—决策者本身就不具备必要的专业素养。BaselII（巴塞尔协定）从内部控制的角度做出了有关经营风险的定义："经营风险是由于内部控制过程、人员或系统缺乏或失效，或外部事件引起损失的风险"。

毫无疑问，高校财务风险是经营风险的外在表现。而社会主流产业更侧重于外部实践，将经营风险定义为"企业在商品的生产与销售过程中所面临的由于市场与技术变化而引起的种种风险"。因此，笔者结合这两者将高校的经营风险定义为：由于高校在市场经济条件下从事教学科研等服务活动，其资产受到流失可能给高校和高校产业带来各种不同程度的风险问题。其核心是由于高校委托代理关系，而使高校资产配置遭受资产损失的种种风险。需要特别注意的是，相对于企业财务风险而言，高校财务风险是制度性缺陷在高校财务状况上的外部体现，是一种制度性财务风险。因此，对于高校财务风险的管理，更为行之有效的是从高校制度方面入手，而不是仅仅采取一些技术手段。

3.财务预算对降低高校财务风险的重要性

预算管理是采用价值形式对经济活动进行预测、调节、决策和目标控制的管理形式，是财务控制的先导，是开展各项经济活动的基础。全面预算管理是集事前、事中、事后监管于一身的一种现代监控手段。它是高校财务管理的核心内容之一。两者概念比较，不难看出预算管理与财务风险是计划与计划所产生的结果之间相互影响的关系，预算管理可以控制并预防财务风险的出现，而财务风险所产生的负面影响也会直接打乱财务总体计划的运转，通过以下几个方面阐述通过财务预算的有效实施抑制财务风险发生的若干途径。

（1）选择科学的适合自身的预算编制方法

即零基预算为主，滚动预算为辅的的预算模式。对于一般支出业务的计划可以用零基预算，比较简单明了，还有助于对当年支出收入的具体数据进行总结。涉及到高校发展的重大项目和高校发展的中、长期计划，就可以用滚动预算法编制预算，可以弥补年度预算的缺陷并能根据当前预算的执行情况及时进行调整和修正，使预算更加切合实际，进而实现整体支出结构的优化。

（2）预算中经费分配方式是否合理直接关系到高校中资金运转失衡风险的大小

高校各部门各院系的经费在每年预算中按部门按计划已有明确规定，预算一旦通过，各部门就要严格按照规定执行预算，不能超支，也不能挪用，有效控制财务支出结构中日常性支出膨胀，使财务收支维持平衡，遏制支出不足与过度浪费的现象。

（3）全面考虑预算中的收支，对投资风险控制有极其重要的作用

近期，高校加大扩招力度，单纯的认为扩招可以增加学校的事业收入，解决资金困难的问题。但是，扩招对于高校来说就是一种投资，它给高校带来了学生学费、住宿费收入的增加，但增收不减支，增收不增效，学费等收入并不能完全用于建设和发展，有相当一部分要用于满足学校由于学生数量的增加，而同步增长的教学教辅设施、设备以及师资队伍的建设方面的经费需求，用于高校由于内部管理体制改革而增加的教学成本，从而给高校的运营带来了潜在的风险。所以，不能一味的追求"收入"的增加，它所带来的是一连串的投入必然会给学校带来相应的风险。

（4）预算中对贷款规模及方式的控制可以降低信贷风险

高等学校在财政资金和学校自筹收入不能满足建设需求的情况下，大多利用银行贷款解决问题。部分高校对贷款的风险认识不够，还贷的责任意识不强；个别高校对贷款的论证不充分，贷款规模大大超出高校的经济承受能力；有的高校缺乏勤俭办学的思想，不切实际地依靠贷款铺摊子、上项目、盲目追求高标准，存在借款金额超过还款能力的过度举债现象。而且，现在还普遍存在贷款方式不科学的现象。高校银行贷款有两种，一种为项目贷款，周期长，风险可控性较强。另一种为流动资金贷款，期限短、资金流动性强、资金利率较低、资金使用率高，负债成本相对较小。其中，我们要考虑的是高校贷款不论期限长短，最终都要通过现金来偿还，如果不考虑负债风险系数的大小，一味追求低成本，过多的选用第二种贷款方式，就会导致负债风险的短期集聚，在没有适当的现金保证情况下，就会形成还款困难，出现资金链断裂的财务风险。所以，贷款的筹集方式，数量及还款计划要在每年预算管理中做出详细科学的计算说明，做到"计划"与"实际"相辅相成。

（5）学费欠交数额直接关系到预算收入估计数的合理性

如今，国家虽然出台了一系列扶助贫困生的政策，但是由于困难学生日益增多，经济

危机的到来又使一部分家长失业待业，学校欠费现象只增不减，这就要求预算管理人员对学费交纳情况如实汇报，这样才能对学校的真实收入有所反映，不能因为忽视部分而影响整体，支出超出收入越多，越会给学校财务带来潜在的风险。

（6）预算的严格审批制度有效的控制了高校的决策风险

如今，随着高校各种资金问题越演越烈，使学校决策阶层也越来越重视预算中各种数字的反映，他们的日常批示甚至是重要重大决定很大程度上是以预算指标为依据的，量力而行，作出切合实际并有效的决策，摆脱了原有的预算规预算，决策规决策，学校发展与现实条件脱节的不科学现象，有效的控制决策风险。

（7）实行大额贷款备案制度

对大额贷款严格审批、专款专用、封闭运行、跟踪监督、考核效益。对贷款项目实行目标分解、公开招标、日常检查、验收考核的办法，形成对贷款资金使用管理机制。为便于全面掌握高校贷款规模和风险状况，加强宏观管理与监控，及时采取措施防范财务风险.

（8）重视预算分析预算执行的促进作用

预算分析是预算管理的后期工作，是对预算实施过程进行的总结与评价，包括支出与预算的比较、收入与预算的比较，相关因素的分析、评析的文字说明和合理的建议等。可以发现预算管理中的可行之处和存在的不足，取长补短，使财务管理工作进入科学化、制度化、规范化的轨道。

（9）规范预算管理必须加强制度建设

学校要根据上级的有关规定，结合自己的实际，制定出适合本学校财务管理的有关规章制度，如审批权限管理、国有资产管理、内部收费管理、电话费管理、水电费管理、招待费管理、差旅费管理、医疗费管理等，建立健全内部牵制制度和内部控制制度，使大家做到有章可循，严格按规章制度办事。

总之，预算就是在做一项根本性工作，那就是把收入有计划的花出去，给学校带来最大的"利益"，这种利益就是让学校平稳发展并能逐步改进教学等总体指标，而把可能带来的财务风险控制在最低。

第三节 高校财务预算支出的特征

由于高校运营不以盈利为目的，所以高校财务预算管理有自己的特点。

一、内涵深、范围广

财务预算管理是围绕财务预算而展开的一系列管理活动，是财务管理的一项重要内容和一种重要手段。从财务预算管理的内容来看，不仅包括教育经费拨款、科研经费拨款、教育事业收入、附属单位缴款、其他收入这些事业预算收入的管理，而且还包括事业支出、经营支出、自筹基本建设支出、对附属单位补助支出这些事业预算支出的管理。

其中：教育经费拨款又包括包干经费拨款、一般专项拨款、特定专项拨款、上级补助收入等。科研经费拨款有横向科研经费和纵向科研经费。教育事业收入一般包括本专科学费、研究生学费、成人教育学费、二级学院学费、各类住宿费、涉外办学收入等。事业支出按内容包括基本工资、补助工资、其他工资、职工福利费、社会保障费、助学金、公务费、业务费、设备购置费、修缮费和其他费用；按其用途划分为教学支出、科研支出、业务辅助支出、行政管理支出、后勤支出、学生事务支出和福利保障支出。另外事业预算支出从一般编制预算的角度来看，包括人员支出预算、各部门业务包干经费预算及各部门代管专项经费预算。因此，财务预算管理的内容渗透到高校财务管理的每一个过程、每一个环节，具有内涵深、范围广的特点。

二、层次多、链条长

高校财务预算管理全方位渗透的特点衍生了其全员参与的特点。由于高校财务预算管理涉及到学校各个部门方方面面的工作，所以，财务预算管理并不是有了高层管理者的组织和推动或者有了财务管理人员的参与就能做得好的，它需要学校全体员工的共同参与，是一种全员参与的管理。高校财务预算只不过是一个管理的载体，预算机制的良好运行需要学校全员参与和支持，特别是中层和基层管理者对预算管理的参与和支持尤为重要。这就要求学校在实施财务预算管理之前首先要对全体员工进行必要的预算管理教育，使他们都能认识到财务预算管理的重要性，都能掌握财务预算管理的一些必备知识，激烈员工主动地参与和支持财务预算管理机制的运行，为财务预算管理创造一个良好的文化环境。

三、过程长、监控难

从管理的过程来看，高校财务预算管理包括财务预算的编制、财务预算的执行、财务预算的调整、财务预算的监控、财务预算的分析、财务预算的考评、财务预算的奖惩等环节。其中，财务预算监控并不仅仅是对预算执行环节的监控，它还包括对预算的编制、预算的调整、预算的考评、预算的奖惩环节的监控，即对整个财务预算管理过程的全程监控，其监控的过程长，监控的主体和客体都比较复杂，因而监控难度大。如果只对预算编制环节进行监控，会使其他的管理环节由于失控而问题百出，最终影响到财务预算管理成效的发挥。对预算编制环节的监控，主要是为了保证预算编制的科学性；对预算执行环节的监控，主要是为了保证预算执行到位；对预算调整环节的监控，主要是为了保证预算调整合理；对预算分析环节的监控，主要是为了了解预算收支的执行情况。对预算考评环节的监控，主要是为了保证预算考评客观公正；对预算奖惩环节的监控，主要是为了保证预算奖惩合理得当。

四、指标繁琐、利益敏感

高校财务预算用价值形式表示，它侧重于数量，注重的是数学逻辑，是一种全量化实施的管理。这种量化是权、责、利的量化。它涉及各种预算收入指标，各种预算支出指标，各单位、各部门各种项目支出指标，指标非常多，非常繁琐，并且每个项目支出指标代表的都是每个单位、部门可以使用的经费，涉及各自单位、部门的经济利益，非常敏感。

五、作用重大，意义重要

作为核算收入和支出的非赢利性组织，高校财务预算管理是其最重要的管理方式，是高校财务管理的重心。高等学校财务管理的好坏将直接关系到高等学校事业计划的完成情况，直接影响到高等学校各项资金的使用效益。高等学校的预算管理向来是高校财务部门的重点工作，财务部门一般都专设科室对学校的预算收入，支出进行测算。

对预算支出进行分配，控制，对收入支出结构进行分析，以便为学校领导和各有关方面提供决策，参谋信息。高等学校的预算管理实质是一种目标管理，强调的是预算的分配，高校财务部门这种行使目标管理方式下的预算管理，不仅使财务部门满足于预算管理的现状，而且使得高等学校的各个方面和其他职能部门认为财务部门行使预算管理只能以此为界。

因此，加强高等学校预算管理，不仅对我国高等教育事业的发展具有重要意义，亦将是落实科教兴国战略的一个具体表现。

第四节 高校财务预算支出的原则

经费投入是高校各项事业发展的基本保证。加强高校经费预算管理，科学合理地分配经费，是教育行政主管部门一项十分重要的工作，它对于高等教育事业的发展具有举足轻重的作用。

一、坚持"调整投向，优化结构"的原则

编制省级高校年度经费预算，应根据高校的发展变化，不断调整经费的投向，优化经费支出结构，发挥经费投入杠杆的调节作用，促进高校各项事业的协调健康发展。

1.高等教育和其他教育的支出结构

按照大的类别划分，省级教育经费预算包括高等教育经费预算、基础教育经费预算和中等职业教育经费预算等。在编制整个省级教育经费预算时，不但要注意提高教育支出在

财政支出中的比重,而且要合理调整各类教育之间的经费比例关系。省级高校经费预算是整个教育预算的一个重要组成部分。在财政部门核定的教育经费总量既定的情况下,高等教育经费与其它各级各类教育经费的数额是此消彼长的关系。

2.高等教育内部支出结构

年度预算对高校事业发展起着保障和调节作用,经费投向和支持力度直接影响着某项事业的发展程度。如何合理调整高校内部支出结构,这是经费预算编制把握的一个重点。优化高等教育内部支出结构,就是从高校改革和发展的全局出发,统筹各个方面,合理确定各项目经费投入之间的关系,使经费投入和事业发展规划相一致,促进学校各项事业协调、持续发展。

从宏观上主要把握好以下几个方面:

(1) 硬件投入和软件投入的关系

高校的硬件投入主要包括土地征用、基本建设和设备投资等方面的费用,软件建设主要包括教学科研、师资队伍建设等方面的费用。硬件建设关系到高校基本的办学条件,软件建设关系到教学科研的水平,两者相辅相成,相互促进,在学校的发展中都起着不可替代的作用。因此,要正确处理硬件建设和软件建设的关系,在经费项目选择和数额核定上有利于学校的整体发展。为满足连年扩招的要求,不少高校将大量的资金投向基本建设等方面。根据教育发展形势的变化,高教经费投向应由偏重于基础设施投入,逐步转向偏重于学科、实验室、网络、师资、人才等方面,以推动高等学校不断上层次、上水平。

(2) 当前利益和长远利益的关系

既要注重解决一些当前急迫的问题,又要考虑支持关系学校长远发展的项目。目前最为突出的是高校校内津贴和建设发展的关系问题。高校具有较大的办学自主权,可以自行制定教职工的津贴发放政策。适当提高校内津贴标准,有利于吸引和留住人才,建设和稳定教师队伍。但津贴标准过高,就会造成人员经费开支过大,公用经费相对减少,学校建设项目减少,影响学校的长远发展。因此,需要根据学校的财力兼顾两个方面。

(3) 教学科研投入和行政后勤投入的关系

教学科研是高校的中心,在资金投向上应该重点支持。行政和后勤是学校发展的基本保障,也应有足够的资金加以保障。行政和后勤部门作为学校的管理部门,对于教学科研等起着支撑作用。但总的来看,在经费投入方面,应该尽量压缩行政后勤等方面的消耗性支出,降低行政成本,将更多的资金用于教学和科研方面。

二、坚持"突出重点,集中投入"的原则

高等教育属于非义务教育,实行非均衡发展战略,这就决定了高校投入必须集中财力,保证重点,有所为有所不为。以 H 省为例,H 省对高校进行重点投入,主要体现在以下三

个方面。

1.重点大学建设经费

该项经费主要对省内十所重点骨干大学进行扶持。由于重点骨干大学的定位、性质、目标和任务不同，其得到资助的强度也不同，大体分为三种情况：

（1）对于"211工程"和省部共建学校，按照国家有关要求落实专项资金或配套资金。"211工程"和省部共建是H省高校实施的最重要的工程项目，对于全省高校起着示范和引领作用，在资金上应予重点保证。

（2）对于具有博士授予权的高校，其经费投入水平要高于非博士授予权高校。博士生是高校培养的最高层次的人才，其所需资金要明显高于其他层次学生。

（3）对于没有取得博士点授权的高校，给予适当的资金支持。这类院校中虽然没有博士生的培养任务，但是作为重点骨干大学，同样承担着为地方经济建设服务的重任，也需要根据学校的具体情况给予支持。况且，这类学校有着较强的办学实力，争取博士授予权是学校建设的重要任务，通过经费支持使得学校尽早实现这一目标，也是整个高等教育事业发展的要求。

总之，针对省内重点骨干大学的不同情况，分层次进行资金支持，能够使有限的经费发挥较好的使用效益，也是坚持"突出重点，集中投入"原则的具体体现。

2.重点学科建设经费

以学科建设为龙头，通过学科建设带动教学科研的全面发展，是一个十分有效的途径。但在学科建设过程中，也不能均衡发展，齐头并进，而应该选择那些实力强、条件好的学科，在资金上进行重点扶持。

3.重点项目建设经费

重点项目建设经费是对所有高校中的重点项目和事项资助的经费。①实验室建设经费，用于购置教学科研设备等；②科研项目经费，用于资助一些重点科研项目研究；③人才培养和引进项目经费，用于教师进修、出国培训及引进人才的科研支持等。④基本建设和大型修缮项目经费，用于校舍新建改造和基础设施建设。由于各学校的情况不同，其重点项目的内容也不同。重点项目由高校提出申请，省级教育行政主管部门核定。高校在申报重点项目时，要从本单位的实际出发，分清轻重缓急，分类排队，进行认真筛选。省级教育行政主管部门对于各高校上报的重点项目，进行统筹考虑和综合平衡，根据财力和项目具体情况核定资金数额。

此外，还有一些特殊事项经费。如承办全省大学生运动会，举办国际性学术会议，遭受重大自然灾害等给予的补助等。

高校是一个有机的整体。在保证重点投入的前提下，还要统筹兼顾，对非重点大学和非重点学科等也要给予必要的经费支持，以促进全省高等教育的全面发展。

三、坚持"区别对待，分类核定"的原则

按照经费使用性质，高校经费大体分为两大类：①正常经费或基本经费，包括教职工工资、福利费、校内津贴、学生奖助学金等人员经费；公务费、业务费、教学设备费等公用经费，这些经费主要用于学校维持正常运转。②项目经费，主要用于教学、科研、基础设施方面项目建设的经费。在这两类经费中，正常经费在财政拨款中所占的比重较大。因此，如何分配这部分经费是一项重要工作。

长期以来，由于受"基数加增长"经费分配办法的影响，学校正常经费成为一个相对固定的基数，并逐渐形成凝固化的倾向。为改变这种状况，H省推出了"零基预算"的经费分配办法，即打破各高校原有的经费基数，按照学校发展新的情况和因素核定其正常经费。但是，由于学校之间差别较大，情况十分复杂，完全打破原有的经费基数，按照新的因素分配正常经费存在着较大的困难，目前高校的经费分配在很大程度上还受到原有经费基数的影响。这就需要不断加大改革力度，积极创造条件，逐步实行真正意义上的"零基预算"办法。

在高校推行"零基预算"的办法，关键是要按照"区别对待，分类核定"的原则，打破学校原有的经费基数，用新的因素核定各高校的正常经费。

主要应考虑以下三个方面的因素。

1.学生人数

高校主要任务是培养高层次的专门人才，各学校所需经费数额与在校生人数密切相关，在同类院校中，学生人数愈多，应得到的经费数额就越多，学生人数应是核定正常经费的最基本的因素。

2.学校类别

不同类别的高校其办学成本不同，对经费的需求也存在较大的差异。学校的类别一般可分为理工科、医学、农业、综合、文科、师范、艺术等几大类。从经费需求的角度分析，不同类别的学校，教职工工资和学生奖学金、助学金等人员经费是基本相同的，主要区别是在实验室建设和教学科研设备等方面。因此，应根据各类别院校不同的经费需求，分别测算和制订经费定额标准。随着高校学科专业结构的调整，不少高校呈现出向综合性方向发展的趋势，学科相互交叉的现象较为普遍，如经济类院校中设有理工科专业，理工类院校中设有文科类或艺术类专业等。在核定各类高校的正常经费基本定额标准时，应根据专

业交叉的实际情况进行适当调整。

3.学生层次

高校学生层次主要分为博士生、硕士生、本科生、专科生等。由于不同层次学生的培养目标不同，所需培养成本费用不同，其经费标准也不一样。博士生的经费标准定额应高于硕士生，硕士生的经费标准定额应高于本科生，本科生的经费标准定额应高于专科生。为了便于计算，在核定不同层次学生经费时，可以采取以本科学生为基准进行折合的办法，如一个博士生相当于2个本科生，一个硕士生相当于1.5个本科生等。综合以上三个方面，就可以制定出不同院校每生每年的基本经费定额标准。省级教育行政部门依据经费定额和学生人数分别核定各高校正常经费。需要指出的是，随着经费总量的不断增加和高校条件的逐步改善，高校经费定额标准也是需要不断调整的。

除了以上几个因素之外，核定正常经费时还要考虑一些特殊因素的影响。①学校所在地域的区别。不同的地域对办学成本造成了直接影响，如H省的Z和C地区，处于高寒地带，冬季取暖期长，气温低，所需取暖费用要明显高于其他地区，需要适当增加其正常经费。②收费标准的区别。由于多种原因，高校之间的学生收费标准存在着不小的差别，如高校本科生每生每年收费标准，有的学校为4500～5000元，有的为3500元。在本科和专科之间，也存在着"本专倒挂"的现象，即每生每年的收费标准本科为3500元，专科为5000元。收费标准的差别造成学校收入的差别。在实行综合预算的情况下，应将财政拨款和收费收入统一编制预算。因此，对于收费标准较低的高校，在核定其正常经费时应给予适当补助。

四、坚持"公开公正，奖优罚劣"的原则

在确定经费项目类别之后，还要确定具体的项目及资金数额，如重点大学经费、重点学科经费等，如何将其具体分解到学校和项目，这是预算编制的一个关键环节。

专项资金的分配，首先要坚持公开公正原则，针对不同性质的资金，分别采用科学合理的办法。

①对固定性项目采用直接核定的办法。如"211工程"建设项目等，属于连续投入支持的项目，并制定有工程建设资金总体规划。对这类相对固定性的项目，可按照总体规划的要求和当年财力情况，直接核定经费项目的数额。②对资金覆盖范围广、数额大的教育重点工程项目资金，采取"因素分析，数模核算"的办法。如强势特色学科和重点学科建设经费，就是选取学科性质（理工类或文史类）、科研成果、招收研究生人数等12个因素，分别确定不同的权重系数，运用数学公式核定各学科的具体数额。③对资金使用范围比较明确，但分配因素不宜量化的资金，采用"学校申报，集中评审"的办法。如高等职业教育经费，重点大学建设经费、一般院校建设经费等，即由学校根据自己的实际情况，在指

定的使用范围内申报项目，并且按照轻重缓急排出项目顺序，列出详细的项目内容，由省级教育和财政部门聘请专家进行评审，确定各学校经费项目的具体数额。

如何加强对经费使用效益的考核，将经费使用效益与专项经费分配挂起钩来，是深化经费管理改革的一项重要内容。要按照"谁花钱，谁负责"的原则，对高校实行项目经费使用责任制。目前，工商企业对资金的使用效益有一套科学完整的考核办法。高校属于事业单位，其资金使用效益主要体现在教学和科研水平等方面，难以进行定量定性的衡量。因此，必须根据高校的特点，建立健全科学的经费使用效益指标体系，对经费使用情况进行考核和评价，在此基础上建立奖惩机制，奖优罚劣。目前，可设立以下奖励项目：①依据综合评价结果进行奖励。如对高校重点学科建设进行的评价，已经有一套比较完备的指标评价体系，主要包括教学条件、人才培养、科研水平等方面，对在全省处于前列的学科，给予经费奖励。同时，实行末位淘汰制，对于考评结果位居后列的，减少或停止经费资助。②对于获得国家和省重大奖项的给予经费奖励。如获得国家和省科技成果奖励，全国优秀博士论文奖励等，除国家按照规定给予奖励外，省教育厅还可以给予资金奖励。③对于经费管理方面成效明显的给予经费奖励。如省级教育行政部门分配银行贷款贴息经费，除了贷款资金使用合理有效之外，还要将上年偿还贷款的数额作为奖励性的一个因素。促使学校增强还款意识，积极偿还银行贷款。

坚持"公开公正，奖优罚劣"的原则，采用科学合理的办法分配经费，能够避免人为因素的干扰，减少随意性和盲目性，增强透明度，便于接受社会监督。同时，通过建立经费奖惩机制，能够增强经费分配的导向作用，强化管理和监督，提高专项经费的使用效益

第三章 高校预算绩效管理的主要内容

高校预算绩效管理是指在财务预算的编制、审批、执行调整以及执行结果的分析报告中，树立绩效思想，实现预算与绩效的匹配，只有这样，预算管理才能够真正发挥目标控制和资源优化配置的功能。在财务预算编制中应该把握实际情况，掌握基础资料，通过对各个部门的人员的编制与结构，学生数量和分类以及部门科室设置与资源消耗情况的了解，以真实的数据作为预算编制的基础。同时，应合理测算各项可能收入，不仅将各部门可控制财力纳入到预算管理，对于各院校的创收等不可控收入纳入到学校预算管理中。

在预算执行中，预算绩效管理加强了支出过程监控，在高校预算管理中尤其要注意基本建设、基础设施改革、图书资源采购管理等活动的管理。在预算绩效考核中，应建立科学合理并且行之有效的评价指标体系，针对教学单位和行政部门的不同工作性质，设立生均事业费用、生均教学科研仪器设备费用等经济指标，设立师生比、校友捐赠率等社会效益指标等。同时，重视预算绩效考核结果的运用，扩大考核结果对下年的影响，将预算绩效评价结果同高校的总体发展规划、经费投入方向、资金支持重点以及部门领导人的工作绩效考核联系起来，真正实现对预算资金使用后的追踪问责，使高校教育资源得到最优化配置。高校预算绩效管理过程，如图 3-1 所示。

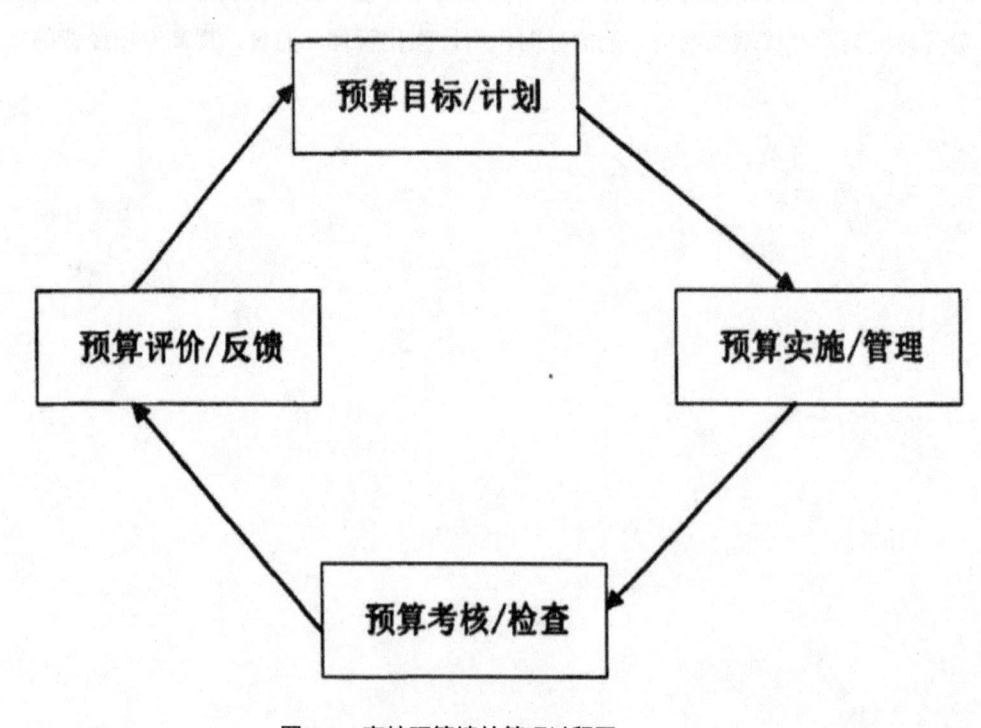

图 3-1 高校预算绩效管理过程图

预算绩效管理模式以"用钱效益"为理论基础,目标管理和部门预算为两大支柱,构建畅通的信息反馈机制,全程监控预算执行过程,是一种建立在效益分析框架上的运行模式。其中,目标管理是预算绩效管理的灵魂,学校总体战略目标处于管理的中心和支配地位,把握着目标体系的全局,各部门的目标一方面是总体目标的分解,另一方面,各个部门目标之间相互协调,形成一个统一的目标组织体系,既可以保证上级目标的宏观控制,又能保证部门的积极性发挥。部门预算作为高校预算绩效管理的基础工作和最重要的环节,具有较强控制力。

目标管理的具体落实、项目管理和对绩效评估的控制都离不开部门预算。部门预算不仅仅是对资金进行简单的分配,使工作得以迅速开展,更重要的是通过部门预算解决高校预算的权力分配问题和预算的软约束问题。在高校预算绩效管理中,畅通的信息反馈机制和对预算执行过程的全程监控是预算绩效得以发挥作用的保证,通过分离预算执行和预算监控,可以更有效地对预算执行过程进行监控,及时发现预算执行过程中的偏差。

第一节 目标设置

一、高校经费预算管理的目标框架

高校经费的预算管理是高校财务管理的重要组成部分。预算管理是一种全过程、全方位、全员的管理,它需要全员的参与,涉及学校经营管理的全过程。学校维持和发展的最基本的要素是资金,高校进行预算管理的目的就是充分发挥有限资源的效用,促进学校各项事业的发展。因此,实施预算管理,主要是广开筹资渠道,合理安排资金投向,使有限资金的使用产生更高的办学效益,高校资金运作首先要保证学校教育资源合理配置的需要,满足教学、科研上质量、上水平的需要,满足提高学校发展后劲的需要。而实现这一目标的前提,就是学校财务管理体制的改革。

从财务管理的实践出发,高校经费预算管理的目标框架应包括以下内容:

1.理顺资金渠道

按照事业发展需要合理分配资金《教育法》明确规定,国家建立以财政拨款为主,其他多种渠道筹措教育经费为辅的教育体制,全国各级财政支出总额中教育经费占比例应当随着国民经济发展逐步提高。我们可以按经费来源的主体将高校资金收入划分为国家拨款和学校自筹两部分。国家财政拨款是高校最稳定的资金来源,对稳定发展高等教育,保证教育事业的正常运行十分必要。学校自筹经费中,向学生收取的学费、住宿费是高校筹措经费的重要资金来源。

一般来讲,高校资金来源渠道可归纳为"财、税、费、产、捐、基、科、贷、息、债"

等十种，我们认为还应加上"联"。这里所说的"财"是指国家财政拨款；"税"是指国家对高校及校办产业的减免税；"费"是指学费、住宿费及其它教学服务收入；"产"是指校办产业取得的收入；"捐"是指各种社会捐赠收入；"基"是指各种途径形成的教育基金；"科"是指高校科研活动取得的收入；"贷"是指国家对高校的政策性贷款；"息"是指高校在政策允许的范围内通过融资活动取得的收入；"债"是指国家以国债的形式对学校大型项目的专项投资；"联"是指各种形式的联合办学收入。这 11 个方面基本包括了当前高校资金来源的全部。

遵循"一要吃饭、二要建设"的指导思想，按照"一稳定、二改革、三发展"的路子编制好年度预算。办好高等教育，也要做好预算管理。编制预算时，应遵循积极稳妥、统筹兼顾、确保重点的原则，以收定支，不能做赤字预算，确保基本人员开支、社会保障以及满足业务工作正常运转必须经费的前提下，优先保证学校教学、科研中心工作的资金需求，同时还要妥善安排好设备购置、修缮项目等其他支出，同时还应当以国家对高等学校的管理政策和各种财经法规、政策为前提，合理安排学校事业发展和建设计划的资金需求，更应该在提高学校办学质量、学校知名度、发展科技成果、吸引人才，创建新学科方面合理安排资金。总之，要统盘考虑，制定合理的分配比例，厉行勤俭节约的方针，保证预算收支的平衡，做到确保重点、兼顾一般。

2.保证预算方案的执行

根据国家预算组成体系，高等学校的预算属于单位预算。它是财政预算及部门预算的基础。由于高等学校多元化投资渠道的建立以及管理上的多样化，高等学校预算主要是学校自身的财务计划，其执行结果也主要对学校本身发生影响。所以高等学校预算一经确定，财务部门就必须以财务制度和财经纪律为准绳，按照预算方案，根据事业发展进度和规定的用途合理使用资金，必须要有一套确保预算完好执行的程序和机制，做到对预算执行的每一过程都要进行有效的控制和监督。

高等学校实施有效的预算管理，首先学校必须建立从各职能部门到主管院系、处室的"金字塔"型的财务管理体系，体系的顶端是最高财务决策机构党委常委会、校长办公会、校财务委员会。党委常委会和校长办公会制定重大决策，财务委员会负责制定具体方案，并监督执行。校财务委员会由最高管理层成员和一些关键职能管理部门的负责人、有关专家组成，负责审查批准财务预算方案，协调预算的执行、调整、检查、考核工作。学校各院系、处室、产业集团、后勤集团以及各附属单位间，一级对一级负责，逐层能够分解落实，层层考核，确保预算的编制和执行。相应地，学校财务处应设立预算主管部门，负责预算的编制、执行、调整、等具体日常管理工作。

二、内部控制的目标框架

确保的高校预算的执行，必须加强内部控制。内部控制是指各高校内部，为保证预算的执行不偏离目标，而对各项收支进行的调节、约束和管理。内部控制旨在确保只有经过正确授权的指令才予以执行，要求对预算收支的每一过程都要进行有效的内部控制和监督。切实加强内部控制，堵塞漏洞、消除隐患，防止并及时发现、纠正错误及舞弊行为，保护高校资产的安全、完整，同时确保预算贯彻执行。

高校内部控制，必须按照财政部《内部会计控制基本规范》的规定执行。同时，各高校财务部门，应当根据国家有关法律和财政部的基本规范，结合高校工作的具体情况，建立适合高校业务特点和管理要求的内部控制制度，并组织实施。

从内部控制的目标和内容的演进进程来看，现代内部控制已经不是传统的查弊和纠错，而是涉及到高校资金和财产管理的各个方面，成为高校运作和管理的一个重要方面。

因此，高校加强内部控制制度建设的目标框架，应包括以下内容：

1.资金、收入的管理与控制

（1）加强对资金来源渠道的管理

预算执行中，各高校需要核实收入计划除财政拨款外、校自筹部分是否落到实处，将应该监督取得的各项收入能够及时、足额地收纳入账，对应收回的水电费、人员经费、资产占用费等，要有切实可行的目标措施，保证及时收回；对产业收入要以责任书的方式予以确定，确保收入目标的实现。同时要加强收入管理的监督，检查收费是否符合有关的政策规定应缴财政专户的收入是否及时足额上缴，各单位有无截留、占用、挪用、坐支、或拖欠以及账外账和"小金库"等问题。

（2）监督资金是否按照预算规定的用途拨付，在适当的支出类型中要保留足够的资金。

（3）监督各种资金的来源和拨付是否列入正确的预算科目。学校的预算一经确定，财务部门就必须以财务制度和财经纪律为准绳，按照预算、事业进度和用途使用资金，并将应拨付给基层单位的资金及时、合理地予以拨付。

（4）严格执行经费管理制度，各项经费实行都应实行一费一本制的项目经费管理办法。有条件的学校可实行计算机网络管理，报销人员要严格把关，不允许有开口支出。

（5）当对外提供教学和科技服务后，必须核实职能部门对外是否提供了某项服务的有关证明，并监督收入及时到账。

（6）监督收入是否合法收费，有无不合理收费现象，或收入不开票或私开白条的现象。

2.支出的管理与控制

高校的支出类型很多。做好支出的管理与控制，关键是要建立和和健全货币资金的管理与控制，规范流程及重点环节，重视货币资金的开支审批制衡制度的建设。同时还应做到：

（1）在支付之前，需要确认：

1）本开支是否在预算规定的限额以内，是否为有效支出。

2）有关专业人员所提供的商品和所收到的服务是否满足预期标准。

3）发票和其他有关支付票据是否是正确的或适合支付，开具发票的单位和收款单位是否一致，验明收款人。

（2）在最终付款之后，需对所有相关开支进行检查和复审，对不规范之处应予汇报。

（3）严格"一支笔"审批制度。总体上，在任何机构之内，在授权支出、批准合同和发出购买的确认、收到商品和服务、履行支付等方面都必须有明确的职责分部门担负。但是，在多数情况下，同一人或同一部门不应既负责支付，又负责其他活动或作控制支出的工作。按财务人员的行话说，"管钱的不能管账，管账的不能管钱"。这种安排实际就是内部牵制原则的体现。

3.对授权人权限的控制

高校资金的授权者或管理者是财务部门，高校财务处长受校长的委托，负责管理学校的资金，对学校资金赋有支配和管理的责任。

对授权人权限的控制，还应注意：

（1）必需遵守会计行业的职业道德。

（2）制度的建立必须设置互相制约、互相牵制的受约制度。

（3）按职责范围规定审批权限。各项制度的规定都是由人来操作执行的，一个单位的资金管理如何，资金的有效使用，资金投入效益的提高，关键在主管资金运作权限的负责人。因此，必须按职责范围规定审批权限，不在职责范围内的"授权人"无审批权限。

（4）建立健全财务收支审批制度。主要包括：财务收支审批人员和审批权限，财务收支审批程序，财务收支审批人员的责任等。

4.建立"内部责任报告"的考核制度

考核与奖惩是预算工作的生命线，没有考核，预算管理将变的毫无意义，对于制定的预算指标的实施，一定要加强日常控制，并对其执行结果进行考评，以便学校领导和各职能部门的管理者随时了解预算执行的进度和情况。为此，一方面要考核预算的执行过程，以及预算的完成情况，另一方面要考核资金投入所取得的经济效果，对于收入预算指标的完成，要实施激励措施，采取奖惩政策，以调动创收单位的积极性，激励创收单位教职工共同努力，确保学校收入计划的完成。采取定期编报内部责任报告的方法。

所谓"内部责任报告"，就是根据责任预算指标的核算资料，综合地反映某责任单位在一定时期内完成责任预算指标的实际情况，设计评价指标进行评价，交将结果向有关部门"报告"的文件。其基本结构主要包括"预算数"、"实际数"、和"差异"三栏，其中"差异"要进行分析,以总结经验和改正不足。"内部责任报告"对预算控制有十分重要的意义,其结果可以反映各责任单位执行责任预算指标的情况,我们可以根据这种反馈信息进行分析,查找原因,作为下期预算的参考,并控制经济活动实际状况脱离预算的差异,保证预算目标的完成。

5.实行会计人员统一管理的网络体系

人是预算工作的主体,是预算工作效果好坏的决定性因素,高校预算与控制系统如果离开对人的关注,是无法搞好的。所以,学校的预算控制应以"人"为本,从"人"的问题入手,只有这样,预算和控制才能发挥其应有的作用。按照高等学校财务制度的规定,高等学校预算从年初开始制定、年中执行、到年终决算,整个过程都离不开财务人员的参与和监督,以及整个过程的核算和政策控制,从事前预测,事中控制,事后监督,财务人员都起决定性因素,各个学校的财务部门都设有预算管理职能部门,有专门管理预算编制、预算指标控制、预算执行结果考核、预算执行情况检查的财务人员,这些财务人员业务素质的高低,以及财务人员内部控制的规范化,都决定了预算执行的好坏程度。

第二节 预算的编制

一、预算编制原则

高等教育财务预算的编制是高校财务的重要一环,高校作为非营利性的机构,应根据其自身发展的需要,合理的统筹支出项目,在预算的编制上应遵循以下原则:

1.量入为出,收支平衡

量入为出,收支平衡是中华人民共和国建国以来实行的一条财政管理基本原则。在1997年财政部、国家教委关于印发《高等学校财务制度》的第十一条将量入为出,收支平衡作为我国高校财务预算编制的总原则。即是要求高校在编制预算时坚持量力而行和尽力而为相结合,以收定支,收支平衡。高校有别于其他的营利性机构,其自身的收入来源有限。如果不能量入为出,收支平衡,高校背负的巨额债务最后也会由国家财政与纳税人承担。

2.稳妥性原则

收入预算需要坚持稳妥性原则,又称审慎性原则、稳健主义,是指在财务中存在不确定的因素和风险,影响到财务要素的确认和精准性的情况下,应该充分预计可能的负债、损失和费用,尽量少计或不计可能的资产和收益,以免财务报表反映的会计信息引起报表使用者的盲目乐观。稳妥性原则主要用于高校财务的预算编制,在高校会计核算上并不采用该原则,以便从预算的源头上防止财务赤字的产生。

3.统筹兼顾、保证重点、勤俭节约

支出预算坚持统筹兼顾、保证重点、勤俭节约等原则，因高校的收入来源有限，高校应根据国家政策和相关规定，优先保障人员经费、离退休费用、维持日常教学、科研及学生事务运行所需经费开支。从高校可持续发展的全局出发，有计划、有步骤，分轻、重、缓、急保证重点发展项目，根据高校的财力状况量力而行，尽力而为，以保证教学质量和科研水平。

二、预算编制方法

我国《高等学校财务制度》明文规定，高等学校预算参考以前年度预算执行情况，根据预算年度事业发展计划和任务与财力可能，以及年度收支增减因素进行编制。校级预算和所属各级预算必须各自平衡，不得编制赤字预算。目前，财务预算编制工作是一年一次的必要工作，从预算编制的内容、方法上每年并没有太多实质性的区别。我国高校的编制主要采用增量预算法、零基预算法、滚动预算法、公式预算法、项目预算法、绩效预算法等进行预算的编制。

1.增量预算法

又称调整预算方法，是指在上年度预算实际执行情况的基础上，考虑预算期间内各种因素的变动，相应增加相关项目的预算数额，在基期实际数基础上增加一定的比率，以确定未来一定期间收支的一种预算方法。增量预算法方便、快捷易于操作，但是以前期预算的实际执行结果为基础，不可避免地受到既成事实的影响，易使预算中的某些不合理因素得以长期沿袭，因而有一定的局限性；在高校的收入预算管理方法中，大多数高校都采取增量预算法，增量预算法容易滋生分配中的平均主义，不利于调动部门间的积极性。

2.零基预算法

又称零底预算方法，其全称为"以零为基础编制计划和预算的方法"。1970 年，由美国得克萨斯仪器公司的彼德·A·菲尔（BeterA.Pyhrr）提出了"零基预算法"（Zero—BaseBudgeting，缩写为 ZBB）的概念，随后由美国乔治亚州政府采用并取得成效，继而推广使用。零底预算方法是指在编制预算时对于所有的预算支出，均以零为基底，不考虑以往的情况，从根本上研究分析每项预算有否支出的必要和支出数额的大小。零基预算法的指导思想是打破前一年度的框框，在学校年度计划的指导原则下，由所有的部门、院（系）提出各项经费使用方案，然后按经费使用方案的重要性排序，作为核拨经费的依据。相较于传统的增量预算法相而言，零基预算优越性更为明显。因其不考虑以往的支出水平，以往不合理的因素无法保留下去，有利于减少浪费提高产出水平，但同时也容易造成预算编制工作量大、费用相对较高。

3.滚动预算法

又称连续预算或永续预算,即按照"近细远粗"的原则,据上一期的预算指标完成情况,调整和具体编制下一期预算,并将预算期连续滚动向前推移的一种预算编制方法。传统的预算一年编制一次,较少考虑到学校和校内各部门的中长期发展规划和学校资金供给间的协调关系。这样不利于高校的长期规划的实施。滚动预算法可以保证预算的完整性和持续性,预算计划可以随时间不断的进行修订和调整,更好的让预算与实际情况相适应,有利于预算的指导、控制作用的充分发挥,以保证高校各项工作的有序进行。但是滚动预算法进行预算编制工作比较繁重,一般可以采取按季度滚动编制预算。不仅可以提高预算的精准性,而且易于从预算中把握高校往后 12 个月甚至更为长远的全盘规划。

(四)公式预算法

公式预算法即是在预算编制过程中应用一个或多个公式,且每一个公式都利用特定的学校数据,以项目需求和成本之间的数学关系为基础,得到支持未来项目运营所需资金的估计值。公式预算法有助于经费在学校之间、或学校部门之间的平均分配,利用公式进行计算,减少了预算的人为决策的主观性和随意性,让预算决策程序更为客观。但过于平均的预算分配方式,未将高校之间、学院部门之间的特殊性考虑进去,也无法形成规模效益。

5.项目预算法

项目预算就是项目费用所进行的预算,主要应用于政府部门和事业单位,对于企业尤其是大型企业也同样适用。为了消除制定规划和制定预算分别进行的这种传统方式的弊端,其通过将规划—计划—预算结合在起的系统项目预算统控制方法,以寻求最有效地资源配置方式。通过对各种可能的方案进行成本—效益分析,然后根据一定的标准来选取最佳方案。项目预算法可以指明学校的前进方向,但是不能说明学校的任务,不过能够认识到应当将规划—计划—预算结合在一起就是一个很大的进步。

6.绩效预算法

绩效预算法于 1949 年在美国首次提出,绩效预算指要阐述和明确请求拨款所要达到的目标,为实现这些目标而拟定的计划需要花费多少钱,以及用哪些量化的指标来衡量其在实施每项计划的过程中取得的成绩和完成工作的情况,包括绩、算、效三要素。绩效预算法是一种结果导向型的预算法,其核心是通过制定支出的绩效目标、评价体系,然后逐步实现对资金注重投入管理转向注重对支出效果的管理。绩效预算相对较为简单,其难点在于绩效的标准与绩效的测量。

三、预算编制程序

根据中华人民共和国《预算法》的要求，我国高校的预算编制要实行"二上二下"的基本流程。另外，《高等学校财务制度》对此明确规定，高等学校预算由学校财务处（室）根据各单位收支计划，提出预算建议方案，经学校最高财务决策机构审议通过后，按照国家预算支出分类和管理权限分别上报各有关主管部门，审核汇总报财政部门核定预算控制数（一级预算单位直接报财政部门、下同）。高等学校根据预算控制数编制预算，由各有关主管部门汇总报财政部门审核批复后执行。高校的年度财务预算的编制和执行是关乎整个学校的头等大事，要引起全校的普遍重视和共同关注，才能保证预算工作的顺利执行。具体而言，我国高校目前实行"二上二下"主要包括："一上"，是将学校明年的财务预算提交给相应的上级领导部门，学校领导应该给予高度的重视，尽快摸清学校的整体情况并按照事情的轻重缓急进行排序、论证，最后进行财务预算的编制；"一下"，教育部根据各高校"一上"所报的基础数据和基本情况，以及财政部审核后的项目，下达各高校的"预算控制数"；"二上"，高校在"一下预算控制数的基础上，跟据"确保重点，兼顾一般"的原则，进行明细的收入和支出以及项目预算的编制，上报教育部，教育部汇总编制部门预算草案再上报财政部审批；"二下"，教育部根据财政部批复的预算，学校财务还需结合学校当年的年度工作目标，编制年度预算执行计划，再将预算指标分解下达到各执行单位，并将学校年度执行预算上报教育部备案。

第三节 预算的执行

预算不仅仅在于其的编制，更重要的还视乎其具体的执行，包括高校财务预算的执行、预算的分析、预算的调整、预算的监督以及预算的考核与评价等在内，才能更好的发挥预算管理的控制、调整的作用。

一、预算的执行

预算执行是预算目标实现的过程，预算编制的结果是通过预算执行最终体现的，其主要由预算单位和部门根据下达的本单位的最终预算来实施。如果预算不能得到强有力的执行，编制得在好的预算也只是枉然。因此，要保证高校财务预算的执行，就要加强预算的执行力度，将责任细化以保证各项工作顺利的分派到各个部门和个人。具体而言，①要严格落实预算管理的经济责任制，各单位的经费使用必须按预算规定的项目进行，不得突破预算额度；②财务审计等部门要实时监控各单位的预算执行情况，以便规范和监督校内各种经济活动有序进行；③对预算执行情况年终由财务处汇总分析并做出评价，若是重大经费项目则由审计部门参与考核以对其支出合理性和效益性做出评价；另外，学校教代会要对有关部门重大经费项目支出情况进行"听证"和质询。

二、预算的分析

财务部门要定期汇报财务预算支出情况与学校财务预算收支情况，通过对预算执行情况进行分析，采用比较法、因素法、逻辑推理法和定向分析法，发现财务预算存在的问题并及时处理。通常情况下，可以通过定期检查分析、专项检查分析和典型调查分析的方式进行。对财务预算执行情况的分析，一方面可以及时总结经验，吸取教训、防范风险，进而调整预算或者执行流程、执行方式；同时也可以提高预算编制水平，使编制的预算更合乎现实的发展需要；另一方面有利于精细化管理，对预算管理的盲区和误区进行查漏补缺，促进高校预算管理水平的提高。

三、预算的调整

在预算执行过程中，可能有很多因素会导致实际情况与财务预算的偏离，出现预算差异的情况，因此各预算执行单位在对预算进行深入、透彻的分析之后，要注重形成预算差异的原因的总结，以便对原有预算进行调整，使其更符合现实的情况。为了保证预算控制的严肃性，高校的预算调整必须遵循《高等学校财务制度》的有关规定，在第三章第十四条预算调整中明确指出，高等学校预算在执行过程中，对财政补助收入和从财政专户核拨的预算外资金收入一般不予调整；如果国家有关政策或事业计划有较大调整，对收支预算影响较大、确需调整时，可以报请主管部门或者财政部门调整预算。其余收入项目需要调增、调减的，由学校自行调整并报主管部门和财政部门备案。

从上可以看出，高校对于预算的调整具有一定的权限，一旦要调整就必须出具书面报告和写明原因，提交上级审批通过才能调整。

四、作业预算编制在 A 高校的执行实例

B 高校的基本情况：B 高校是一所以金融学、国际贸易学和法学为主，兼有多学科的省属重点大学。学校坚持以育人为本，以教学为中心，全面推进素质教育，深化教学改革，努力提高教学质量，并取得了多方面的教学成果。学校深化学分制改革，实施弹性学制、双学位制和主辅修制，全面实施分层培养模式和模块化课程体系，努力增强学生的社会责任感、创新精神和实践能力，为党和国家培养具备全面素质的青年人才。

学科建设方面：学校有 10 个省级重点学科和 1 个省级重点发展学科；9 个硕士学位授权一级学科；51 个硕士学位授权专业，12 个专业硕士授权专业；58 个本科专业。

目前，B 高校由教学机构、管理机构、科研教辅机构和后勤机构四部分组成，管理机构包括人事处、财务处、教务处、办公室、学生处、就业处、科研处、资产管理处、后勤管理处等组成。在二级学院的设置方面有金融学院、商学院等。科研教辅机构有图书馆、网络中心等。其中，属于后勤机构下的后勤服务公司、商贸服务公司等实行社会化企业化管理。

1.基于组织结构的预算体系

从技术上看,预算管理的关键问题有三个:①预算支出额度的确定依据;②资源分配的基础;③监控预算的依据。这三个问题长期困扰着人们,直到20世纪80年代作业成本法(ABC)、作业管理(ABM)、特别是作业预算(ABB)问世之后才在理论上得到较为圆满的解决。按照作业预算原理,支出总额确定依据、资源分配基础和监控预算的依据就是成本支出的动因,简称成本动因,而成本动因又可进一步区分为资源动因和作业动因。也就是说,预算编制实际上就是事先按作业成本法计算成本或费用,即先按资源动因将耗费的资源归集到作业活动,计算作业活动的成本;再按作业动因将作业活动成本归集到"产品"或服务,计算"产品"或服务的总成本和单位成本。这一系列相互连接的作业活动就是流程。因此,将作业成本法、作业预算应用于高校的预算编制,其前提条件就是确定与任务使命和岗位职责相对应的流程以及构成流程的各项作业活动,在作业活动流程基础上进行高校预算的编制,也就是用作业思想改造高校预算。

高校的三大使命是"传承与发扬文化;发现、创造、分享与传播知识;培养满足社会需要的杰出学生",其主要活动为教学、科研及其他服务活动。作业预算编制的内容是指与教学活动及其辅助、管理、保障活动相关的收入和支出;虽然科研事业支出和离退休支出不适用于作业预算进行编制,但是为了保证支出预算编制内容的完整性,将科研事业支出和离退休支出同样纳入基于组织结构的高校预算体系。与教学科研活动及其辅助、管理、保障活动有关的B高校主要各部门职能如表3-1所示。

表3-1 B高校各部门主要职能

部门	主要职能
人事处	人事调配、职称管理、劳资管理、人员聘用等管理
财务处	预决算、会计核算等高校财务工作
教务处	教学研究、师资管理、学籍管理等工作
办公室	学校综合事务管理机构
学生处	招生和学生管理等工作
就业处	对学生就业进行指导工作
图书馆	为学生提供图书期刊等知识资源服务
网络中心	为高校提供网络系统服务
资产管理处	固定资产、设备的管理和维修
后勤管理处	水电气暖的供应和公车管理
科研处	科研管理、科学研究等工作

结合B高校组织结构和部门职能的实际情况,B高校预算适合建立包括校级预算和二级部门预算两个层面的预算编制体系。校级层面预算单位包括主导编制校级总预算的财务

处和校级综合管理部门，包括教务处、学生处、人事处、办公室、资产管理处、后勤管理处、科研处；该层面预算单位的任务职责中有较大管理权限和范围，具备综合控制职能，对资源分配和预算执行监控起着重要作用。校级层面预算单位的预算内容大部分是通过汇总二级部门预算而生成的。二级部门预算单位包括完成B高校使命的具体工作单元，分为三大部分，包括教学教辅部门、行政管理部门和后勤保障部门，是B高校业务活动的主体，担负着人才培养和B高校战略使命完成的任务。二级部门预算单位根据部门职责和战略导向编制本部门预算，包括部门收入预算、部门基本支出预算和部门项目支出预算。

2.基本支出预算的编制

在编制下一年度各项收支预算之前，我们深入B高校财务管理现场，采取直接访谈、查阅财务资料等手段，获取了研究所需的资料和数据，为进行作业预算的编制打下了基础。

（1）收入预算的编制

高校的收入预算包括财政补助收入预算、事业收入预算、上级补助收入预算、附属单位上缴收入预算、经营收入预算以及其他收入预算，其中事业收入预算又分为教育事业收入预算和科研事业收入预算。

由于B高校收入来源的特殊性，即其收入主要来源于财政拨款和教育事业收入，受国家财政体制和B高校对自身发展预测的影响，因而收入预算不适合采用作业预算法，各二级部门分别编制本单位的收入预算，交由财务处汇总编制校级收入总预算，高校根据财政指标确定财政补助收入的多少，B高校没有自行决定的权利；教育事业收入是依据学生人数、各收费项目的标准进行预测的；科研经费则按照以前年度申请通过项目应到位的经费拨款数及上年收入情况，排除偶然收入，再考虑下一年度可能增减变化的因素来测算。

以B高校金融学院为例进行收入预算的编制。金融学院的收入有财政补助收入中的高等教育经费拨款和开展教学活动取得的教育事业收入。金融学院根据上级财政部门分配的预算指标编制财政补助收入预算。教育事业收入包括学费收入、培训办班收入和住宿费收入，其中学费收入和住宿费收入在每年9月份收取。金融学院分别编制学费收入预算表、培训办班收入预算表和学生住宿收入预算表，最终得到学院教育事业收入的预算金额。学费收入预算表、培训办班收入预算表和学生住宿收入预算表分别如表3-2、3-3和3-4所示。

表 3-2 金融学院学费收入预算表

专业名称	本科	研究生	预算
金融学	2227500	224000	2451500
保险学	1678500		1678500
金融工程	1035000		1035000
投资学	427500		427500
金融专业硕士		280000	280000
保险专业硕士		140000	140000
合计	5368500	644000	6012500

表 3-3 金融学院培训办班收入预算表

培训班名称	学生人数	人均收费标准	预算
第一季度			78000
春季培训班	52	1500	78000
第二季度			
第三季度			75000
秋季培训班	50	1500	75000
第四季度			
合计			153000

表 3-4 金融学院学生住宿收入预算

公寓名称	现有住宿学生人数	预计年度退宿学生人数	预计年度新进住宿学生人数	预计年度住宿学生人数	人均收费标准/年	预算
学生公寓7	198	48	54	204	800	163200
学生公寓8	201	48	54	207	800	165600
学生公寓9	196	48	52	200	800	160000
学生公寓12	84	18	42	108	1000	108000
学生公寓15	184	42	48	190	800	152000
学生公寓16	192	42	42	192	800	153600
学生公寓18	200	48	48	200	800	160000
学生公寓22	21	0	3	24	1000	24000
合计	1276	294	343	1325		1086400

金融学院根据财政补助收入的预算额和教育事业收入的相关预算表。如表 3-5 所示：

表 3-5　金融学院收入预算表

收入项目	季度				年度预算
	1	2	3	4	
财政补助收入	—	—	8214000	—	8214000
事业收入	78000	—	7173900	—	7251900
上级补助收入	—	—	—	—	—
附属单位上缴收入	—	—	—	—	—
经营收入	—	—	—	—	—
其他收入	—	—	—	—	—
合计	78000	—	15387900	—	15465900

金融学院收入预算的编制方法可以为其他二级学院和部门收入预算的编制提供参考。最后，财务处对包括金融学院在内的各二级学院和部门的收入预算表进行汇总。

（2）基本支出预算的编制

从支出项目的角度看，高校事业支出主要分为基本支出和项目支出。我们同样以金融学院为例进行基本支出预算的编制，由于数据量繁杂，且基本支出预算不是运用作业思想进行预算编制的重点，所以作业基本支出预算编制案例没有对数据进行列示，仅对基本支出预算的编制方法进行了探讨。金融学院涉及的基本支出项目如下：

1）基本工资

包括岗位工资和薪级工资高校教职工有不同的岗位类型和不同岗位级别，首先确定各级各类人员的工资标准，如表 3-6 所示：

表 3-6　高校教职工岗位工资标准表

专业技术岗位		管理岗位		工勤技能岗位	
岗位级别	工资标准	岗位级别	工资标准	岗位级别	工资标准
一级		一级		技术工一级	
二级		二级		技术工二级	
……		……			

金融学院根据表 3-6 列示的工资标准数据编制岗位工资每月的预算表，如表 3-7 所示：

表 3-7　岗位工资预算表表 7.7 岗位工资预算表

时间	名称	岗位类型	岗位级别	岗位人数	工资标准	预算
201X 年 X 月	岗位工资	专业技术岗位	一级			
			二级			
			……			
		管理岗位	一级			
			二级			
			……			
		工勤技能岗位	技术工一级			
			技术工二级			
			……			
		合计				

根据各月的岗位工资计划表进行加总，就可以对下一年度的岗位工资进行预算编制。薪级工资的预算表可参照岗位工资预算表编制方法进行编制。金融学院根据预算年度岗位工资、薪级工资和见习期工资的数额，对基本工资进行预算编制，列入人事处综合管理部门支出预算的编制范围。

2）津贴补贴

包括教龄津贴和特级教师津贴金融学院可参照岗位工资预算表的编制方法编制教龄津贴预算表，得到预算年度教龄津贴的数额，并通过统计特级教师的人数乘以津贴标准进行计算，得到预算年度特级教师津贴数额。金融学院根据预算年度教龄津贴和特级教师津贴的数额，对津贴补贴进行预算编制，列入人事处综合管理部门支出预算的编制范围。

3）社会保障缴费

金融学院根据每月基本工资工资总额、临时工工资总额和五险的单位缴纳比例，编制社会保障缴费预算表，其中临时工只缴纳养老保险、医疗保险和失业保险。列入人事处综合管理部门支出预算的编制范围。社会保障缴费预算表如表 3-8 所示：

表 3-8 社会保障缴费预算表

时间	名称	保险名称	缴纳比例	工资总额	预算
201X 年度	社会保障缴费	养老保险			
		医疗保险			
		失业保险			
		工伤保险			
		生育保险			
	合计				

4）伙食补助费

以误餐补贴的形式进行发放，金融学院可直接按照教职工人数乘以补贴标准计算得到预算数额，列入人事处综合管理部门支出预算的编制范围。

5）基础绩效工资

金融学院可参照岗位工资预算表的编制方法编制基础绩效工资预算表，得到预算年度基础绩效工资数额，列入人事处综合管理部门支出预算的编制范围。

6）其他工资福利支出

包括临时工工资和校内津贴临时工工资下一年度预算数额可由学院临时工人数和临时工工资标准相乘直接算出。校内津贴参照岗位工资进行预算编制。列入人事处综合管理部门支出预算的编制范围。

7）住房公积金

金融学院可参照社会保障缴费预算数额的计算方法，用年度基本工资总额和绩效总额乘以缴纳比例计算得出下一年度的预算数额，列入人事处综合管理部门支出预算的编制范围。

8）其他商品和服务支出

主要是指离退休干部经费，金融学院可以在列示上一年度预算数额的基础上，加上预算年度退休干部的相关费用，列入人事处综合管理部门支出预算的编制范围。

9）离休费、退休费和退职费

由于离休人员不会增加，金融学院可直接列示上一年度离休费的预算数额，退休人数和退职人数每年变化不大，学院可以在列示上一年度预算数额的基础上，加上预算年度退休和退职人员的相关费用。列入人事处综合管理部门支出预算的编制范围。

10）抚恤金和生活补助

抚恤金不会发生变化而生活补助具有不可预见性，金融学院可以按照上一年度抚恤金预算数数和生活补助中的定期预算数进行编制，列入人事处综合管理部门支出预算的编制范围。

11）奖金

金融学院根据全院教职工 12 月的基本工资直接进行计算，得到预算年度奖金数额，列入财务处综合管理部门支出预算的编制范围。

12）办公费、印刷费、咨询费、手续费、邮电费、差旅费、会议费、劳务费、委托业务费：

金融学院根据各日常公用经费的基础定额和教职工人数编制预算，列入财务处综合管理部门支出预算的编制范围。

13）工会经费

金融学院直接按预算年度基本工资的总额乘以 2%的提取比例得出，列入财务处综合管理部门支出预算的编制范围。

14）福利费

金融学院直接由在职教职工人数乘以 12 个月的发放定额得出，依据计算结果编制预算，列入财务处综合管理部门支出预算的编制范围。

15）医疗费

由于医疗费具有不可预见性，金融学院可以按照上一年度医疗费支出基础上按照人员增减情况进行适当调整后编制预算，列入财务处综合管理部门支出预算的编制范围。

16）奖励金

由于奖励金的适用人员基本不会发生变化，金融学院可根据上一年度数额编制预算，列入财务处综合管理部门支出预算的编制范围。

17）提租补贴

金融学院按预算年度符合条件在职人员人数和离退休人数以及相应岗位级别的标准进行编报，可参照岗位工资预算表编制预算，列入财务处综合管理部门支出预算的编制范围。

18）公务接待费

指教学工作交流接待来访人员发生的费用。金融学院要根据接待活动的情况严格编制公务接待业务计划表，由财务处审批通过后进行预算编制，并列入财务处综合管理部门支出预算的编制范围。

19）一般房屋维修费

指日常房屋维修所需的费用，金融学院编制房屋拟维修申报表，经资产管理处审批后进行预算编制，列入资产管理处综合管理部门支出预算的编制范围。

20）设备维修费

指办公设备维修所需的费用，由金融学院编制办公设备拟维修申报表，经资产管理处审批后进行预算编制，列入资产管理处综合管理部门支出预算的编制范围。办公设备拟维修申报表可参照房屋拟维修申报表进行编制。

21）办公设备购置

指购置办公设备所需的费用，金融学院编制办公设备拟购置申报表，经资产管理处审批后进行预算编制，列入资产管理处综合管理部门支出预算的编制范围。

22）水费、电费

金融学院通过以前年度的用量进行预测，进行预算表的编报，列入后勤管理处综合管理部门支出预算的编制范围。

23）取暖费

金融学院按供暖面积占总供暖面积的比例和供暖合同规定数额进行计算，列入后勤管理处综合管理部门支出预算的编制范围。

人事处、财务处、资产管理处和后勤管理处分别汇总金融学院的各项基本支出，列入综合管理部门支出预算的编制范围。金融学院基本支出预算的编制方法可以为其他二级学院和部门基本支出预算的编制提供参考。

3.项目支出预算的编制

高校作业预算的编制思想主要体现在支出预算的编制之中，其最主要的应用是对项目支出预算的编制。对于项目支出预算的编制，对B高校各二级部门预算编制单位的作业活动进行分析，确定其主要作业活动和支出项目。然后对各支出项目进行分析，对于适用作业预算的，确定其消耗的资源及成本费用动因，或直接确定其成本费用动因。

（1）二级部门预算编制单位主要作业活动的确定

1）教学科研活动和教辅部门

各二级学院和教学部：主要的作业活动包括教师培训进修、班主任培训、教学工作交流、教学部署、教材购置、日常授课、组织考试、安排学生实习、组织毕业答辩、毕业论文送审、体育器材购置、教学设备购置、教学设备维修。

①主要涉及的支出项目有：培训费、差旅费、因公出国费用、会议费、奖励绩效工资、劳务费、专用材料费、委托业务费、专用设备购置、维修费。

②教务处：主要的作业活动包括教务工作部署、职工培训、教务业务交流、教学研究。

③主要涉及的支出项目有：会议费、培训费、差旅费、因公出国费用、咨询费。

④学生处：主要的作业活动包括招生、学生工作交流、学生资助、职工培训。

⑤主要涉及的支出项目有：会议费、租赁费、差旅费、因公出国费用、助学金、培训费。

⑥就业处：主要的作业活动包括就业咨询、职业指导师资培训、职工培训、就业市场调研、组织校园招聘。

⑦主要涉及的支出项目有：咨询费、培训费、会议费、差旅费。

⑧图书馆：主要的作业活动包括图书馆工作部署、职工培训、图书工作交流、图书采编、数字资源建设。

⑨主要涉及的支出项目有：会议费、培训费、差旅费、因公出国费用、其他资本性支出。

⑩网络中心：主要的作业活动包括：网络设备购置、网络设备维护、多媒体资源采购。

⑪主要涉及的支出项目有：专用设备购置、维修费、其他资本性支出、差旅费。

⑫科研所：不适用于作业预算，科研经费支出按中标的科研课题经费拨款确定。

2）行政管理部门财务处

①主要的作业活动包括职工培训、财务业务交流、财务工作部署、收学费、财务咨询。

②主要涉及的支出项目有：培训费、差旅费、因公出国费用、会议费、劳务费、咨询费。

③人事处：主要的作业活动包括人事工作部署、职工培训、高层次人才培训、对外联系交流。

④主要涉及的支出项目有：会议费、培训费、公务接待费、差旅费、因公出国费用。

⑤办公室：主要的作业活动包括校级会议部署、大宗印刷、职工培训、校级对外交流。

⑥主要涉及的支出项目有：会议费、印刷费、培训费、差旅费、因公出国费用。

3）后勤保障部门资产管理处

①主要的作业活动包括房屋建筑物构建、大型建筑修缮、职工培训、车辆购置。

②主要涉及的支出项目有：房屋建筑物构建、大型修缮、办公设备购置、公务用车购置、其他交通工具购置、培训费。

③后勤管理处：主要的作业活动包括公务用车管理、班车运营、职工培训。

④主要涉及的支出项目有：公务用车运行维护费、其他交通费用、培训费。

（2）确定支出项目消耗的资源及成本费用动因

成本费用动因的合理选择是作业预算实施的关键，在确定了B高校二级预算编制单位所涉及的作业活动和支出项目之后，我们尝试用作业的思想确定各支出项目消耗的资源和成本费用动因。

1）印刷费

指高校支付的用于文件资料印刷的相关费用，包括基本支出部分，按基础定额进行核算，项目支出部分的大宗印刷。成本费用动因是印刷品种、张数。

2）咨询费

指高校支付的用于相关专业业务咨询的相关费用，包括基本支出部分，按基础定额进行核算，项目支出部分的业务咨询，成本费用动因是咨询次数。

3）差旅费

指高校对教职工公务出差费用的报销，包括基本支出部分，按基础定额进行核算，项目支出部分的国内公务出差，资源包括城市间交通费、住宿费、市内交通费、伙食补助费。成本费用动因为出差天数、出差人数。

4）维修费

指高校用于维修学校的一般房屋、设备和系统的费用，包括基本支出部分的一般房屋维修费、设备维修费和项目支出部分的专项维修费、网络维持维修费。

5）租赁费

指高校校外举办活动使用场地所支付的费用，资源为活动场地租用。成本费用动因为租用天数。

6）会议费

是高校依照规定为各类会议所支出的费用，包括基本支出部分，按基础定额进行核算，项目支出部分的专项会议部署，资源包括住宿费、伙食费和其他费用。

成本费用动因如下：会议人数、天数。

7）培训费

是高校依照规定为培训所支付的费用，包括基本支出部分，按基础定额进行核算，项目支出部分的教师进修培训、高层次人才培训、职业指导师资培训、职工培训和班主任培训，资源包括住宿费、场地费、讲课费、其他费用。

①成本费用动因如下：住宿费：培训人数、天数；场地费：培训人数、天数；

②讲课费：天数；

③其他费用：培训人数、天数。

8）专用材料费

指为完成教学活动所支出的消耗性费用和购置教学用材料物资的费用，资源包括体育维持费、教师授课教材费、实习场所耗材费。

①成本费用动因如下：体育维持费：器材数量、品名；教师授课教材费：教材数量、品名；

②实习场所耗材费：耗材数量、品名。

9）劳务费

指高校支付给个人非雇佣性质的劳务费用，包括基本支出部分，按基础定额进行核算，项目支出部分的监考、答辩评委费、收学费。

成本费用动因如下：监考：考试科目数；答辩评委费：评委人数；收学费：收费天数、人数。

10）委托业务费

反映委托外单位办理业务而支付的费用，包括基本支出部分，按基础定额进行核算，项目支出部分的委托业务。成本费用动因是委托业务量。

11）因公出国费用

反映高校人员因公务出国支付的相关费用。资源包括国际旅费、国外城市间交通费、住宿费、伙食费、公杂费、其他费用。

①成本费用动因如下：国际旅费：各级别出国人员人数；

②国外城市间交通费：出国人员人数；

③住宿费：出国人员人数、天数；伙食费、公杂费：出国人员人数、天数。

12）公务用车运行维护费

反映高校因公务对车辆进行使用及其维护所支付的费用，资源包括维修费、燃料费、保险费、路桥费、车公里补助费等。

①成本费用动因如下：维修费：维修次数；燃料费：燃料耗费量；

②保险费：公车数量；

③路桥费：应缴纳次数；车公里补助费：运行公里数。

13）其他交通费用

反映高校除公务用车运行维护费之外的其他交通费用，资源为班车运行费。成本费用动因是运行次数。

14）助学金

反映高校给在校学生的奖励和补助，资源包括奖学金、勤工助学金、困难补助、生活补助。

①成本费用动因如下：奖学金：各级别获奖人数；

②勤工助学金：勤工助学人数；困难补助：贫困学生人数；

③生活补助：在校本科生、研究生人数。

15）房屋建筑物构建

反映高校用于购买、自行建造办公用房、教职工用房、教学科研用房、学生宿舍、食堂等建筑物的支出，资源包括建筑工程费用、安装工程费用、设备购置费、建设单位管理费、勘察设计费、工程监理费、市政配套费、预备费。

①成本费用动因如下：建筑工程费用：结构类型、建筑规模；

②安装工程费用：结构类型，安装规模；设备购置费：品名、数量；

③预备费：计提比例。其中，建设单位管理费、勘察设计费、工程监理费、市政配套费据实申报。

16）专用设备购置

反映高校用于购置具有专门用途，并纳入固定资产核算范围的各类专用设备支出，资源包括计算机设备、网络设备、教学设备等。成本费用动因为型号、数量。

第四节 预算的监督与评价

预算的监督、评价同预算的整个执行是密不可分的，强有力的监督体系是保证预算执行的重要手段，而对于预算的评价有利于反映预算活动取得的成效，以及进行反馈与改进。预算监督和评价是指财政部门通过其所属的业务机关与财务综合监察机构对财政部门内部和外部所辖的教育部门以及所属的各单位的财政预算资金计划编制、审批、执行、调整、决算和追责的真实性、合法性、有效性所进行的检查与评价。

一、预算的监督

预算监督的作用在于促使学校各部门改善自身管理，加强财务核算，努力增收节支，开源节流；对于预算编制及执行中违法行为进行监督检查和管理，以便实现预算的收支平衡，从而保证教育经费资源的合理运用，圆满完成高校财务预算收支任务。

1. 财务监督的必要性

（1）加强财务监督是市场经济的要求

随着社会主义市场经济体制的逐步建立和教育体制及拨款制度的改革，高校将逐步面向社会，要在社会需求和市场竞争中求生存、谋发展，以前那种"花钱向上报，花完向上要"思想已经不能适应改革的要求了。要做好财务监督，高校在编制和审核预算的过程中，则要考查经费支出是否符合耗费少、效益高的要求；是否符合国家计划和政策的要求；是否符合收支的管理原则；是否有利于教学、科研事业的发展。总之，要考虑一切开支是否符合财经政策和财经纪律的规定和要求。不管是预算内还是预算外，不管是帐内还是帐外，都要处在财务的监督管理之下。因此，建立和健全学校内部管理制度，加强财务监督：是新形势下高校得以加快发展的需要，也是高校进一步适应社会主义市场经济需要。

（2）加强财务监督，促进学校资金的合理使用，提高资金的使用效益

高等学校与企业的生产经营活动不同，它的经济效益不能被直接看到。由于教育具有生产性及教育的过程存在着人力、物力及财力的耗费问题，"如何用最小的投资取得最大的成果"就成为高校要面临的一个问题。众所周知，人才是学校的成果，尽管它的经济效益不容易被计算和衡量，但它却具有社会价值。其价值一方面表现为所生产的教育成果对社会的贡献，另一方面表现为在培养人才的过程中所消耗的人力、物力和财力。高校财务监督就是要监督学校用尽可能少的耗费获得尽可能多的社会效益。要达到上述目的，是多种因素综合产生的结果，合理使用资金是其中一项重要的因素。

（3）加强财务监督，维护财经纪律

在经济改革中，各地区、各单位的自主权扩大了，自己可以支配的财力多了，国家、

单位之间的关系发生了变化，出现了一些只顾个人利益而不顾国家利益，分散国家财务，滥用国家资金等违反国家财经纪律的现象。在对高等学校财务大检查中也发现了不少违纪现象，有的单位违反国家控购商品规定；有的单位出借帐户，私设小金库，擅自提高开支标准，扩大开支范围，改变资金使用方向；也有的单位审核不严，出现财务漏洞等等。造成上述违纪现象的原因是多方面的，但财务监督不力是重要的原因之一。在经济体制改革中，经济愈是搞活，财力愈是扩大，就愈是需要加强财务监督。这对于规范和加强财会工作，促进会计工作更好地为教学和科研服务及建立和发展社会主义市场经济，具有重要作用。

2.怎样实现有效的财务监督

（1）加强事前和事中监督

财务监督可分为事前、事中和事后监督，尤以事前、事中监督更为重要。这是因为在经济活动开始之前，预先算帐，就有可能选择一个劳动耗费少、经济效益高的计划方案，通过事前计划预测提供可靠信息，还可有效地参与决策和控制。制订预算是这样，执行预算也是这样。如在高等学校人员经费管理工作中，若不在事前控制好人员编制，盲目调入不适用的人员，就会造成人员经费开支比例过大，挤占其他资金的局面，而且还可能给不正之风造成可呈之机。再如对材料的管理，如果不事先确定平均消耗定额和储备定额，就会很难在保证完成计划需要的同时节约资金。

（2）把好财务工作的重要环节—审核报销

审核报销属于内部审计的范畴，是单位内部制度的一部分，它起着保证会计质量、有效监督日常经济活动、及时掌握经济动态、维护财经纪律的作用。审核就是对一切物资的收发、保管，固定资产的购人、调入、调拨等等都要进行层层把关，这是财务人员利用岗位职责来保护财产、保证高校教学与科研工作正常秩序的重要环节。因此，财务人员必须熟悉财务制度，坚持原则，把好审核报销关。要做好这项工作，除了要求担任审核报销的工作人员要尽其职责外，还应设置专职或兼职审核人员，对财务工作进行全面的、经常性的监督和检查。使财务人员能够及时掌握经济情况，并据此进行财务战略分析，从而为领导决策提供真实、准确、全面的会计信息资料。

（3）完善审批制度，明确岗位职责

法纪不严，责权不清是引发经济犯罪行为的一个重要原因。因此，要建立严密的审批责任制，明确规定用钱部门与职能（财务）部门的审批权限范围，并将其明确在会计人员和机关领导人（分管财务）的岗位责任中。例如，教职工因出差借款、报销时，需所属单位的负责人就其出差任务、目的地及所需时间等进行审批，而不应千篇一律地签署"同意"或"按规定报销"。只有所属单位把住了这一关，财会人员才能够按照财务规定审核计算出应借款的金额及判断该出差报销单据是否符合出差路线等，而不应该对借款人"借多少就给多少"。

(4) 提高财审人员的素质

财审人员的素质，对保证财务监督工作的严格执行极为重要，也是实行财务监督的先决条件。财审人员的素质表现在两个方面：①在政治方面，要求财审人员一定要作风正派、廉洁自律、忠于职守、敢于坚持原则；②在业务方面，要求财审人员不仅要精通业务，还需要熟悉各单位的管理工作，如果自己业务不精或比别人差，就难以进行有效地管理。

(5) 领导的大力支持

领导要从自身做起，带头遵守财经纪律、制度。财审人员在行使监督的过程中，将涉及到诸多方面，有的甚至还会涉及到某些领导，财审人员在处理经领导点头同意或经领导批准的这些问题时就比较棘手。这时，就需要领导挺身而出，支持财审人员的正确行为。并以实事为依据，以法律为准绳，及时处理有关问题，对违法人员还要给予教育、行政处分，乃至追究其刑事责任。

二、预算的评价

预算的评价是采用科学的方法，定性或定量的分析方法对预算管理进行评估，从而达到加强预算管理、优化资源配置、提高财政资金使用效益的目的。学校要建立对各部门预算执行情况的评比考核机制，通过考核其经济活动的真实性、合法性、有效性以及重大项目的科学性。

1.预算评价的基本原则

国内外许多专家对绩效评价的原则作了种种归纳，虽然结论不尽一致，但是作为整体结构的"3E"原则却是公认的，曾被西方学者认为是绩效考评的"新正统学说"。20 世纪80 年代以来，西方国家从绩效审计理论和实践中汲取营养，并借鉴其他学科理论发展的成果，提出了"3E"绩效评价原则，即"经济性（Economy）、效率性（Efficiency）和效果性（Effectiveness）"。"3E"在绩效评价过程中，针对评价对象、评价目的的不同各有侧重，三要素之间互相区别，又互相联系，构成绩效评价的标准体系，并成为绩效评价的基本原则。

(1) "3E"原则的内涵

1) 经济性

经济性是指在维持特定水平的投入时，尽可能地降低成本或充分使用已有的资源以获得最大和最佳比例的投入，它反映的是投入成本的最小化程度，考查的是成本与投入之间的关系，其实质是支出的节约问题。

经济性是西方各国开展公共支出绩效评价工作的主要初始动力之一，主要目的是解决公共支出活动中资金严重浪费和资金分配苦乐不均等问题，以便在各个公共部门和公共项目支出中建立更为有效的支出决策机制和支出优先排序机制。经济性考评的重点在于说明花了多少钱，或是否按程序花钱。当然，成本本身并不能衡量服务的效率和效果，单一使用成本衡量不能满足绩效考评的要求，因而随着西方国家社会经济的发展和公共支出规模的不断扩大，单纯的经济性原则在评价中的地位和影响逐渐被效率性和有效性原则所取代。

2）效率性

效率性是指在既定的投入水平下使产出水平最大化或在既定的产出水平下使投入水平最小化。它一般通过投入与产出之间的比例关系来衡量，反映的是产出成果的数量最大化程度，其实质是支出的效率问题。

效率性原则是西方各国政府及社会各界对公共支出在项目决策机制、项目实施进度比较、项目经济和社会效益取得等方面要求的具体体现。效率性原则在世界各国公共部门绩效考核与公共支出效果评价中都占有十分重要的地位，尤其是在公共部门绩效考核工作中，效率性原则被作为建立高效率政府的主要追求目标之一。

3）效果性

效果性是指产出最终对实现目标的影响程度，包括产出的质量、期望得到的社会效果、公众的满意度等等。它一般涉及产出与效果之间的关系，表示的是产出成果的质量水平及其社会经济影响，反映的是产出成果的实现程度，其实质是支出的最终成效问题。

效果性原则是西方各国在对公共支出资金评价从经济性到有效性的转变，以及对财政资金的管理从收入管理到加强支出管理的转变过程中提出的，是通过实施公共支出绩效评价工作加强对宏观调控效果管理的重要体现。之所以考虑有效性原则，是因为一些项目运行可能很有经济性和效率性，但同时却不是有效的。当公共支出所追求的目标已不再是单一的经济性时，其效果、效能的最大化就显得相当重要了。

也就是说，在进行财政支出绩效评价时，如果仅从当前的效益来衡量与评价财政支出的好坏程度，不充分考虑其长远效益是不够的。如果将评价工作的重点放在对支出的有效性上，会使同样的支出取得事半功倍的效果。

（2）三原则的关系

经济性、效率性和效果性之间既有联系，又有区别。分析研究经济性、效率性和效果性之间的关系，是保证政府财政教育支出绩效评价实现客观、科学、公正的前提和基础。因此，研究和探讨"3E"之间的辩证关系，对整个政府财政教育支出绩效评价是至关重要的。

1）经济性与效率性

经济性与效率性之间存在着辩证统一的关系。一方面经济性和效率性都侧重于对过程进行考评，这是二者统一的表现；另一方面，经济性与效率性之间也存在着矛盾，经济性好、效率性差或经济性差和效率性好，这些是二者间矛盾的具体表现形式。如有些工程、计划或项目的经济性好，但效率性却不高，或者一些工程、计划或项目的经济性差，但效率却很高。绩效考评应努力做到二者的统一。

2）经济性与效果性

经济性和效果性既是统一的，又是矛盾的。提高财政资金的运作效率是二者共同的追求目标，而经济性侧重于过程的考评、效果性侧重于结果的考评以及过分追求经济性会影响效果性或过分追求效果性会影响经济性，这些都是二者的差别和矛盾的具体表现。科学、合理的支出应该是经济性和效果性的协调一致，但有时候对一些经济性不佳、却具有很强效果性的政府公共支出绩效考评应进行综合考虑和辩证分析，以避免考评的片面性。只有做到二者的和谐统一，才能充分发挥资金的使用效益。经济性应是在工程、计划或项目的质量有保障的前提下的厉行节约。但在实践中，有些计划、工程或项目为实现经济性，却失去了效果性，或者由于过于强调效果性，而失去了经济性。

3）效率性与效果性

效率性侧重于对过程进行考评，效果性侧重于对结果进行考评，效率是过程，效果是目的。而且，效率性与效果性并非具有天然的一致性。有的计划、项目高效率，但没有取得好的效果。相反，有的项目效率性差，但实施效果很好。实行公共支出绩效考评的核心就是保证资金使用的效果性，这是市场经济条件下，保证纳税人利益的最有效方式。资金使用的效果性是项目管理的前提和基础，而效率性是对纳税人负责的根本保障。以最佳的方式、最快的速度达到最好的结果，是效率性与效果性统一的最理想状态。在组织实施绩效考评过程中，要对不同类型的计划、工程、项目或对同类工程、计划、项目根据实施的不同阶段，评价的侧重点也不相同。评价结论应该是以实现效果性为主导地位的综合评价。

总之，绩效考评的根本目的是实现"3E"的有机结合和完美统一。如果一个工程、计划或项目能做到实施的过程是经济的、高效的，结果又是有效的，那么，就达到了绩效考评的根本目的和最高境界。

2.高校预算绩效评价的原则

高校预算绩效评价的最终目的，在于全面、准确、客观地揭示与披露高校财务状况和经营状况，并以对高校的经济效益优劣作出合理的排序和评价，最终形成一个科学的、客观的高校财务绩效评价结果。绩效评价指标设计内容说明了我们要做哪些工作，设计原则说明的是完成这些工作需要考虑哪些问题。根据绩效评价研究的任务要求和管理的特点，评价指标设计一般应符合以下几条原则。

（1）科学性原则

所谓科学性，是指指标的代表性及其体系的完整性，要求指标不重复、不遗漏，指标之间相互具有独立性，能基本反映财务核算和绩效评价的主要特点，并具有可比性，要从政策导向的意义上抓住评价的中心。只有突出主要指标，进行综合评价才具有科学性。

（2）总体性原则

高校是一个整体，应当将事业发展、基本建设、校办产业和后勤服务等系统作为一个整体，将学校财力和院系等经济实体的财力统一起来，全面评价学校的财力状况，而不仅仅考虑校级财力的状况。这样这样有利于将财力实力和风险指标统一起来，正确评价学校的经济管理和财务运行状况。

（3）整体优化原则

评价体系是一个多变量输出的复杂系统，对财务管理的评价也面临着多目标的决策。因此，不能用局限性较大的单一指标进行评价，需要建立一套各有侧重又相互联系的指标群来反映大学的总体绩效，但是指标又不能太多，以免失去评价的重点。突出有限目标，强调指标的相互独立性，就是整体化原则的核心。

（4）可比性原则

建立评价指标体系的目的，是要对大学财务管理的绩效进行核算和评估，而这种评估只有通过校与校、指标与指标之间相互比较，才能更充分地体现出来。因此，必须考虑指标之间的可比性和通用性，即要求指标建立在统一的核算范围之内和相同的可比基准上，以便进行量化和比较。正确理解和如实填报据填报具有可比性的量化指标，是本项研究工作的基础。

（5）可行性原则

设立指标体系，既要从理论上注意它的完整性与科学性，又要注意到它在现实中的可行性与适用性。所以，在设立评价指标体系时，要保证指标体系所使用的全部数据均能由现有的财务资料和会计核算数据提供，这样，一方面可以充分利用财务数据，另一方面可以增强可操作性。

（6）定性和定量相结合原则

指标体系中所列入的各项统计指标应该是能够在实际中取得的数据资料，或利用现有资料加工后可取的数据的指标，应尽可能的量化。但又有高校预算绩效评价指标体系涉及面较广，有些方面可以用量化指标表示其成果，有些绩效是不能用量化指标来表示的，比如社会满意度等，因此，在指标设计时有必要用定性指标对其绩效进行表示，由被调查者进行程度上的判断。

（7）动态完善原则

高校预算绩效评价，不是一项临时的突击性的任务，而是一项长期的不断完善的动态任务。从时间上说，考核评价的时间越长，大学绩效的趋势性也就能越明显地反映出来。如果仅仅关注某一年份的评价结果，就可能由于某项工作的缘故而出现偶然性的跳跃。目前的评价还很难剔除这种偶然性，但坚持动态完善，不断加以修订，就可能根据教育管理的新要求和会计核算的变化，逐年修订指标和权重系数，就能更准确地反映出各大学财务绩效的总体水平。

以上七种原则互相制约，又各有侧重，构成一个统一的整体，从而避免了顾此失彼的问题。

第四章 我国高校预算支出的绩效管理现状

第一节 我国高校预算支出绩效管理现状

高校财务预算绩效管理的专门性文件办法尚未出台，缺少统一的参考标准体系。《中华人民共和国预算法》和相关预算绩效管理的文件办法从宏观上为开展预算绩效管理提供了法律支持和政策依据，但高校的业务和财务有其特殊性，需要具体问题具体分析，适用于高校的预算绩效制度尚未建立，缺少相应的具体指导。高校绩效管理理念尚未牢固树立，还未实现从"重分钱、重支出"到"讲绩效"的思路转变。高校作为非营利性组织，更多关注财政资金拨款的额度及如何把资金使用出去，紧盯增量资金，忽视存量资金的优化，未转变规模扩张、粗放式发展的思路，资金使用管理上浪费现象还很严重，对拨款资金的使用效益及考核缺少关注。高校财务预算绩效管理体制不健全，未建立激励约束机制，财务部门与各学院、各职能部门的预算绩效管理联动机制不完善。预算绩效管理工作是一项全局性、系统性的工作，不仅涉及财务方面，还涉及业务层面，需要学校各个部门的相互配合与深度参与，目前的预算绩效管理工作主要集中于财务部门，影响预算绩效管理的质量。高校没有建立有效的激励约束机制，预算绩效评价没有与相关责任人的经济责任挂钩，业务部门的重视程度不够。

一、我国高校预算管理的发展

我国高校预算管理发展大概经历了三个阶段：

第一阶段，从1949年新中国成立到改革开放之前，是高校预算管理形成阶段。这一时期，财政拨款是高校经费的唯一来源，学校将国家拨付的经费分配到各个院系，财务处按照各项政策规定对支出项目进行报销，年终形成决算。1966年，财政部颁布《行政事业单位会计制度》，高校预算会计制度照此执行。

第二阶段，从1978年改革开放以后到20世纪末，是高校预算改革发展阶段。由于社会大环境的改变，政府不再是高校唯一的经费来源，允许高校利用自身的教学与科研资源"自筹资金"，事业收入中，学费的比重上升明显。1991年，国务院颁布《国家预算管理条例》；1995年，《预算法》开始实行。财政部、原国家教育委员会于1997年、1998年分别颁布了《高等学校财务制度》、《高等学校会计制度》，用以规范高校财务管理，将学校的全部收支都纳入预算管理中来，实行"大收大支"。

第三阶段，从2000年开始，是高校预算管理深化改革阶段。高校预算开始涵盖除基建、产业外的全部资金，向综合预算的方向发展。2000年，财政部要求各部门统一编制部门预算，部门预算实行"二上二下"的编制程序；2001年，我国开始实施国库集中收付制度改革，有利于预算拨款与支付的同步；2003年，政府采购制度改革，政府采购的计划性大大增强。2007年，政府收支分类改革进入全面试行阶段。

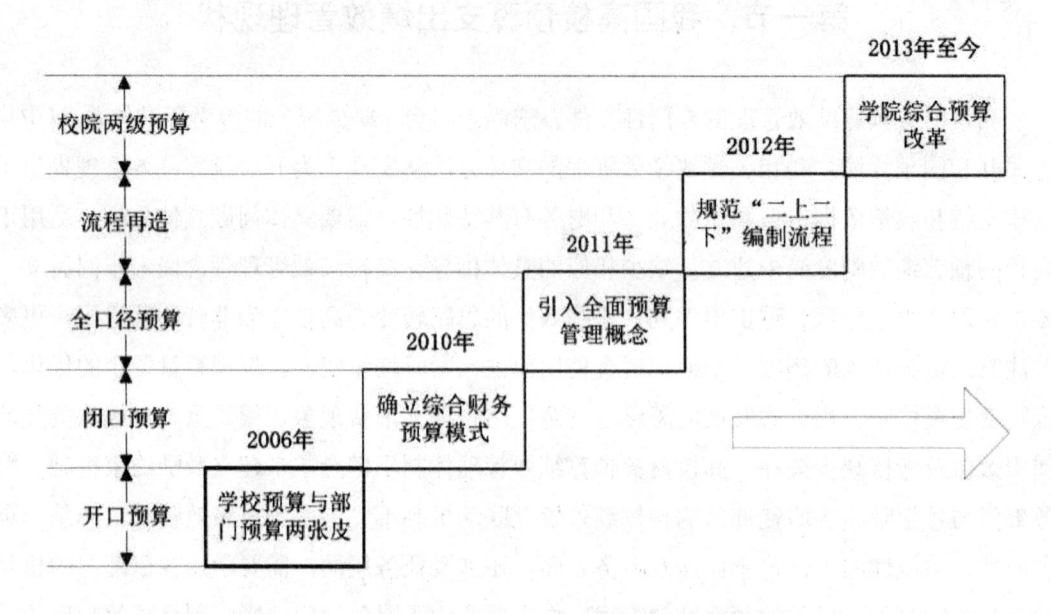

图 4-1 2006 年至今我国高校预算管理发展示意图

由于部门预算与高校预算：

（1）编制时间不同：部门预算一般在上一年的 8-12 月编制，高校预算在上一年的 12 月至当年的 3-4 月下达；

（2）预算起止时间不同：部门预算的编制以每年 1 月 1 日至 12 月 31 日为一个年度，高校预算的编制以每年 9 月 1 日至次年 8 月 31 日为一个年度；

（3）编制口径不同：部门预算中的"项目支出"和高校预算的"专项资金"、"科研经费拨款"不一致，导致部门预算与高校预算长期存在"两张皮"现象，高校预算管理没有达到预期的效果，需要改革。

与此同时，我国近年来教育事业飞速发展，国家加大财政拨款力度、收入跨越式增长，教育支出也在大幅增加—新校区的建设、人才战略的实施，导致会计核算量、资金量猛增，高校预算由原来的单一报表编制，过渡到学校的决策支持工具。这些现象的出现，对预算管理提出了更高的要求。我国高校预算制度改革掀起了新篇章。

二、我国高校预算编制的流程

我国高校预算分为部门预算和校内预算。部门预算：向上级主管部门（即：财政部）

报送的预算，又名学校预算。按照财政部的要求，"一个部门一本预算"。"部门"是指与财政发生直接资金领取和下拨关系的预算单位。部门预算实行"收支两条线"，根据财政部"二上二下"的部门预算编制要求和教育部规定，编制学校对外的年度财务收支计划，包括收入预算和支出预算。

校内预算：用于规范校内管理、满足校内整体规划要求的预算。将上级主管部门批复的部门预算进行分解，形成对内的经费开支年度计划。校内预算是部门预算中的一环，与部门预算在收支口径上必须保持一致。

改革后的部门预算应包含三个层次：第一层，部门三年滚动规划；第二层，年度预算；第三层，项目储备库。以三年滚动规划为牵引，指导年度预算的编制和项目储备库的建设；以年度预算为中流砥柱，联通三年滚动规划和项目储备库；以项目储备库为基础，推动年度预算和三年滚动规划。

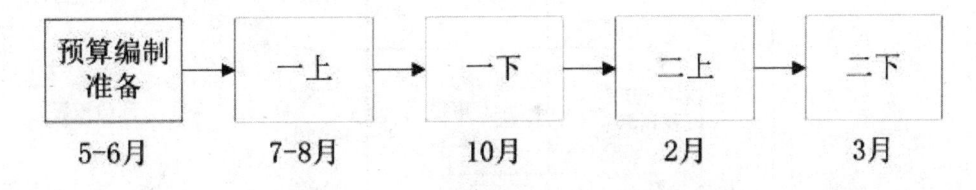

预算编制准备	一上	一下	二上	二下
5-6月	7-8月	10月	2月	3月

图4-2 "二上二下"部门预算编报时间节点

（1）"一上"：指各部门按照年度部门预算编制要求，填报基础信息数据库、规范津贴补贴经费测算相关数据；对备选项目进行排序，择优编报项目支出预算；充分预计项目支出结转资金；报送项目支出定额标准建设情况；确定绩效评价试点内容，编制新增资产配置预算；填报部门职能和机构设置等基础材料；将年度预算建议计划报送财政部。

（2）"一下"：财政部根据全国中期财政规划、部门三年滚动规划、部门需求等综合平衡后，核定下达部门财政拨款预算控制数。其中，基本支出控制数明确到功能分类顶级科目，项目支出控制数明确到一级项目和部分重点二级项目。

（3）"二上"：各部门在财政部门下达的部门预算控制数以内，预测收入与填报绩效目标；编制全口径基本支出预算、项目支出预算；真实反映结转资金；填报住房改革支出预算；填报关于"三公"经费的安排情况；编制政府采购预算；填报"政府购买服务支出表"；标注国库执行重点项目；切实提高年初预算到位率。将单位年度预算草案，在规定时间内报送财政部。

（4）"二下"：财政部门对各部门报送的年度预算草案进行审核汇总，形成年度预算草案，在报同级政府、党委审议通过，报经同级人大常委会审议后，提交同级人民代表大会审议，在同级人民代表大会审议批准后法定时间内将部门预算批复到各部门。

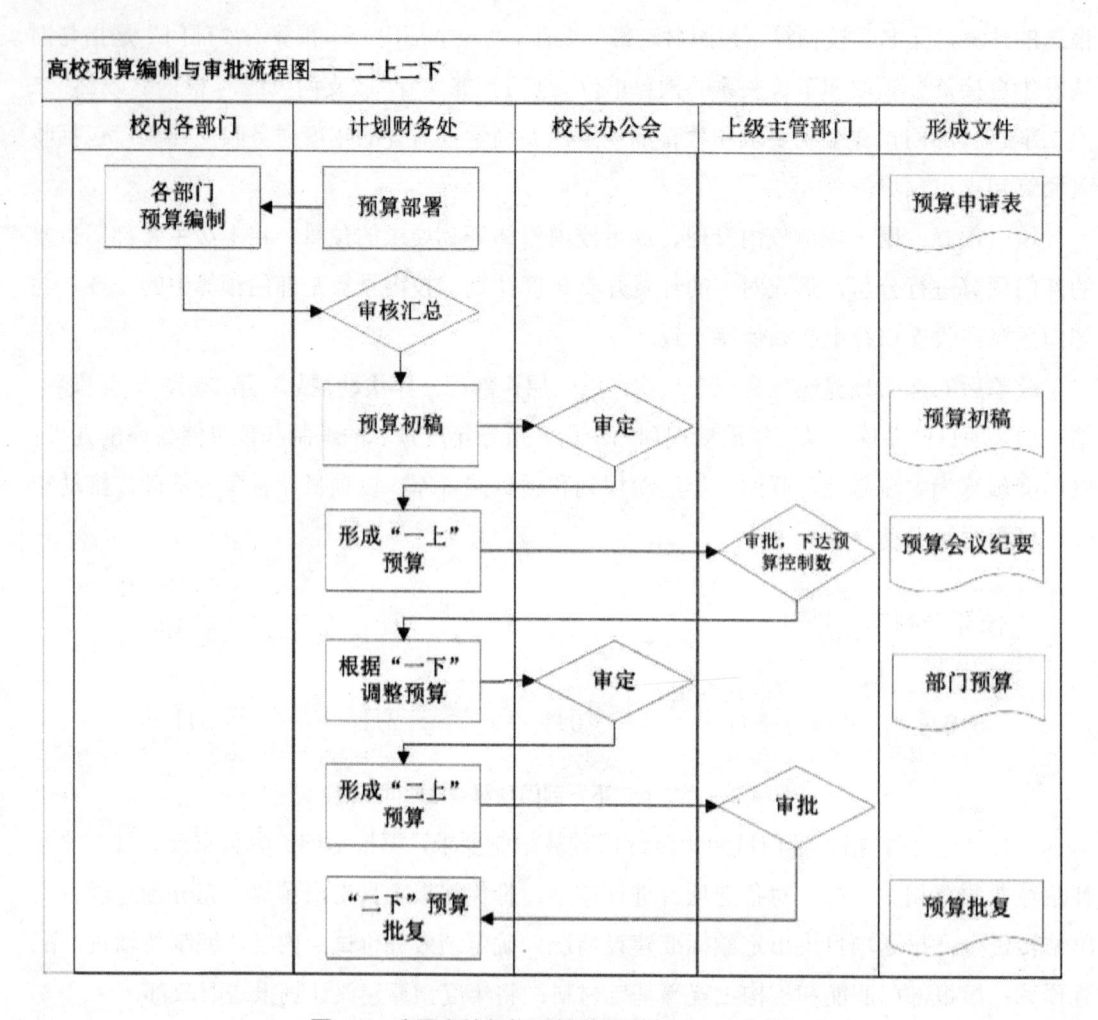

图 4-3 我国高校部门预算编制流程（二上二下）

三、我国高校预算管理的先进经验

我国高校预算管理起步较晚，缺乏具有全方位覆盖性的优秀案例。但这并不妨碍各高校在预算管理各个环节呈现出闪光点。

1.我国部分高校预算机构设置情况

从预算管理的机构设置上来看，上海交通大学走在了全国高校的前列。我国绝大部分高校，预、决算管理的全过程都由"预算管理科室"负责，预算科归属于财务部门的管理之下。

而上海交通大学的计划财务处在设置了"计划管理科"负责预算管理的同时，还设置了"财务分析科"负责决算及数据分析。预算、决算职责分离，对保证预算编制的客观性、督促预算执行，起到了良好的促进作用。同时，有利于决算真正发挥辅助高校决策的优势。并且，该校还单独设置了稽核科，加强财务内部控制，规避风险。

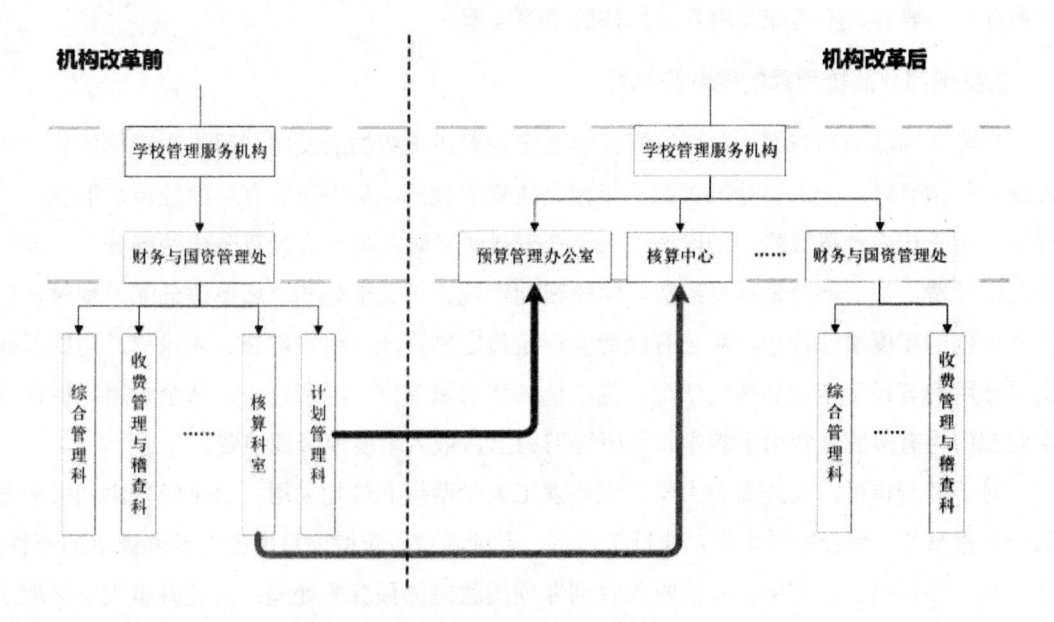

图 4-4　中山大学预算机构改革前后示意图

在机构、岗位设置实现不相容职责相分离方面，中山大学做得比上海交通大学更进一步的。2016年上半年，经过长期的调研考察、分析酝酿，中山大学引进了美国高校预算管理的先进经验，对校内财务机构进行了改革，将原来的"财务与国资管理处"拆分为三个不同的机关处室——"财务与国资管理处"、"预算管理办公室"、以及"核算中心"。

这一改革实现了制度制定与执行相分离、业务处理与管理相分离。"财务与国资管理处"主要负责制度的制定与管理；"核算中心"主要负责各类核算业务的开展，即制度的执行；"预算管理办公室"不再受制于财务部门，成为独立机构，主要负责预算的编制、执行进度管理、预算控制管理等。保证了预算管理的独立性、权威性，为预算的贯彻执行力度提供了可靠保证。

2.我国部分高校预算管理信息系统使用情况

上海交通大学与上海复旦天翼计算机有限公司长期合作，对财务系统进行了嵌入式开发，度身定制了全面预算管理系统。大大提高了预算管理的工作效率，提升了管理水平。该校信息化程度高，工作效率卓越，是高校财务管理中的翘楚。

重庆大学、西南大学、北京邮电大学、大连理工大学等均已开始使用预算管理系统辅助预算的编制与管理。部分学校由于科研管理系统与财务信息系统开发公司不一致，导致项目模板不能对接，通过使用"中间库对照表"等加以解决。

总体来说，我国高校预算管理信息系统使用情况不理想。部分高校没有使用信息系统，或正在着手准备使用信息系统。已使用信息系统的高校，能像上海交通大学一样，根据自身需求量体裁衣定制软件的，少之又少。大部分是购买已有的软件成品、进行接口改造，普遍存在不兼容、不匹配、用户使用体验差等问题。

3.我国部分高校预算的编制和执行

具体到预算编制方面，大连海事大学在重视对历史数据的发掘利用方面堪称优秀。在编制本年预算时，一定要分析对比往年预、决算的数据，从中吸取有益的经验，形成当年预算。对于校内预算拨款，华南理工大学在安排预算时，将校内预算分成两部分：一部分是公用经费，另一部分是项目经费。学校在向学院、机关部处和直属单位分配经费时，根据各单位的年度事业计划，对公有经费实行定员定额管理，将水电费、通讯费、印刷费和房屋使用费等经费定额划拨给学院、机关部处和直属单位，经费包干，结余留用。促使各学院部门将有限的经费用于教学、科研等刀刃上，最大限度地降低浪费。

对于经费审批，大连海事大学、大连理工大学两所高校均采用：日常经费由相关业务部门填报预算，后经财务审批；非日常经费、专项经费、新增项目由校内专家评审的流程。

对于预算执行过程中，其他收入收到专项拨款追加预算的处理：大连海事大学采取了年初预估，到账时分配的方法；大连理工大学则是根据拨款文件，先开通赤字，实际到账时增加预算；北京理工大学全部需要报校长办公会审议；北京邮电大学凭相关文件直接进行追加。对于校内预算评审，大连海事大学的流程为：相关业务部门进行申报，财务处组织会签，部门座谈进行评审，批复意见。大连理工大学的预算评审须报送至校长办公会；山东大学和国家海洋大学的项目评审由分管校领导主持负责，向校长、书记汇报，最后将评审结果送呈党委常委会。为督促预算执行进度，切实关注预算执行效果，山东大学与各相关职能部门签订预算执行责任状，每个月将预算执行情况简报呈报给校领导审阅。

4.我国高校预算管理情况总结

总体来说，我国高校的预算管理还比较落后。从外部来看，由于政府拨款方式等问题，校内预算与部门预算脱节—预算"两张皮"。从高校内部看，存在预算编制不科学、执行缺乏监管、评价缺乏体系、观念因循守旧、体制机构不健全等五大问题。

从对各高校的调研情况可以看出，在把握大方向不触政策红线的前提下，各高校具体细节事务的处理千差万别。以前面提到的校内预算评审为例：需不需要做评审，请谁来做评审，由谁来组织，批复至哪个级别，汇报到哪个层次等等，各所高校的处理方式似乎相似，但细节上又不尽相同，缺乏规范、标准的操作流程。关于校内预算评审。

很多可以通过各高校之间相互交流解决的业务问题，由于高校财务长期以来的封闭性、保密性、各高校自身的特殊校情，难以直接取长补短。在预算执行、调整、评价监督方面，各高校能学习分享的经验都十分有限。部分高校本着"宁紧勿松、刚性执纪"的方针来管理预算，虽然极大的避免了风险和错误，却又不够人性化，打击了学院的积极性。

受到体制、社会、历史等宏观因素影响，我国文化中所提倡的每一步应该走得"稳"、宁愿走得慢，也不能出错的思维惯性作祟，我国高校对预算管理所做的各种探索都趋于保守。财政部下发的变革力度较强的文件，往往要几年时间才能推动得了。很多高校都持观望态度，满足于在兄弟院校成功实施之后，才开始着手调研考察是否有相关经验可供借鉴学习。甚至宁愿几年后，审计出了问题，事后一次性补齐多年的缺失手续，让全校相关人员都叫苦不迭，也不愿意做"第一个吃螃蟹的人"。有鉴于此，对于我国高校为预算管理所做的各种努力和尝试，应该更加包容，以鼓励为主。

四、S 大学预算管理现状的实例分析

1.S 大学财务状况

（1）S 大学概况

S 大学是教育部直属并与上海市共建的全国重点大学。经过 118 年的不懈努力，S 大学已经成为一所"综合性、研究型、国际化"的国内一流、国际知名大学。目前，学校共有 28 个学院/直属系，27 个直属单位，16 家附属医院，全日制本科生（国内）15000 余人、研究生（国内）29000 余人；有专任教师 2823 名，其中教授 862 名；中国科学院院士 20 名，中国工程院院士 22 名，中组部顶尖"千人计划"1 名入选中组部"千人计划"94 名，"青年千人"60 名，"长江学者"特聘教授和讲座教授共 130 名，国家杰出青年基金获得者 107 名，国家重点基础研究发展计划（973 计划）首席科学家 35 名（青年科学家 2 名），国家重大科学研究计划首席科学家 14 名，国家基金委创新研究群体 11 个，教育部创新团队 21 个。

（2）收入来源

高校收入是指为了进行必要的教学活动，发展教学科研以及开展其他活动所需要的资金。由于该校是一所部属高校，因此在收入方面主要包括以下几个方面：财政拨款（教育经费拨款，科研经费拨款），教学活动收入，科研活动收入、其他非教学科研收入、高等学校开展教学、科研及其他活动依法取得的非偿还性资金。

1）教育经费拨款是指国家和地方为了发展高等教育依据财政收入进行的财政拨款。

2）科研经费拨款是指为了促进学校科研发展中央以及地方财政对高校进行的科研经费的拨款。

3）其他经费拨款是指学校在进行必要的教学科研活动之外所取得的其他方面的经费补贴，包括医疗，住房等方面。

4）教育活动收入是指学校在进行学校教学过程中对单位以及个人所进行的必要的经费收取，包括学费，管理费，培养费，住宿费以及其他费用已完成教学活动为目的。

5）科研活动收入是指在学校通过科研活动成果转化为经营性收入，主要包括课题小组承担的课题任务，出售转让科研成果，承接相关的科研项目以及提供必要的科研知识所取

得的保证科研继续的收入。

6）经营收入是指学校在进行必要的教学科研过程以外进行的一定的经营性收入。附属单位缴款是指隶属于学校的经营性单位通过经营所获得的利润收入。

7）其他收入是指除了上述所表述的收入之外的收入手段，包括公司捐赠，项目投资收益，以及银行存款利息收益，租金收益等。

（3）支出范畴

支出是指高等学校在进行必要的教学活动，科研活动以及其他必要活动过程中所消耗的资金。高等学校的支出包括教学支出，科研支出，基础设施建设支出以及其他必要支出。教学活动支出是指学校开展教学活动发生的，用于学校进行学校教学目标的实现，实现学校教学内容的过程。在支出中细化的分类包括：教学活动支出、科研项目支出、业务保障支出、行政管理方面支出、后勤业务支出、学生管理支出和福利保证方面的支出。从内容上对支出的种类进行划分包括公用支出，个人支出以及对于补助方面支出和发展方面支出。

1）教学活动支出指的是高等学校在进行各种教学活动中，对教学目标的实现进行的财政支出，科研方面支出是指为实现一定的科研目标，促进科研成果的转化科研机构在科研过程中进行的有关科研方面的财政支出。

2）行政管理方面支出高校行政部门按照其职责对于学校开展的必要的项目进行的财政支出。

3）人员支出是高校在进行各种活动中对于个人在财政方面予以资金方面的报酬。包括其基本工资，补助方面工资以及业绩工资和福利工资以及社会保障工资，并且包括学生对于奖励方面的支出。

4）公用支出是高校在进行学校各种活动中用于学校公共方面的财政支出。包括各种水电费用，办公费用，交通补助，会议招待费用，设备维护方面的费用，设备购买硬件设施的补助费用。

5）经营支出是指高校对于依附其发展的营利性为目的的各种经营性活动进行的财政支出。

6）基建支出是指为了促进学校教学水平的提高学生实际操作能力的提高为了促进各项教学能力对于基础设施建设方面的支出。学校经批准用财政补助收入之外的资金安排学校自筹基本建设发生的支出。

2. S 大学预算管理现状分析

随着我国改革进程的不断加快，我国在高校管理方面的进程也不断加快，尤其是预算管理得到了一定的重视，并被应用取得了一定的效果。就在 S 大学中，相关的管理者以及领导者认识到了预算管理对于高校发展的重要性并开始进行建设，进行创新，并开始进行实践，下面就当前S大学预算管理现状展开研究。

(1) S大学预算管理模式

S大学实行校长负责制，校党委监督领导作用，并依据学校发展实力成立了"财政经费预算小组"，其中校长担任组长，"小组"进行学校在预算管理方面上的程序审批。财务处是进行学校财务方面的管理部门，对学校进行预算编制，日常运营的核算，以及预算的执行监督管理，对所做计划进行合理的调整，并且对于学校在资金经营方面财务支出方面做出合理的预测与反馈，财务部门所有工作内容对于"小组"负责，"小组"通过对学校各项指标进行统一制度下，统一财政支出方面做出合理的规划将不同部门所需经费进行合理的预测与分配保证财政支出的合理性与有效性。

(2) S大学预算编制

1) 制定下一年度工作计划

在学期末即将学期内容结束的时候，学校针对本学期内容进行情况进行合理的总结，以及针对下一学期的工作内容进行合理的安排，学校管理层在听取各个学院的专题总结的基础上，统筹安排学校下一学期的计划内容并且将其发往各个学院进行有效讨论，形成一种完备的方案交由学校管理层次进行总结定稿，校党委审定通过。

2) 编制部门预算

各院系在结合学校整体发展目标计划的基础上合理规划本单位在下学期工作安排，并且制定合理的自己预算。学校财务处收集各学院提交的财政预算进行汇总，将学校下一学期的预算进行总的规划，并且结合各部门在上一年度的财政支出方面的数据进行合理的增减，提交"财政经费预算小组"进行审议，通过后报请校党委核定，通过后传递给各个院系部门执行。

3) S大学部门预算编制原则 S大学将所有的财政支出归属为预算管理，并且将学校所有的财政支出细化分配至各个院系部门，将院系部门的财政支出既是预算支出的总额。为表述方便，下文将以项目经费代替院系部门在经费上的支出，以经费项目代替所花费经费的项目。

(3) S大学经费项目的分类

S大学经费方面的花费包括事业支出（又分为教育事业支出、科研事业支出、行政管理支出、后勤保障支出和离退休支出）、经营支出、对附属单位补助支出、上缴上级支出等。在经营活动过程中需对预算进行合理的收支分配比规划，并且由于学校对于附属单位以及基础设施建设方面进行的支出比例较少，因此单设一定部门对其进行有效的管理。通过以上对于部门预算管理的研究发现学校对于预算管理的主要支出集中于教育活动，科研活动，行政方面，以及学生活动方面。在活动支出过程中，科研活动的支出是按照科研项目进行的管理研究支出。其中对于科研项目研究上进行纵向和横向两方面的划分研究。纵向即是向国家省市部门进行的科研申请所获得的科研课题。横向即是学校科研小组部门对于社会企业以及政府所获得的委托研发中获得的，包括技术，设施，以及其他项目的支持。针对上述内容进行合理的管理划分，将不同方向上的财政收入支出做出合理的规划研究，实施不同的管理。

活动支出中的教育活动支出在预算经费中占有重要比重。S大学结合自身办学特点将经费从使用性质用途上做出细致划分，形成经常性费用以及专门性费用进而做出更细致的分层。

1）经常费下设人员经费和公用经费

人员经费即个人支出费用是学校对于人员工资以及补助福利进行的支出，包含支出和收回两方面；公用经费是指各个学院部门在维持各学院部门正常运行过程中的支出，包括水电费，公务出差费，业务运营费等。

2）专项经费下设各个子项目

专项经费是指学校专门部门对于所需的设备购进以及维护监管方面的费用支出，其中包括教学设备方面支出，行政设施方面费用以及设备维护维修方面的费用和其他管理的费用等。

S大学在进行专门经费的划分中以上级和学校管理层面上的要求为导向。上级部门的专项经费包括国家共同建设方面，省市专项设备购置以及维护维修方面。学校专项经费安排。在教学的设备购置，学科建设方面的经费花费方面，结余部分可以结转到下一年度费用购置方面，而对于书本购置方面则应当年结余不再结转，但是特殊项目需求除外。针对不同项目的种类数目上，结合学校自身实际情况，进行合理的划分规划，项目过多则会增加财务核算部门的工作量，过少则不能明细的表明支出内容，需要综合各种内容合理权衡划分。

预算管理是按照"收支平衡"的要求，在核算所具有的收入数目后，根据支出原则中先基本后专项的原则进行费用的明细。在科研经费的支出方面预测是按照科研项目所实现的收入来进行明确的，因此教育活动的支出方面的费用是学校经费预算管理编制中的重要内容。针对确定的项目，进行合理的经费数目的计算与合理分配是预算管理的重要过程。针对不同的项目分配合理有效的预算支出，在预算支出中的分配过程尤为重要。学校支出中的经常性费用支出的核算根据学校内部各个学院的费用划分汇总来进行确定，在总结上一年财政费用花费下，预测下一年度的财政支出，并且预测可能出现的各种不确定因素对于预测支出的影响。经费在变化过程中主要包括两个方面即量变和质变，量变即在所预算的项目不变的情况下对于可能增加的其他数目上的变化从而影响经费的支出，如人数变化。质变即是在所预测项目产生一定的变化中，项目的数量的增减，影响费用的支出。这两种变化通过百分比以及调查来进行测试。通过进行必要的专项可变动经费来避免可能出现的经费不够的问题以及经费剩余问题。在专项经费不同层次过程中包含多个子项目，但是目标划分并不是十分明细形成指标未能及时分配到位。针对校领导因其在正常工作中有独立监管的部门在经费预算过程中从自身角度争取一定的费用支出是不可避免的问题，所以如何通过合理的协调促进领导内部对于预算的分配是十分重要的问题。

针对学校中出现的经费分配问题，S大学通过建立专项经费库来解决出现的各种不均问题，专项经费库即是通过对于学校各项指标进行合理的教学评估产生的费用支出进行分配。项目费用支出在分配方面首先考虑基本教学科研过程中人员以及各种设施的购置方面的开支，在进行其他条件的分配上，首先保证学生的正常学习生活的需要进行资金的开支，对于学校在绿化方面，老旧办公设备方面的支出应放在必要支出之后。学校财务部门结合上年度资金使用情况对本年度各个学院部门资金预算情况进行合理的预算管理后上交学校财务领导管理小组进行审核研究，在明确资金使用内容及使用方法的基础之上对于由针对经费支出的专门机构对于需要不同紧急程度上进行合理的使用时间及使用数量上的划分，针对不同校区和不同部门进行再分配，并且留有部分剩余可支配费用，请示校领导对于不同划分方法进行审批。在进行专项经费的划分过程中首先从学校的整体目标发展方向入手进行划分，另外在二次分配之前要对所分配项目进行合理的论证获得必要的数据做支撑，以免出现预算不准情况，进而导致资金在分配过程中形成对整体资金分配过程中的不利影响。

学校的预算管理编制过程中首先通过财务部门进行预算的初步指定后，结合各个院系部门所做的相关预算指标进而进行学校的整体项目预算。经常费用的预算中是与专项费用的预算是相互结合的，在通过分析往年预算标准，预测各部门的指标进行预算，将各个指标能够最大限度的避免误差。

3.S大学项目预算的执行与控制

学校针对各部门经费支出使用进行责任制管理，在有关经费分配到各个学院部门后结合实际情况合理实施。针对学校经常费用中所包含的人员费用当下并未具体到各个学院部门中，而是由学校统一进行管理支付，而对于公共支出费用则分配到各个具体院系的部门中，日常经费支出以及临时专项经费的支出应控制在合理范围之内，结合工作实际按照支出规划进行合理安排。

经费中的专项经费是预算管理中的重要组成部分，学校通过建立预算管理相关的组织领导小组对预算的项目进行合理的规划划分。领导小组发挥自己职能针对所要进行的项目进行合理的预算程序的审批，并且进行经费的预算，对于项目实施的方案进行一定的评估监督，统筹协调项目进行过程中出现的各种内外因素，将项目发展过程中出现的问题和难题解决掉。执行过程中的相关负责人通过领导小组的审批方案计划进行项目的整体内容的实施以及制定合理的方案保证项目的正常运行,对项目在建设过程中的问题积极应对解决,及时完成相关建设内容。

在进行资金管理方面,学校财务处应保证资金及时有效到位的同时要确保资金数目及配套设施的到位,对于项目资金设立专用账户保证资金的专款专用。学校的审计部门针对项目资金的花费上进行合理有效的监督,针对采购的大型设备以及进行的大型项目进行公开的招标程序保证资金使用的公开性以及标准性。并且针对不同项目的花费过程中做到全程监督管理费用的实施,保证支出的有效性,及时有效的对花费的资金进行结余的计算。

在针对已完成的项目上,项目主管部门应及时针对所完成的项目进行总结报告,针对项目从开始到过程活动以及结束过程中所采用的方法,获得的经验以及可以借鉴完善的方面进行合理的总结,交由财务处进行备案以备后用。

项目预算完成后,在执行过程中不可避免的出现各种不可控以及未在计划之内的变化过程导致预算的数目与实际的需要有一定的差异,这就需要进行一定的协调调整。S大学在项目预算实施过程中坚持预算通过一般不予调整的原则。但是在突发状况的影响,以及不可预见情况的影响上需要进行必要调整的,可以进行调整。预算调整过程一般遵循以下几个方面,相关调整部门提出调整申请,调整缘由以及调整方案,经财政领导小组的研究审议进行批准通过,下达至学校财务处进行调整。经费在调整过程中主要包括机动经费,各种基金经费的调整。

在年终经费结余过程中,允许各院系部门的经费结转使用,但是对于超支使用的经费,在进行下一年的预测经费中将要扣除这一部分的支出。学校财务部将所有部门在进行预算的执行过程中的花费及时地上传学校网站,明晰学校各院系部门在一定时期内本单位支出明细,各院系单位负责人能够通过网站信息及时地获取本单位的支出状况。

4.S大学缺乏预算绩效评价

预算绩效评价作为基于绩效评价预算管理重要基础和前提条件,是指对于各院系部门对于预算执行情况结果程度的一种量化的表现形式,这种评价机制有利于对预算的执行结果进行一定的监督,有利于各个院系部门及时有效的完成自己的计划工作,实现学校的,战略目标以及学校目标实现的重要组成部分。但是,当下S大学在对于评价层次缺乏足够重视的意识,未进行合理有效的考核,部分考核的指标未形成良好的体系,并且较模糊。另外一点,对于执行效果的要求未进行细致的要求,这种没有明确指标的评价体系必然流于形式无法形成有效的评价。更不利于学校教学目标的实现,进而导致学校整体发展目标的不确定。

S大学在财务管理方面未建立合理有效的评价机制,因此在实际财务管理过程中针对财务活动的评价既缺少方法又缺少标准,因此财务处在财务管理方面的能力未有显著提高。

由于缺乏合理的激励机制造成一种对于经费支出的效率低下。

财务处在进行预算分配过程中仅仅考虑各个部门的师生人数，子项目的预算因素，而对于其他具有辅助资金的预算上未进行有效的分配。在进行经费的投入过程中，对于投入结果的要求较低，成果的转化功能更是未曾要求，这就形成一种既不注重投入的成本方面的认识又不注重成果转化的效益低下的现象。并且具有很大一部分院系部门在进行经费使用过程中秉持有多少用多少，不够用再去要的原则，未有长期规划，这种意识形成并不需要进行一定的成本计算以及效益的结算。更重要一点是无计划的费用使用必然造成一种浪费的现象。激励机制是进行各种活动的有效保障措施。由于在预算管理中未渗透激励措施，形成一种院系各自对于资金的单方面追求，未从学校长远发展考虑，成果没有有效的奖励措施，绩效差也没有降低惩罚措施，无形中给财务部门增加工作负担，去平衡各个学院部门对于预算的额度，尽快将各需资金进行划拨，免于应付，更不用说对于各个学院部门完成程度。这种分配方式必然导致资金分配的不合理性，部分院系部门在计划未完成已将费用用完，这种不合理分配只能将部分计划推迟，对于一些费用支出较少但是申请到较多费用的院系部门，则有较为宽裕的剩余经费，剩余经费的使用过程中发现不合理现象，造成恶性循环（突击使用以避免经费数目的降低），这种不合理现象的存在严重影响高校在经费预算管理过程中的对于预算的准确性的控制能力，并且不能将预算资金进行最有效最合理的分配，进而影响部分重要项目的建设，使得学校目标的发展不能够得以实现。

第二节 我国高校预算支出绩效管理存在的问题

加强高等学校预算管理，不仅对我国高等教育事业的发展具有重要意义，亦将是落实科教兴国战略的一个具体表现。在此就目前高等学校财务预算管理中仍存在下列问题。

一、我国高校预算支出绩效管理的问题分析

1.预算管理观念淡薄，主体单一

由于高校对预算管理重视不够，宣传力度不大，校内预算管理制度不健全，预算申报程序不明确，学校的教学、科研、管理等部门，没有积极主动地参与预算编制，只是被动的接受财务部门下达的预算指标，这就使得预算管理观念淡薄，预算编制存在缺乏全员参与，各部门不重视预算管理，只有财务人员孤军奋战。由于长期以来的观念，不少部门意识不到学校财务状况与自己息息相关，而只是认为预算是财务部门的事，与他人无关，导致财务工作得不到有效的理解和执行。

学校作为一级预算主体，其预算编制均由财务部门单独完成，而就目前财务管理的现状来看，财务人员对预算编制客体的了解还是知之甚少。由于预算编制主客体之间缺乏沟

通、了解，因此预算编制的真实性、合理性就会大打折扣。例如有些高校在实际预算编制时，不征求相关校领导及校内各部门的意见，只是凭几个定额就将部门预算完成，这样以来就为今后预算的执行带来了很大的不确定性。涉及日常经费开支时，部分部门支出随意，致使财务预算难以进行有效的核算及控制。因此，预算执行过程中各部门申请报告不断。同时，由于预算编制人员对学校纷繁复杂的业务活动了解有限，难以对学校预算编制提出切实可靠的依据，使得预算编制缺乏系统的科学论证，造成学校发展规划和事业计划与学校的资金供求相脱节，使得学校事业发展缺乏有力的财力保证。在一般人看来，财务部门负责预算的编制，向政府财政部门要钱当然也是财务部门的职责。

甚至学校的全部经费在校内如何分配、该如何花，学校另有一套计划，大部分的二级部门真正关心的只是学校资金的分配计划，至于学校预算是如何申报，收入来源，并不关心。于是在测算收入和支出时，只考虑对自己部门有利的一面，测算收入不负责不全面，不考虑影响收入的因素，虚报支出项目盲目扩大资金需求，预算的严肃性无法得到有效的保证。多数情况下学校预算成为了向上级财政部门争取拨款的工具，没有发挥预算管理的重要作用。

2. 缺乏长远性，科学性和连续性

高校预算一般是编制一年执行一年。预算的主要任务是保证学校年度内的正常运行。随着教育的社会地位不断提高，高校开始制定中长期发展规划，但是在预算编制过程中，收入支出的预算没有按照学校当年事业发展的规划和任务的有关标准和定额编制，预算编制方法主要是采用基数增长法，也就是增量预算法，这种方法一般是以上一年的实际支出为基础，考虑下年度的财务收支的各种因素来确定新年度的预算。这种方法造成了二个不可避免的缺点，①掩盖了上一年度的各种不合理支出；②预算的测算结果是一年比一年提高，节约使用经费的意识淡薄。这种方法会使预算和实际支出数发生很大差异，预算失去了严肃性和有效性，达不到原有的目的。这种预算的编制方法使得学校的发展规划与学校的资金供求计划脱节，没有相应的学校预算的保证，这种缺乏连续性的预算不利于学校规划的实施。由于产生对"基数"确定的不公平性，也因此使部分预算编制缺乏科学性。

3. 预算管理虚，资金管理散

目前各高等学校的收入来源逐步呈现出多样化、分散化发展，编制预算时很难做到收入预算的准确性及全面性辐射。一些高校尚未建立健全预算管理制度，例如有些高校没有成立校内预算管理委员会或类似的管理机构，校内预算没有相关的管理制度，有的虽然有了预算管理制度却有章不循，随意更改，预算形同虚设。资金的收支缺乏统一的筹划和控制。预算执行中资金支出随意性大，资金使用混乱。资金的流向与控制脱节，资金体外循环严重，事前监督不严，事中控制不力，事后审计监督因受多种因素影响效果不佳。不具备高校预算是大收大支的全口径预算的特征，既无法反映预算资金全貌，也不利于考核预算资金执行情况。同时，预算支出调整的随意性也是很多高校一直以来的大问题，支出预算缺乏刚性。在高校预算管理中，缺乏完整的预算控制系统，难以令高校的预算管理部门对由于预算执行过程受到各种主客观因素的影响造成的变化进行快速反应。

4.高校财务管理缺乏风险意识

由于高校没有建立有效的教育成本分担机制，学校有限的教育经费很难满足提高教学质量、改善教职工生活福利的需要，各部门吃学校大锅饭现象十分严重，对于部门分配下来的经费使用不按申报预算执行，厉行节约开支的观念淡薄，使本已十分紧缺的资金却要超负荷承担学校的各项开支，造成学校难以承受经费负担，无形中增加了学校财务管理的风险。随着高校招生规模的扩大，各高校基本都面临相关配套硬件环境建设的问题，学校为了保证基建任务的完成，搞好基本建设，非常艰难地通过多种渠道筹措建设资金，利用银行贷款改善办学条件是主要采用的资金筹措方式，虽然在短期内解决了事业发展过程中的实际困难，但随着高等学校规模的急剧膨胀，导致高等学校银行贷款也快速增加，加上近年来国家多次上调各银行的存款准备金及贷款利率，给高校带来了很大的负债，而高校对偿还贷款的利息及本金支出估计不足或重视程度不高，高校举债经营可能带来的财务风险没有在预算编制中得到很好的体现，预算平衡的原则难以实现。高等学校"债务预算"管理规定没有跟上高校发展规模的步伐。部分高校对贷款认识不够，认为"学校是国家的，银行也是国家的，银行的钱不要白不要"，盲目贷款征地、上项目，其规模大大超过了经济承受能力，潜伏了高校发展的隐患，增加了高校财务预算管理中的风险。

5.预算控制力度不够，指标下达时间置后

由于很多高校没有认识到对预算执行结果的分析和监控管理是对今后预算完善和补充的最好办法，因此预算在执行过程中的控制力度不够，预算的执行和监管成为高校的软肋，使财务预算形同虚设，预算执行不利，监管也流于形式。

事前，由于编制时间及指标下达的置后，根本不可能进行事前的控制；事中，没有制定有效的控制制度，使得无章可循；事后，对预算执行情况的分析不够详实，与同行业的比较不够。现行"一上"部门预算的编制时间通常在上一年的7～8月份左右，而一般高校预算年度的事业任务要在预算年度的2月份左右才能确定，特别是招生计划、当年新进人员计划等硬性指标，一般在预算年度的5月份以后才能确定，而这时已有近1/2的经济业务成为过去，无法进行事前事中控制，成为一种事后预算，失去了预算编制的作用。

高校要在上一年的较短的时间内编制出能执行的预算还较难。高校的预算是反映学校年度内所要完成的事业计划和工作内容，同时也反映学校的事业发展和规模。所以，如果预算编制的时间置后，必然会使学校管理的有效性降低。

6.预算编制不完整

高校内部财务管理体制规定,一般规模较大的学校实行"统一领导,分级管理"模式,规模较小的学校实行"统一领导,统一管理"模式。根据部门预算编制要求,综合预算应当囊括学校的全部收支。学校一级作为预算管理的主体,其收入支出均已纳入预算管理;但由于高校资金来源日趋多元化,下属诸多学院、系部、处室多渠道创收的收入和相应的支出往往没有全部纳入到学校综合预算中,造成部分资金的体外循环,从而脱离了预算的监督管理,破坏了学校正常的经济秩序。在预算编报中,部分资金的使用没有细化支出项目,有的没有定员定额指标,基本支出的专项业务费支出项目数额大,缺乏明细科目,不利于分析管理,同时,对于公用支出中定额明显偏低的支出项目,且又是必须支出的项目,全部列入其他科目核算,造成核算粗糙,不能真实完整地反映各公用支出项目。经营支出中没有要求填列明细支出项目,使得有些部门将基本支出中的某些项目列入到经营支出,从而违反了收入支出配比原则。预算编制内容的不完整最终会导致高校的会计信息失真。这不仅使高校预算管理的范围整体受到破坏,而且这种"体外循环"也脱离了有效的预算监控。

7.缺乏资金使用效益考评

由于受过去计划经济的影响,二级经费管理部门包括一些财务人员只重视成本费用支出,不重视成本费用支出的使用效益,预算指标的完成程度成了反映预算执行情况的标准,致使有些单位内部各自为政,造成资产重置、资金浪费、资金使用效益低下,以致出现有的部门要了钱却花不出去的情况,而真正需要资金建设的项目经费得不到或不够用,降低了财政资金的使用效率和效益。预算的执行与控制要使其正常运行必须建立在规范的分析评价和考核的基础上,必须建立健全业绩考核和奖惩制度。而从高校现阶段的预算管理体系看,高校缺乏预算管理和评价体系。人的工作努力程度受业绩评价和奖励办法的影响,规定明确的奖惩办法,让被考核人明确业绩与奖励之间的关系,知道什么样的业绩将会得到什么样的奖励。奖惩制度是调动全体员工努力工作、实现预算总目标的有力手段。

8.预算执行刚性不强,管理乏力

按照部门预算改革的要求,高校预算一经批准,必须严格执行,未经法定程序不得随意变更或调整。但是,目前高校预算管理明显弱化。执行中随意调整、追加的现象严重,预算指标没有约束力,起不到刚性和权威的作用。例如有些高校在申请项目专项经费时,缺少对该项目的实际调研,对于项目的采购计划只是参照往年的设备采购价值进行预算申报,而未按现在市场情况进行实际询价,造成项目在实际批复后,资金的使用效率不高,甚至结余大量资金。结余资金未按要求申报,而是自作主张随意改变预算申报计划,采购一些与项目建设经费预算无关的设备,造成了财政资金的浪费。实际工作中,由于预算编制没有细化，预算管理水平不高，很多资金没有落实到具体部门和具体项目上，屡屡出现项目资金被挤占、挪用、截留、甚至虚列支出的情况，违反了相关财务管理规定，造成学校资金使用效率不高，加重了资金供给矛盾。

9.科研经费管理不够规范

高校科研经费的来源渠道广、课题名目繁多，特别是随着横向科研收入的大幅增加，高校科研经费的管理出现了各种各样的问题，很多教师错误地认为，科研经费是自己争取来的，自己想怎么用就怎么用，不用遵守学校的财务制度与规定；学校也因为鼓励教师多争取科研经费，而忽视了科研经费的管理，致使科研资金和资产流失严重，有的科研人员想方设法将科研经费转为私人财产，将个人及家庭生活开支列为科研费用支出，或以和实际不符的票据报销套取现金；有的科研人员校外承接项目，资金不进入学校，逃避上缴管理费，避开学校对资金的管理，却利用学校的实验室、实验设备、实验试剂等进行实验，学校得不到相应的补偿，科研经费的使用没有发挥应有的作用。

二、高校预算管理存在问题的原因

高校预算管理体系存在上述问题，主要是出于对预算管理认识不足、受到高校办学体制的约束和资金紧缺的影响而形成的。

1.对预算管理认识不足

以提高整体办学实力为目的，高校上下必须从自身出发，积极组织收入，努力节约支出，避免不合理收支，提高资金使用效益，加强预算管理。由于长期以来高校以国家拨款的形式筹集经费，普遍缺乏自主理财意识，各高校对年初下达的预算基本上是被动地接受，对预算管理的认识不足。首先，高校管理层在审批预算时，对各部门支出经费预算时没有从全局角度出发，不管项目申报金额，也不考虑高校的总收入情况和支出项目的轻重缓急，只要各部门上报的预算具有可执行性就坚持纳入预算管理，给予预算经费，给财务部门预算编制带来了难题。往往支出预算金额远远超出了收入预算，赤字预算时有出现，加重高校资金紧张情况；其次，没有确定高校预算管理各执行部门的职责和权限，预算执行部门对预算缺乏管理意识，在预算编制和执行过程中，对自己的职责和权限不明了，盲目使用资金，缺乏统筹规划；再次，高校的基层员工在高校财务管理上缺乏主人翁的意识，对预算经费的使用目标认识模糊，有些员工在执行预算时存在浪费经费的现象。这种形同虚设的预算管理不利于高校的日常管理，更不利于高校的长远发展。

2.高校办学体制的约束

一直以来，由于我国高校都是以公办高校为主的办学机制，公立的性质使得高校在办学上缺乏自主性，招生计划、学费标准及教育经费等办学所需条件都由上级主管部门管理和逐年审批。这种管理机制造成高校导致高校在编制预算时无法具有连续性和前瞻性，对事业计划缺乏长远规划。目前，高校预算一般是当年执行当年编制的预算。预算管理的首要任务是保证高校预算年度内各部门各项事务的正常运行。由于上级拨款经费已经远远不能满足高校的日常运行开支，出于发展的需要，高校必须开始重视中长期发展规划。中长期发展规划必须对未来的办学规模做出预测，但影响办学规模的招生计划和教育经费都由上级部门把握，并逐年审批，不能由学校自主管理。逐年下拨的高校的招生计划和教育经费并不存在时间上的逻辑性，给高校制定长期发展规划带来了困难，使得高校对于收入预算变得带有估算的性质，往往和实际不一致，达不到预算控制的目的。这种高校办学管理体制下使得高校长期预算的编制缺乏科学的依据，预算管理变得十分困难。

3.其他原因

目前，高校预算编制普遍存在部门预算和校内预算不统一的情况。呈报上级主管部门和财政部门的高校部门预算一般在每年年初完成；高校具体执行的校内预算由学校自行编制。这两种预算由于功能和作用不一致，内容往往也不一致。主管部门按高校呈报的部门预算下拨经费，另一方面，高校按照校内预算分配预算经费，这两者之间难免出现"张冠李戴"难以协调的局面。时间上的难以协调也造成高校资金紧缺。高校预算是按照公历年来执行的，但是高校正常事务运转采用的是学年制，这使得高校资金容易出现青黄不接的情况，每年9月收取的学生学费不仅仅要完成本年预算，还要完成来年上半年的预算。通常情况是高校在当年下半年就会将学费收入用掉大半部分甚至是全部，到了来年，由于缺少资金来源，就只有靠银行贷款支持日常事业的运行。上述种种原因削弱了预算管理在高校管理中的地位和作用，使得预算管理的编制、执行、控制和评价都出现了一些问题。

目前，高校办学形式多元化、资金筹集多渠道化、办学规模扩大化，使资金预算规模成倍增加，经济业务范围日趋扩大。这就要求高校尽快完善高校预算管理体系，充分发挥高校预算管理体系在高校管理中不可替代的作用，宏观统筹协调监督，公平、公正配置各项资源并协调平衡，强化高校可持续发展战略，充分发挥绩效激励的作用，为高校事业的发展做出贡献。

三、S高校预算管理存在的问题分析

1.S高校预算管理组织架构分析

（1）S高校预算管理组织架构

高校预算管理的组织架构是清晰界定校内各部门在预算管理中的职责分工的前提条件；是预算管理流程能够得以贯彻执行的基本保障。

S高校校内预算管理组织架构图如下图所示：

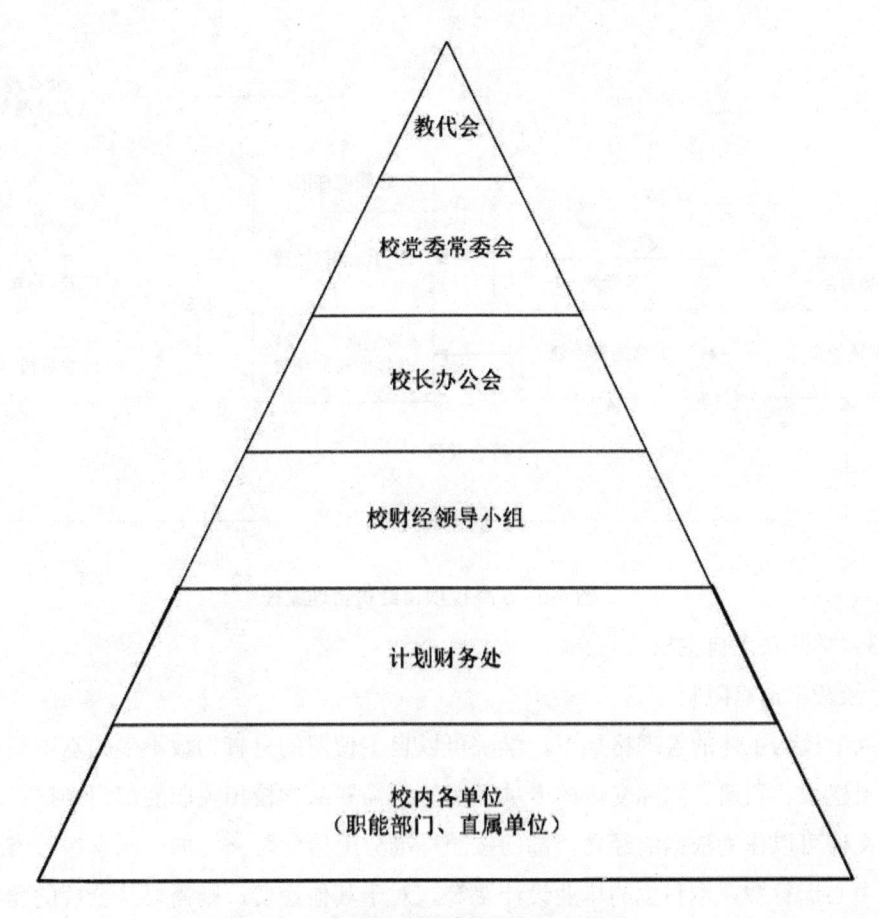

```
        教代会
      校党委常委会
      校长办公会
     校财经领导小组
       计划财务处
       校内各单位
     （职能部门、直属单位）
```

图 4-5　S 高校校内预算管理组织架构图

（2）S 高校预算管理组织架构存在的问题

从组织架构图上可以看出，S 高校实行全面预算下的部门预算管理。在同样使用此种管理模式的高校中比较而言，S 高校的组织架构自上而下，层次规范严谨，职责划分明确，对预算管理有极大的帮助。但同时，作为预算管理主体部门的预算管理科室，并没有从计划财务处独立出来，在面对需要校级层面沟通协调的事项时，其分量不足以支撑它的话语权。预算归口在各职能部门，这种管理方式能确保"指挥棒"始终在学校手中，便于集中力量办大事，以学校为火车头，带动学院跑；但同时我们应该看到，这种管理方式不利于激发学院的办学活力，抑制了学院的积极性。

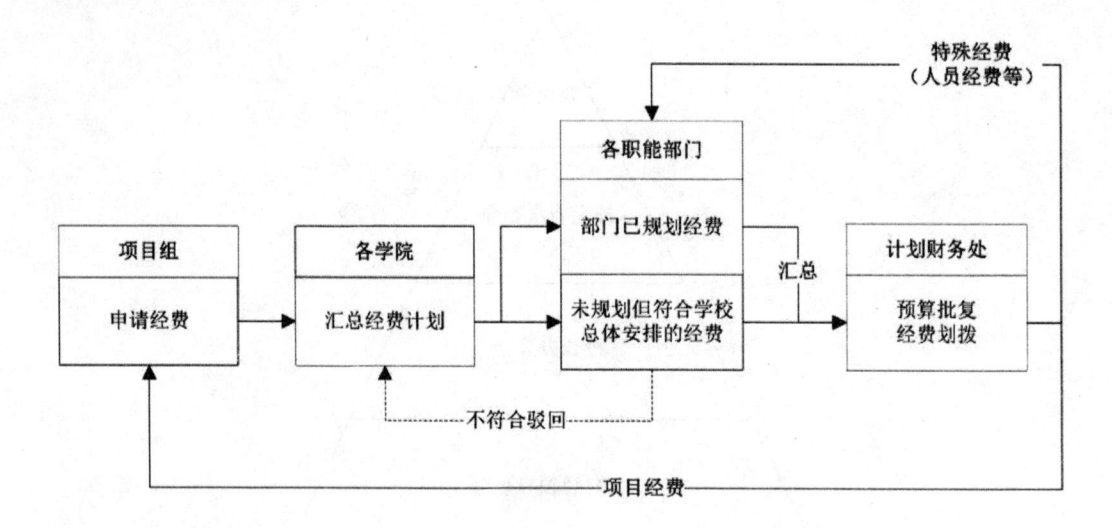

图 4-6　S 高校项目经费管理流程

（3）学院缺乏自主权

1）经费申请有限制

在以学校为主体的管理格局下，学院可以自主使用的只有为数不多的基本日常支出，开展学科建设、科研、国际交流的专项经费等都需要从学校相关职能部门划拨。对于有标准制度文件可以作为依据的经费，部门按照标准分配给学院，比如：国家级、省级实验教学示范中心运行费，本科生的毕业设计费等。对于其他经费，则需要从全校的角度来通盘考虑，既要促进学院建设又不能助长学院间攀比之风，很难达到制衡。教务处有课程建设项目，各学院都去申请；科技处有科学研究项目，各学院也去申请。僧多肉少，此时按照什么标准来进行筛选排序，如何避免暗箱操作等，这就涉及到项目储备库的建设问题。在后文会详细谈到。

2）经费使用有限制

申请到的专款需要专用，一旦学院急需资金用于实验室建设等，有可能申请不到这样的专项，就无法建设。不是没钱，而是"买米的钱不能买油"，极大地制约了学院的办学主动性。招聘高层次人才，学院只有推荐权，审核材料、面试答辩等各个环节都由人事处主导，结果由学校决定。有时学院急需某方面的人才，愿意高薪留人，却得不到回应或不能得到及时回应。相好的"千里马"只能跑到别的地方去"吃草"。另外，领导的偏好对预算拨款影响较大。一个注重教学、关心学生工作的领导，会使预算拨款偏向教务处、研究生院；而换了注重科研的领导，预算拨款会偏向科技处。

（4）学校缺乏对学院财务状况的整体监控

由于校内预算按职能部门归口，决算按收支类型归口，从学校层面无法获知每个学院整体全面的财务面貌。虽然有些学院有财务秘书一类的岗位在汇总整理本学院的信息，但没有规范的流程和操作方式，是否客观的反映了学院财务状况并被学院加以利用，完全取决于财务秘书个人的财务水平和学院领导的重视程度。

2.S 高校预算编制情况分析

（1）S 高校预算结构

S 高校全口径预算结构如图 4-7 所示。

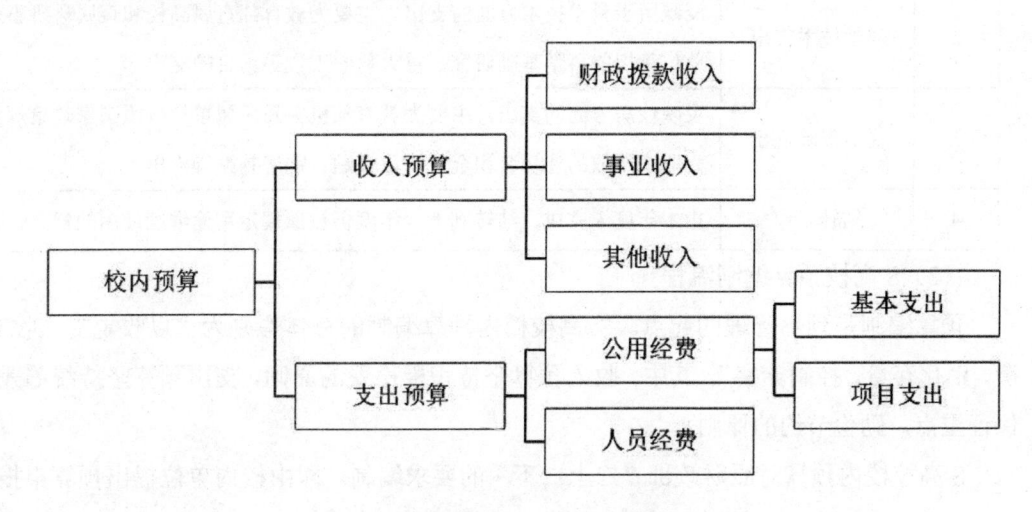

图 4-7　S 高校收支预算结构图

1）S 高校收入预算主要包括：财政拨款、事业收入和其他收入。

表 4-1　S 高校收入预算组成及定义

序号	项目	定义
1	一般公共预算拨款收入	指中央财政当年通过部门预算拨付学校的财政资金
2	事业收入	指学校开展专业业务活动及辅助活动所取得的收入。主要为科研事业收入和学校根据国家有关部门批准的项目和标准收取的学费、住宿费等
3	其他收入	指除"一般公共预算财政拨款收入"、"事业收入"、"事业单位经营收入"以外的收入。主要是捐赠收入、利息收入等
4	用事业基金弥补收支差额	指事业单位在预计用当年的"一般公共预算财政拨款收入"、"事业收入"、"事业单位经营收入"、"其他收入"不足以安排当年支出的情况下，使用以前年度积累的事业基金弥补本年度收支缺口的资金
5	上年结转	指以前年度尚未完成、结转到本年仍按原规定用途继续使用的资金

2）S 高校支出预算主要包括：公用经费和人员经费。

按功能为以下类别：

表 4-2 S 高校支出预算组成及定义

序号	项目	定义
1	教育支出	反映教育行政管理、学前教育、小学教育、初中教育、普通高中教育、普通高等教育等方面的支出。主要为教育部直属高校和直属事业单位的日常运行支出以及为完成事业发展目标的项目支出
2	科学技术支出	反映用于科学技术方面的支出。主要为教育部直属高校和直属科研事业单位承担的科学基础研究、重大科学工程等项目的支出
3	住房保障支出	反映住房方面的支出。主要为教育部机关及所属单位按照国家政策规定为职工发放的住房公积金、提租补贴、购房补贴等支出
4	结转下年	指本年度未完成、结转到下一年度仍按原规定用途继续使用的资金

（2）S 高校预算编制流程

预算编制是预算管理的起点。S 高校校内预算编制的总体原则为"以收定支，收支平衡，消化存量，控制赤字"。其中，收入预算坚持积极稳妥的原则，支出预算坚持统筹兼顾、保证重点，勤俭节约的原则。

S 高校校内预算对照财政部"二上二下"的要求编制。即由校内单位提出预算申报数，由计划财务处汇总编制校内预算，报校财经领导小组审议通过预算控制数后，再由各单位编制详细的预算。经校决策会议研究审定，由计划财务处组织实施。预算一经确定，财务部门和全校各单位都应维护预算的严肃性，任何人不得随意增加支出预算或者增加无预算的支出项目。

预算编制具体思路为：首先保障人员经费刚性支出，其统一归口人事处管理；优先支持学校当年重点工作和师生密切关注工作；"三公经费"在基本支出中单独立项并提供按规定标准的测算依据；业务接待费、劳务费、评审费在项目支出中按科目单列，与具体项目挂钩。消化以前年度预算结存。单位结存：在部门的，原则上统一收回，确因工作需要继续使用的，纳入次年预算；在学院的，学院按原项目或转入学院财务统筹使用。

个人结存：制定年度消化计划，原则上不超过 3 年（立项 5 年以上的，不超过 2 年），当年消化额纳入部门当年预算。在编制过程中，S 高校缺乏有效的督促各职能部门的手段。一些部门，由于领导不重视，或部门本身在学校的地位过于强势，不配合计划财务处的预算编制进度，学校整体预算编制可能因此受影响。

（3）S 高校预算编制方法

S 高校人员经费、部门基本支出、经常性项目等的编制使用增量预算法。增量预算法编制简单，符合预算连续性的特点。但容易造成指标逐年放大失真。项目支出预算，采用零基预算法进行编制。原则上按每个项目经费来源和支出内容进行逐项编制。在进行项目支出预算的具体编制时，考虑贯穿项目立项、审批、执行到完成的整个过程，做到在项目经费额度范围内会计核算和预算编制的期间口径的一致，实现对项目记账的权责发生制原则要求，分项目进行成本核算，增强预算执行考核的精准度。

通过重点部门项目支出预算申报数与预算批复数之间的差异对比，可以看出：各职能部门在预算编制时，没有完全按照自己的实际需求来申报预算，依然延续了以前"多报一点儿是一点儿"，方便和计划财务处"讨价还价"的思路。个别部门多报预算的幅度达到了37%以上。

预算编制"讨价还价"现象，是公共预算体制造成的不可避免的缺陷，由于信息不对称，预算编制基层单位与财务部门进行不断的博弈，非正式因素在正式的预算编制中占据了重要地位，造成大量的时间和人力资源的浪费。"讨价还价"的结果往往导致逐年预算"只增不减"，背离了全面预算管理控制成本、节约开支的初衷。

值得注意的是：工程预算往往不存在讨价还价的问题。工程定额部分，依据国家规定及行业平均劳动生产率编制单位工程平均造价，争议极少。可见，大力推行定员定额的预算管理制度，出台符合 S 高校实际情况的预算定额标准，将大大提高 S 高校的预算编制透明度，减少人力拉锯，使预算编制规范化、科学化。

3.S 高校预算调控情况分析

S 高校校内拨款流程：校财经领导小组、校长办公会和党委常委会审定，计划财务处下发年度支出预算批复通知。各部门按权限进行批复项目查询、授权、报销等业务操作。各部门项目按季度拨付额度。

S 高校新增预算项目流程：各部门争取到的经费原则上纳入学校财务统筹。各单位充分做好预算谋划，在年前申报预算时将可能争取到经费的相关支出纳入单位年度支出预算。年中争取到的拨款或资助经费有指定用途的，如果校内已安排相同建设内容的预算项目，由校内预算项目置换；如果校内未安排相关预算项目，再考虑新增预算项目。属于有指定用途的新增预算项目，由各部门报财务处后按金额大小经相关程序后立项。需说明新增预算原因、项目建设内容、新增预算金额和明细情况、并提供相关依据的附件（政策文件、预算编制依据、领导批示等）。

S 高校预算调整流程：为了强化校内预算的刚性，减少预算的弹性，预算在执行过程中原则上不予调整。如因出现编制预算时难以预见的事项确需调整预算时，则严格按照校内预算变更决策程序申请批复，在每年 9 月份进行统一调整一次。原则上只对因不可预见因素造成的支出结构变化进行相应的调整，调整后仍应保持年初预算结构与支出结构的一致性。

4.S 高校预算监督评价情况分析

（1）S高校预算监督评价总体情况分析

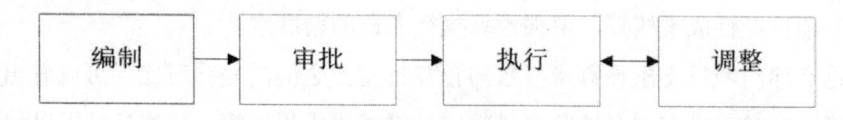

编制 → 审批 → 执行 ↔ 调整

图 4-8　S 高校全面预算管理现有各阶段示意图

1）高校全面预算管理包含监督评价环节

监控和评价应该自预算编制开始，贯穿预算周期的始终。缺乏监控、评价会使预算执行率低下，各预算单位失去改进的主动性，预算问责主体不明确。

2）财政部对高等教育资源配置效率非常重视：《关于推进预算绩效管理的指导意见》（财预〔2011〕416号）第三条中提出：建立"预算编制有目标、预算执行有监控、预算完成有评价、评价结果有反馈、反馈结果有运用"的绩效预算管理体制。遗憾的是，我国高校的预算管理，长期处于"重编制，轻执行，轻考核"的状态。

3）S高校在预算监督管理方面，力度不足：校内的财政项目如"中央高校改善基本办学条件专项资金项目"等由教育部审计；部门项目由审计处领导责任审计；校内工程类的一次性项目，由审计处进行竣工决算内部审计；其他事项，则没有相应的监督机制。

4）S高校在绩效预算评价管理方面，还处于起步阶段：没有对绩效目标进行分解，没有形成完整的、科学的、可量化的评价指标，也没有从事前、事中、事后多方面建立可控制的标准管理流程。绩效预算管理是预算监督评价体系的一部分，对预算是否达成了既定的目标、是否对有限的资源进行了合理的配置进行考核。预算绩效是对预算编制、执行、调整、决算等一系列基础工作的效果进行考核。二者均为高校财务绩效管理的组成部分，但有着严格的区别，概念上不能混淆。好的预算管理应该以绩效为导向，而不是以投入为导向。预算执行效率不等于预算完成率，更不等于预算执行率。绩效预算管理，包含了"成绩"和"效益"双重含义，既要有效果，又要有效率，还要有效益。既强调投入产出的成果，也关心它们对社会价值、环境和可持续发展的影响。"用钱必问效，问效必问责"。绩效预算考核的关键是项目制管理。考核目标设立，通过定量定性来反映项目实质。

（2）S高校校内预算专项评审情况分析

1）S高校校内预算专项评审的目的

为了更好的进行绩效预算考核，消除S高校制定发展计划与预算脱节的情况，使部门预算与校内预算更平滑的衔接，需要在全面预算管理这个优良的管理平台上引入新的管理模块——项目预算，作为预算管理结构上的补充。项目预算是以规划的项目整体为单位，进行预算的一种方法。摆脱了传统预算按年制定的限制，强调用最优的方式围绕项目目标调配资源。这与全面预算管理的根本目标不谋而合。

另一方面，项目预算存在与现行会计制度不相适应、缺乏完整的实施体系等缺点，需要与全面预算相互配合，互为补充。

2）S高校校内预算专项评审方案的确定

根据财政部对高校项目储备库管理的评审范围要求，组织评审的项目支出总额应不低于10%。2019年及以后年度不安排支出的结转项目不纳入评审范围。根据各单位预算申报情况，S高校一次性项目是否公开评审的标准金额定为100万，共计公开评审19个项目。

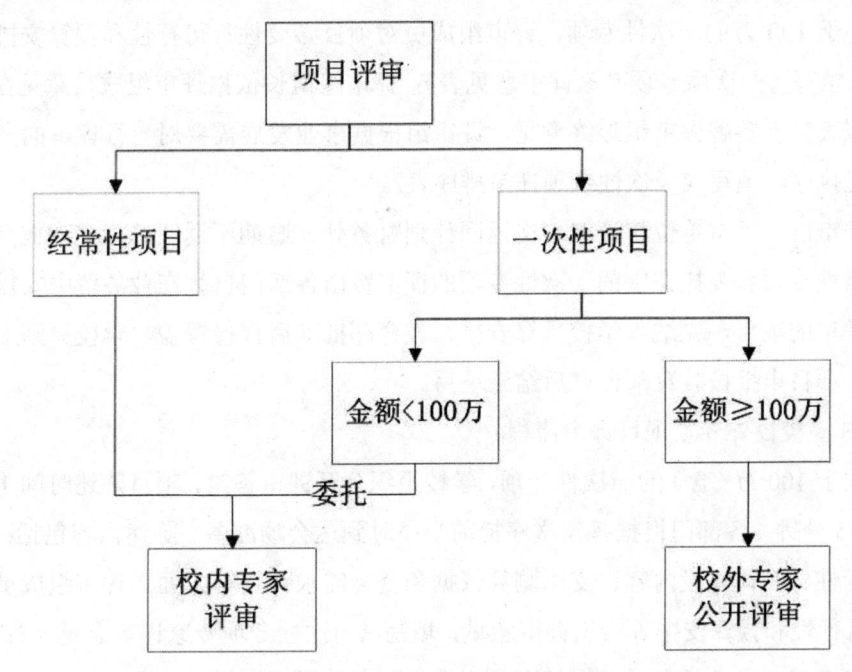

图4-9 S高校校内预算专项评审流程图

S高校于12月初对校内各单位发送评审通知，将要评审的项目分为经常性项目和一次性项目，一次性项目又按所涉及金额大小分为100万以上和100万以下两类。100万以上（含）的一次性项目参加由学校统一组织的校外专家公开评审答辩，100万以下的一次性专项和经常性专项，参加由部门自行组织的校内专家评审。从发出通知到全校项目评审完毕，整个周期为20天。

（3）S高校校内专家项目评审流程

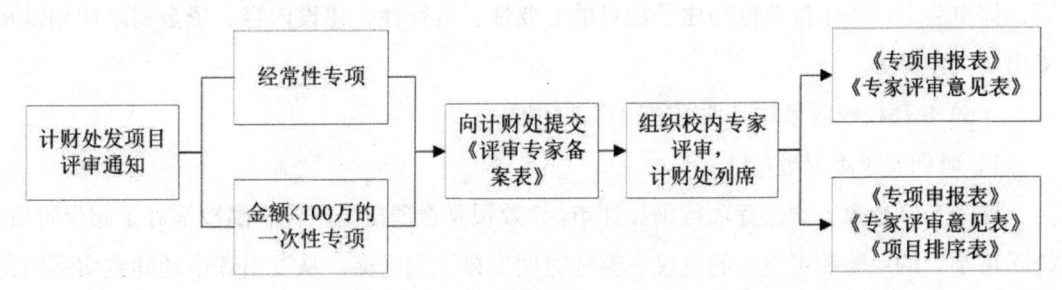

图4-9 S高校校内专家项目评审流程图

由项目所属部门组织，分管校领导任评审组组长，成员包括学院领导、教师代表、校内外专家，评审组成员 5-7 人（单数）。申请评审的部门提前 3 天将评审时间安排与《评审专家备案表》交至计划财务处。评审时，计划财务处须派人列席评审会。

对经常性专项，评审组成员对项目建设内容、支出预算明细等给出评审意见，填写《经常性专项专家评审意见表》；评审组组长依据评审组成员意见在《经常性专项申报表》上签署评审组最终意见。

对于小于 100 万的一次性专项，评审组成员对项目必要性、可行性和预算安排等给出评审意见，填写《一次性专项专家评审意见表》；评审组组长依据评审组成员意见在《一次性专项申报表》上签署评审组最终意见。评审组根据事业发展需要对自行评审的一次性项目进行优先排序，填写《一次性专项评审排序表》。

项目评审后，评审单位将评审表格返回计划财务处。逾期不返回的，视为放弃申报该项目。经常性专项和委托评审的一次性专项的评审费由各部门自行在业务费中安排。凡通过教育部评审的项目，先纳入学校预算安排，教育部批准后直接覆盖，学校原则上不提供配套经费。项目申报按教育部评审后结果填写。

（4）S 高校校外专家项目评审流程

对于大于 100 万（含）的一次性专项，学校组织公开评审答辩，项目陈述时间 15 分钟，专家提问 15 分钟。各部门根据答辩次序提前半小时到达会场准备。陈述内容包括：项目必要性和可行性、具体建设内容、支出测算依据和资金需求计划等方面。评审组成员对项目必要性、可行性和预算安排等给出评审意见，填写《一次性专项专家评审意见表》；评审组组长依据评审组成员意见在《一次性专项申报表》上签署评审组最终意见。评审组根据事业发展需要对自行评审的一次性项目进行优先排序，填写《一次性专项评审排序表》。

（5）S 高校校内预算专项评审结果

S 高校共组织了校内外 9 位审计、工程、造价、设备等领域专家以及教师代表，对 2016 年校内预算申报金额超过 100 万元的一次性专项进行专项评审。所评审项目涉及场馆中心、宣传部、校医院、基建处、后勤处、保卫处、基础研究院共计七个校内单位，涵盖体育场完善、博物馆建设、医疗设备购置、配电工程、绿化、防水、楼道维修、信息化平台建设等。评审会上，各申报单位阐述了项目的必要性、可行性、建设内容、资金需求计划以及支出明细预算等。

（6）S 高校校内预算专项评审存在的问题

1）时间安排不合理

这是 S 高校第一次进行项目预算评审，绩效预算管理在全国各个高校都处于起步阶段，缺乏可学习的经验和可参考的建议。整体时间安排较为仓促，从发出评审通知到实际组织评审，准备时间只有不到 20 天。且发起时间在年底最繁忙的时候，对学校整体工作都是不小的压力和挑战。不管是校内统一组织的公开评审，还是部门自己组织的评审，平均每个项目的评审时间为半个小时。对于项目特别多的部门，各位专家持续的疲劳工作会对后续评审造成一定影响。对此，S 高校应该将项目评审加以制度化、流程化，形成常态，使项目储备库滚动起来，才能更好的为合理有效的利用资金服务。

2）评审流程需改进

S 高校组织了校内外专家以及教师代表共计九位，由 S 高校审计处处长担任评审组组长；校外专家四位，包括高级工程师、注册造价工程师，兄弟学校基建处处长一位；本校专家四位，包括国有资产及设备管理处负责人，教代会团长，教师代表。评审专家既保证有相关领域专家，又有高校代表。从行业上来说，财务、审计、工程造价、设备管理等相关工作人员都是必要的。

就实施情况而言，S 高校的校外专家评审部分，对规范预算管理、增强预算执行考核精准度，能起到一定的作用。经常性专项评审部分，由于是校内专家，在人情关系、裙带关系等种种因素影响下，效果差强人意，没有起到项目评审要"挤干水分"的作用，无法对后续管理起到应有的帮助。可以考虑取消校内专家评审，无论金额大小，通通执行校外专家评审流程。建立专家库，为进一步规范预算管理发挥应有的作用。

3）缺乏相关制度支撑

S 高校在项目评审之前，发出了一系列的通知，做出了对相关事项的具体要求。学校在全面预算管理过程中，也一直以国家相关法律法规为依据。但 S 高校一直没有制定适合本校使用的、结合本校实际情况的《S 高校预算管理办法》。虽然项目评审之后，出台了《项目支出预算执行进度管理办法》，但在项目评审事前和事中，并没有本校相关制度的支持。制度层面的缺失，对预算管理工作的开展形成了障碍，急需完善。

4）相关单位不重视

此次校内预算评审中途略有波折，比计划完成时间推迟了一周。其原因为：很多单位在第一次提交的申报材料时，没有按照要求填写"测算依据"，或者填写的依据过于简略"参见 XX 文件"……需要全部重新填报。许多单位没有认真阅读通知上的要求，或者阅读以后不重视，认为该事项填不填报无所谓、乱填报也没影响。

5）预算填报人员素质待提高

一些单位预算填报人员不清楚什么是"测算依据"，也不知道应该怎样获得准确可信的测算依据，只好根据经验夸大的填写数据。影响后续的评审工作。需要财务处的指导和培训。

6）评审指标待斟酌

一些测算依据本身是否科学值得商榷。比如：办公用品费，人均 200 元/年，超过则可能被驳回。而这个标准没有经过论证，只是一个经验数据。在评审过程中，S 高校根据教育部"中央高校改善基本办学条件专项资金项目（修购专项））"的评审标准，结合自身情况，制定了《项目绩效表》。《项目绩效表》将项目分为三级指标，申报单位根据项目建设内容对应《项目绩效表》的三级指标，填写《一次性专项专家评审意见表》及《一次性专项申报表》，填列项要涵盖每个一级指标，填列不得少于6项。可以看到，以满意度指标为代表的主观指标在实际使用时，难以量化、容易舞弊；以效益指标—可持续影响指标为代表的指标，能否真的如预想般的持续发挥作用，短时间内无法检测。指标本身的科学性、合理性都需要时间检验。

7）评审结果没有妥善利用

项目评审结果粗略的分为：通过、部分立项、暂缓立项和不予立项，一次性专项增加了按项目重要程度排序的《一次性专项项目评审意见排序表》。但依然很粗略，没有对项目进行评分，也没有相关的评分标准。项目通过评审以后，《项目申报表》仅作存档用，没有成为该项目"是否达到申请时预期效果"等后续绩效预算考核的依据，没有真正把这些有价值的数据利用起来为全面预算管理服务。

第五章 提高高校预算支出绩效的对策

第一节 更新高校预算支出观念

高校预算管理工作的好坏直接影响到高校各项资金的使用效益，以及高校各项工作完成情况和高校的发展。思想是行动的先导，没有正确的预算管理思想作指导，就没有科学化、正规化、现代化的经费预算管理，也就没有较高的管理效益。要提高预算管理效益，必须首先解决好认识问题，树立符合实际、时代性强的科学财务预算管理观念和效益第一的观念。财务预算管理是高校财务管理的重要内容，切实加强高校预算管理已经成为实现高校有限资源的优化配置和提高资金使用效益的重要任务。

一、树立新的理财观

1.科学理财观

要做到决策民主，办事透明，强化预算，保证预算安排和执行的科学、合理、公正、公开。

2.依法理财观

要加强制度建设，坚持依国法、校规理财，预算的制定、实施要以事实为依据，以相关法律规定为准绳。

3.财务资金时间价值观

随着社会主义市场经济的发展，高等教育将成为一种新的产业，资金的时间价值和投资的风险价值作为现代财务管理的两个基本观念。学校理财活动也必须讲求资金的时间价值，要认真估计各种风险，并设法控制风险的发生，以求保障学校办学财力。

4.财务预算工作核心观

高校应将预算工作作为财务工作的核心，而且应当作为学校整个工作的核心，根据财务预算组织财务收支活动，根据学校财力调整事业活动计划，以确保高校各项事业活动顺利开展。

5.财务预算工作人才观

要重视财务预算管理队伍建设，财务人员在财务预算管理中扮演重要的角色，财务预算编制是一项系统工程，财务预算编制人员要对学校运行、建设发展与预算的关系进行研究，对学校内外部影响预算因素进行经常、系统、广泛的搜集和分析整理，为学校财务预算管理提出细致可靠的依据。对于财务预算管理的核心的财务预算编制工作人员以及核算监督财务工作人员应该具备一定的理论水平和实践能力，对于部分高校财务人员水平偏低的具体情况，这就需要及时分流一批不适合财务岗位人员，配备胜任的财会人员，精心挑选一批高学历、高能力人员补充到财务岗位，同时鼓励财务人员通过多种途径学习财务知识，提高财务预算管理业务技能，更好地做好预算管理工作，发挥财务预算管理功能。

二、树立新的职能观

1.充分发挥财务部门职能

学校财务预算管理应该同学校发展紧密结合，由单纯"分财"转变为"聚财、生财、管财"，由分配型向决策管理型过渡；应逐渐由"统计、划拨"的分配型会计向"预算前预测、预算执行中监督、预算后分析"的管理与经营型会计转变；要为学校的发展及时提供经济决策建议，充分发挥财务职能部门的作用，为学校的事业发展提供有效的财务保障。作为财务预算管理工作者，要积极采取各种措施，选择多种方式，大力宣传预算的功能，使各级领导和职工充分认识预算的功能，充分调动各方面理财的积极性，重视各职能部门在预算管理中的基础作用。在预算编制中，预算编制人员需要对纷繁复杂的业务活动及变化情况有比较全面的认识，缜密的科学论证，从而保证科学合理编制财务预算。

2.充分发挥各学院（部门）重要职能

经费预算是一级单位为实现年度目标所需的财力保障，它规定着用钱的方向和数量。因此，各职能部门必须站在宏观的高度，重视预算。单位领导要系统学习和掌握国家和学校的有关财经方针政策、法规和制度，带头执行上级的政策和有关规定，做依法理财的明白人。要对本单位的经费预算有一个统筹安排，在制订预算方案时要深入调查，科学论证，慎重决策，多听听财务部门和审计部门的意见，防止决策失误造成损失和浪费。在审批财务部门经费预算时，必须从学校的大局出发，严格审批，确保预算的合理性与可操作性。

三、树立新的风险观

1.学校潜藏着较大的财务风险

随着国家对教育投资观念的转变，国家对教育的投资越来越少，高校逐渐成为自主办学的独立法人，高校间的竞争越来越激烈，受市场的影响越大，学校的财务管理面临的风险也越大。一方面是收入来源风险，学校自筹资金的部分取得受国家政策、学校声誉等局限；另一方面是融资风险，随着"银校合作"的发展，学校为了谋求自身的发展，大力向银行申请贷款，负债运行，如果到期不能偿还本息，则会产生财务风险。在编制财务预算时，一定要树立风险意识，在决策时不可高估收入，充分考虑可能导致收入下降和支出增加的因素，严格控制贷款规模，科学确定贷款额度、贷款期限、投放时间，防止偿还期过于集中或负债规模过大导致不能按期偿还的风险，同时尽量减少贷款资金使用成本。

2.充分发挥财务预算在风险防范中的重要作用

财务预算是学校全面预算的重要组成部分，是在业务预算和资本预算基础上所做出的现金流量安排，是在财务预测和决策的基础上围绕企业战略目标，对一定时期内学校资金取得和投放、各项收入和支出、学校经营成果及其分配等资金运动所做的安排。财务预算是学校制度的一种管理制度，也是学校预算管理的关键。财务预算一方面和风险机制相对接，另一方面和学校内部组织及运行体制相对接，编制科学合理的财务预算可有效地预防学校在以后的运作过程中可能出现的财务风险。

四、树立新的效益观

1.科学预算管理是提高教育经费使用效益的要求

学校具有培养高素质人才和为经济发展服务的双重作用，客观上要求教育资源在校内合理流动和高效配置，要求建立一种科学、合理的预算管理模式，以合理的支出标准作为预算拨款的依据，使有限的资金发挥最大的效益。通过财务预算管理，强化预算的约束性，进一步增强学校的预算管理责任。财务预算如实反映学校负债情况，让全体教职员工了解学校财务状况，有利于形成勤俭节约办学的共识，有利于预算的执行和控制，有利于避免因信息不对称而导致的各部门"争预算"经费的现象，有利于压缩支出，提高资金使用效益和办学效益。

2.科学的预算管理工作模式将引导学校强化内部管理

科学财务预算管理不仅可以提高学校在市场经济中的生存能力，还可以带动高校科研水平、教学质量等方面的提高。高校预算管理应引入绩效预算的思想，即根据成本——效益比较的原则，以最小的成本获取最大的经济效益，决定支出项目是否必要及其金额的大小。在编制预算时，应从学校的全局出发，既要考虑学校事业发展和建设的需要，又要考虑学校财力的可能；既要保证重点，注重效益，又要向教学、科研倾斜，进行综合平衡，统筹安排学校的各项资金，全面反映学校的财务收支情况和总体规模，确保学校教育事业的可持续性发展。

五、树立新的全面观

1."全员"是指预算过程的全员发动

包括二层含义：一层是指"预算目标"的层层分解，人人肩上有责任，建立全员的"成本"、"效益"意识；另一层含义是学校资源在各单位之间的一个有效协调和科学配置的过程，通过学校各职能管理部门和教学部门对预算过程的参与，将各单位的作业计划和学校资源通过透明的程序进行配比，分清"轻重缓急"，达到资源的有效配置和利用。

2. "全额"是指预算金额的总体性

学校预算不仅包括财务预算，更重要的是包括业务预算和资本预算。现代学校经营管理不仅关注日常教学活动，还关注投资和资本运营活动；不仅考虑资金的供给、成本的控制，还要考虑学生就业需求、教学能力、招生就业人数、教学图书设备、工资津贴等资源间的协调和配置。

3. "全程"是指预算管理流程的全程化

预算管理不能仅停留在预算指标的下达、预算的编制和汇总上，更重要的是要通过预算的执行和监控、预算的分析和调整、预算的考核与评价，真正发挥预算管理的权威性和对管理活动的指导作用。这就要求学校的预算管理和会计信息系统密切配合，预算执行过程中的任何反常现象都应该通过会计信息系统地体现出来，通过预算中的预警制度，及时发现和解决预算执行过程中出现的经营问题或预算目标问题，并通过预算的考核和评价制度，有效地激励学校各项工作按照预期的计划顺利进行。

第二节 预算编制与长期战略规划和目标相结合

设置合理科学的绩效目标不仅是实施预算绩效评价的基本前提，同时也是高校预算绩效管理顺利运行的关键。高校各部门在编制预算之前，应当设定好各部门的预算绩效目标，所以预算绩效目标的设定就是高校预算绩效管理工作的源头。

一、制定预算绩效目标

预算管理是高校财务管理的重心，财务管理的作用之一就是提高高校的资金使用效益。高校的资金使用效益通过高校的功能来体现，具体包括科研水平、人才培养和社会效益等。绩效目标的设置应从以上几个方面进行考虑，在预算编制环节就设置绩效目标，重视绩效目标管理，将绩效目标与预算编制相融合，重视预算编制前的绩效考评，发挥绩效目标的导向作用。同时，高校的绩效总目标应该通过分解，具体化为部门目标，并使各部门目标之间相互协调，有利于实现高校的发展目标。每个高校都有自己的战略发展目标，而绩效目标就是根据战略发展目标制定的，是指高校在预算期内的短期的结果期望。绩效目标的设定都以高校战略目标作为导向，改变以前忽视长远发展目标的现象，促进高校可持续发展。

高校预算绩效目标的制定步骤包括：

（1）每个高校都有自身的特点，高校应当自身优势专业或重点发展领域进行定位，并在考虑经济效益和社会效益的基础上，确定长期目标。

（2）对校综合目标进行分解，与各学院及二级单位协调沟通，保证目标合理科学，协助各部门制定本部门的具体目标。

（3）针对各部门的具体目标确定实现目标的途径和具体方案，并通过方案库的建立选择最优方案来编制预算。

二、建立方案库

高校制定完绩效目标之后，实现目标的方案是多样的，如何找到最优的方案，就要求我们对每个方案的投入和产出进行预测，已找到最优方案。

（1）建立备选方案库，收集多种实现目标的方案。

（2）测定每种方案的成本和绩效。通过对每个方案所需投入资源进行测算来预测成本；通过衡量每个方案的关键绩效指标的实现程度来预测绩效。

（3）确定最优方案。对方案库中各项方案的成本和绩效按照优先顺序进行排序，并综合考虑外部因素，例如风险、不确定性、时间因素等，选择出最具竞争力的方案。

（4）确定具体的项目计划。根据选出的最优方案制定出详细的计划为预算编制提供合理的基础。例如为了提高毕业生的质量，我们可以提出三种方案：①改变之前只重视理论的教学方式，多给学生提供社会实践的机会，与符合各专业特点类型的当地企业发展合作关系。②对现有专业进行详细调查，并根据实际情况进行调整，满足市场中企事业单位对人才的需求。③完善课程设置，将基础理论课程与实践类课程并重，适应就业环境，使学生毕业时成为综合性人才。三个方案的成本和绩效都会有很大差异，我们可以分别对其进行绩效分析：根据历史数据或者其他学校数据进行分析，测算在方案每花费一万元时，就业率提高的百分比，确定最优的方案，并据此编制预算。

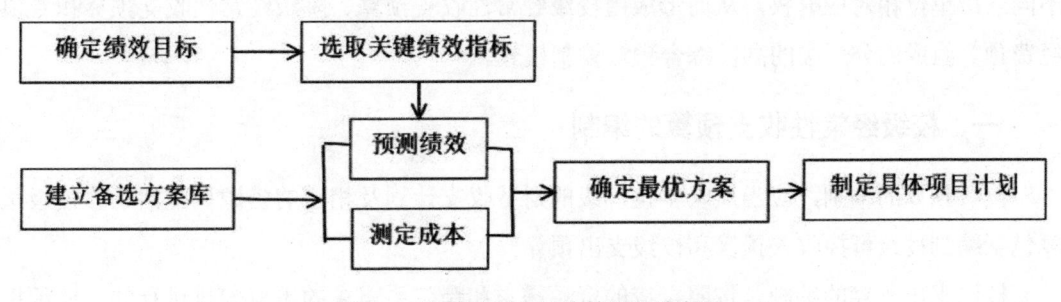

图 5-1 预算编制中的决策评价流程图

三、测定绩效成本

新《高等学校会计制度》于 2014 年开始实行，为高校财务引入了权责发生制会计核算基础，对固定资产开始计提折旧，虽然还不能全面实行，但对高校教育成本的合理测算有积极的意义。高校预算绩效管理的实施，需要科学的绩效成本，即高校根据绩效目标来开展的相应业务活动的资源的耗费的量化。

为了合理的测定绩效成本，要以活动为对象，将相关的所有的资源耗费进行归集，并按照权责发生制基础确认和核算。高校开展例如人才培养、科研等活动而发生的实际成本费用，应当采用权责发生制来进行核算，剔除掉当期开支与相关活动无关的费用，并将以前期间支出但在本期耗费的部分以及本期实际耗费的部分纳入核算范围。只有衡量出真实的成本费用，才能为高校实际的预算绩效评价打好基础。可以按照直接费用和间接费用的分类绩效成本进行归集，根据绩效目标的分类分别对应教学绩效成本、科研绩效成本和社会服务绩效成本三个类别分别归集直接费用。对于水电费、行政管理费等费用通过间接费用账户来归集。对绩效成本测定之后，可以编制绩效成本表，采用细化的表格进行归集，清晰展示每个活动各个过程发生的各项费用，便于后期预算执行过程中加以控制。

第三节 改进高校预算支出编制模式

高校综合预算的编制，应当合理满足各个部门和学院的需求，使高校教学活动有序开展。例如行政部门提供管理职能，各级学院则提供各种教学活动和科研活动，后勤部门提供必要的日常保障类活动等等。这些活动的提供有层次性，而层级的划分标准就是受益的范围。学校一级提供的活动，受益范围为全校的需求，属于学校层级的事权；某一学院提供的活动，受益范围为其学院内部，则属于这个学院的事权。

事权与财权的统一，是高校及其内部各二级部门完成职责的必要条件，高校应当赋予不同层级单位相对应财权，从而形成由校级经常性收支预算、院级经常性收支预算和专项经费预算组成的分层级的高校综合预算编制模式。

一、校级经常性收支预算的编制

校级预算的编制，应当反映学校一级的财务收支计划及相应的资源调配活动。校级预算包括编制校级可控收入预算和校级支出预算。

校级支出预算的编制是按照全校的资源需求和跨院系需求的事权安排进行的，还承担了对二级单位的事权补助。校级支出预算的编制范围是学校一级可控的资金安排，即针对学校可调控的财力进行配置。按照支出对象的不同，可以将支出预算分为人员经费支出、对个人和家庭补助支出和公用经费支出。

人员经费包括基本工资、津贴和补贴、绩效工资、其他工资、离退休人员工资、社会保障费、助学金及公积金等支出。人员经费支出的编制，应从基本信息系统中取得本年学校教职工基本情况，并科学预计下一年度人事及工资的变化，测算人员经费的支出金额。对个人和家庭补助支出的预算编制与人员经费支出的预算编制的准确性要求都很高，采用定额法进行预算编制，就可以通过建立的高校基本信息来进行测算。各预算执行单位应同时分析本部门过去的预算执行数据和当年基本资料，确定编制本年度预算，对于人员经费预算的编制，应当收集基本人员信息，包括不同类别的教职工人数及职称，例如对在职和离退休人员的划分，同时结合基本资料库中的支出定额标准、补贴标准和补助比例进行测定。

公用经费主要包括日常办公费、邮电费、交通费、业务费、设备购置费、维护费、招待费等。校级可控公用支出的预算编制十分重要，公用支出经费的使用影响着高校发展目标的实现。合理分配预算资源，需要采用绩效预算的编制模式，以"效率优先、兼顾公平"作为分配资金的依据。

各二级预算单位向校级预算上报经费申请，汇总后的经费需求可能会超出校级可控经费，这就要求预算管理委员会对各学院上报的经费申请进行调整，通过项目库来进行优选，按照项目的轻重缓急及绩效进行排序，并测算出每个项目支出的具体金额，合理进行安排。

二、院级经常性收支预算的编制

院级预算的编制应由各二级单位的专门人员进行负责，以保证预算编制的专业性。按照事权与财权相统一的原则，院级预算收入为本层级可控的收入，院级预算包括二级单位范围内的教学、科研和对外服务经费，及后勤经费安排等。各学院的科研经费等专项资金的收支，不纳入院级预算。

对于院级公用经费的预算编制，各预算执行单位应当采用符合自身性质的管理方式，按不同的类别编制预算。教学类院系应按学生人数和专业类别制定生均综合定额，确定院系的正常教学业务费；行政职能部门根据单位职能，按照人均定额标准和基于业务的专项定额标准，确定政策办公经费；后勤经费应按照学生人数、房舍面积、保洁面积，结合历史成本数据，采取不同的计量标准进行确定。实行院级预算的编制，能够积极调动各部门的参与度，提高资源配置效率，科学使用教育资源。

三、专项经费预算的编制

专项经费是指学校用于教育事业发展和建设的附有限定性的资金，按照来源的不同可以分为校内专项经费和财政专项经费。专项经费不能纳入校级和院级经常性收支预算统筹编制，应当采用成本效益分析法进行专项经费项目预算的编制。各部门向学校申请专项经费，应当提供计划说明书、项目实施的必要性及可行性分析报告，并列明具体支出明细和测算依据。预算管理办公室负责对提交的项目进行审核，通过的项目应纳入项目库，以备后期按照轻重缓急排序，合理安排高校资源。

综上，学校在总体安排高校综合预算的编制时，应当首先确保人员经费和日常公用经费的使用，之后按照预算管理委员会审议通过的项目排序，安排专项经费的预算编制。

第四节　增强高校财务预算支出风险意识

对于许多高校来说，贷款已经成为其筹集资金的一个重要渠道，也是许多高校在建设过程中会选择的方式。通过贷款能够有效解决高校的资金问题，同时也会给高校财务带来一定的风险。就当下情况来看，虽然已经有很大一部分高校在财务预算方面取得了一定的进展，但是仍然有一部分高校还存在预算规划不合理的现象，主要是由于高校在进行财务预算的过程中将预算规划做的不够合理、预算执行的力度也不够等原因造成的，因此，如何防范高校财务风险已经成为当下各高校关注的热点话题。

一、加强财务管理，转变理财和筹资观念

1.树立科学的理财观，重视财务队伍建设

在新形势下，各高校必须摒弃过去那种办学经费完全依赖政府、财务工作重点就是把好用钱关的观念，必须按照市场经济规律纠正和强化理财观念，坚持科学、效益的理财观，依法理财，重视资金的时间价值和投资的风险价值。随着高校改革与发展的深入，资金的时间价值和投资的风险价值作为现代财务管理的基本观念，应引起我们的高度重视。我们必须讲求资金的时间价值，认真评估各种风险，并设法控制风险的发生，增强学校财力。要培养高素质的财务工作团队。要建立内部沟通交流机制，创造共同学习环境，树立团队学习观念，通过学习培训使个人学习与部门改革需要相适应。通过知识共享，实现知识创新，使会计队伍的综合素质和财会部门的工作绩效得以迅速提升。

2.集中有限的资金，加速资金周转

高校资金的管理包括资金总额的管理、资金调度、事业支出的管理等几个方面。有些高校由于资金分散，实际可用资金不足，为弥补不足，高校只有依靠负债来解决。高校的资金流出一般有两种形式：①直接形成支出，②形成暂付款项。

（1）要合理调度资金，要分清轻重缓急安排资金的使用，根据高校事业收入的季节性，均衡分布事业支出。

（2）暂付款项改变了收付实现制对费用的计量结果，延缓了资金流出在事业支出上的

反映，形成了资金的流出量与事业支出额的差异。这样就会掩盖资金流量的实际需求，容易导致资金短缺。因此，要加强暂付款项的管理，尽可能降低暂付款比重，从而缩短资金流出与事业支出确认的差异。

（3）学生欠缴学费直接影响资金总量，这就要求财务部门一方面要计算欠费额度，科学地估计资金总量；另一方面要与其他管理部门一起做好学生欠费的催缴工作，要建立健全"奖、贷、助、补、减、免"的助学体系，落实助学贷款、奖学金、困难补助、学费减免，组织困难学生开展勤工助学，采取多种办法减少学生欠费金额，从根本上解决困难学生的欠费问题，达到资金的良性循环，保证高校的建设与发展的资金需要。

3. 改变筹资观念，克服依赖思想

在新形势下，各高校还必须改变传统的筹资观念，克服对财政拨款的依赖思想，积极寻找新的筹资渠道。应充分发挥高校优势，通过办学广开财源，树立以开源为主体，开源与节流并举的思想，积极培植财源，增加学校财力。筹资观念的转变，应表现为由注重支出管理向注重收入管理的转变。我们一方面要积极争取上级主管部门的支持；另一方面应积极主动地开拓新的资金来源渠道，形成多渠道筹资办学的新格局。高校应积极与当地政府建立良好的关系，对准政府需要，争取科研课题和经费；同时加速科技成果转让，走产、学、研的发展思路，提升学校影响，创造学校财富。另外，高校还应争取社会捐赠这一传统筹资渠道。

4. 强化对财务部门的考核

在完善高校财务管理组织形式的同时，强化对财务管理部门的考核。高校不仅要注重财务部门对其他部门的财务管理，更要加强对财务部门自身业绩的考核。要根据高校实际情况设计高校内部财务状况考核指标，如：资金到位率、教育资源利用率、教育投资使用率等。学校领导及有关部门通过这些量化指标对资金筹集、资金管理进行跟踪监控，并将考核结果加工成有效的信息，反馈给有关方面，及时提出财务危机预警分析，确保高校健康、稳定地发展。

二、控制信贷规模，防范贷款风险

高校经费不足制约着教育事业的发展，银行贷款为高校带来了发展资金，同时也带来了财务风险。在利用银行信贷资金时必须慎重，银行信贷资金的利息较高，大量使用银行信贷资金，有可能使高校背上沉重债务包袱，直接削弱高校发展潜力。高校一方面要加强银行贷款管理、充分利用银行贷款，提高贷款资金使用效益；另一方面，高校还必须结合学校的实际承受能力，分析测定贷款控制额度，规范贷款规模，加强财务风险指标分析，及时防范潜在的财务风险，确保高校事业的健康、可持续发展。而控制高校举债规模是高校负债办学财务风险控制的关键。下面将借鉴教育部提供的"高等学校银行贷款额度控制与风险评价控制模型",通过对该模型的修正,控制高校贷款的规模,防范由于贷款产生的财务风险。

1.贷款风险防范的前提和基本思路

首先,高等院校不能因偿还贷款本息而影响现有基本办学能力和正常的教学、科研工作;其次,假定高校事业在未来一定期间内呈稳定增长的态势;再次,本模型不考虑非常态的不可预计与不可控制的情况;最后,将高校视为一个整体,不考虑内部各级次的资金分布状况。

高校贷款的前提条件是必须能够保证未来一定期间内每年具有可用于偿还贷款的可偿债资金。

非限定性净收入R=非限定性收入-必要刚性支出。非限定性收入=非专项教育经费拨款+教育事业费收入+上级单位补助收入+其他经费拨款+附属单位上缴款+其他收入;高校的正常运转和发展必须首先能够确保必要的刚性支出=(基本支出-科研支出-已贷款利息支出)+对附属单位补助支出。然后,再根据"高校事业在未来一定期间内呈稳定增长的态势"这一设定,进一步设定非限定性收入与必要刚性支出按同一比例增长,进而非限定性净收入也将按同样的速度递增。

注:由于高校的固定资产和应收账款及暂付款并不能真实反映其偿债能力,所以常用于衡量偿债能力的"资产负债率",对于高校并不适用;年度收入中不包含专项经费;年末现金余额是指现金及现金等价物,包括银行存款、库存现金、短期证券投资、其他货币等。

2.贷款控制额度的测算

在考虑未来经费收支的增长、货币时间价值、事业基金中的一般基金余额等因素后,对可偿债资金进行计算并作适当调整,即可确定贷款的控制额度。在此基础之上,计算实际贷款余额占贷款控制额的比重即为贷款风险度。比重越大,风险程度越大。

三、拓宽筹资渠道,创新融资方式

融资方式即融资的渠道。选择合理的融资方式能够降低筹资的成本。目前,我国高校的融资方式还比较单一,大都银行贷款为主,这与我国目前高等教育发展的需求极不吻合,也在一定程度上,加巨了高校融资的成本和风险,限制了我国高等教育的发展。在合理的承受能力下,高校向银行贷款是适当的,但不能使其成为资金筹措的绝对方法。必须认真分析资金来源渠道、结构和各种筹资方式的成本费用,争取用最低的资金成本和财务风险筹集到可供使用的资金。努力改变贷款为主的单一融资模式,要打破传统的筹资观念,对教育筹资体制进行制度创新,充分利用资本市场吸引社会闲散资金,通过社会投资、融资、教育国债等多种市场手段聚积教育资金,实现多方筹措教育资金的目的。要充分利用校内教育资源和人民群众接受教育的强烈愿望,盘活现有教育资源存量,吸纳社会资金投入,尽快建立教育投资滚动发展的良性循环机制,逐步形成政府投入为主,社会各方面力量参与的多元化教育投资新模式。随着新的金融工具不断出现,新的融资方式也将不断在高校采用。

1.发行教育债券融资

教育债券是高校直接向社会筹措资金时,向投资者发行,承诺按既定利率支付利息并按约定条件偿还本金的债权债务凭证。债券有抵押债券和非抵押债券,抵押债券是以发行人的资产抵押为前提,非抵押债券是以第三方担保为前提。由于教育的投资回收期较长,发行债券的利率较资本市场上的其他类型的债券要低,因此,债券的融资额度也将受一定的限制,在目前,很难成为我国高校的主要融资渠道。

2.信托融资

信托融资是一种低成本、低风险的市场化融资方式。它以资产预期收益为导向,资产信用在融资过程中显著加强,相对于银行信贷有三大好处:①降低总体融资成本,节约了财务费用;②融资期限较长,有利于高校的持续发展;③高校可以在不提高资产负债率的情况下实现融资,优化资产债务结构。信托可分为贷款信托与股权信托。贷款信托是指通过信托方式吸收资金,用来为高校建设项目发放贷款的信托方式。贷款作为一种传统业务,业务流程相对简单,风险控制方法比较成熟,是属于相对保守的融资方式。这类信托产品在收益风险上具有以下几个特点:首先,项目的收益是封顶的。收益来源于贷款利息,执行人民银行相关利率标准;其次,贷款风险通过收费质押方式、资产超额抵押方式、采用第三方担保等外部机制来控制;再次,采取贷款方式本身面临着利率风险。所谓股权信托,是指委托人基于对受托人的信任,将其持有的股权委托给受托人(信托投资公司),或将其合法拥有的资金,委托给受托人形成股权,由受托人按委托人的意愿进行管理或者处分的行为。以贷款方式运用的,风险控制手段主要是通过有一定实力和信誉的机构提供贷款担保。有一些信托计划利用政府财政支持或商业银行担保,一些信托计划所涉及的项目通过保险公司来保险。以股权投资方式运用的,风险控制手段主要是通过到期回购、财政补贴、保险公司保险的方式。

3.租赁融资

在高校经费支出中,设备的购置及自筹基建支出占总经费支出比重较高,如果全部进行贷款不仅会增加学校的负债,而且在高校资产不能抵押的前提下,很难实现全额信用融资。即使能从银行获得资金,进一步融资将增加融资的成本。因此,如果通过租赁的形式获得设备和基础设施的使用,既可满足教学的需求,又可避免高校背负过重的债务负担。租赁的优势在于高校可向出租人或投资人签订租赁合同,只需在合同期内支付租金既可获得使用权,租金可分期支付。当合同期满,高校可根据需要续租、退租或留购。

4.校办产业直接上市

目前,校办产业直接上市的主要方式有两种:①将高校的科技成果转化为上市公司的股份;②把校办产业改组成为上市公司。从我国校办产业类上市公司在二级市场的表现来看,大多刚刚上市就受到投资者的青睐和追捧,市场价格定位较高,业绩远高于市场平均水平,显示了校园板块成为上市公司的广阔前景。

四、要健全和强化财务预算的约束

我国高校年度预算的管理是一个非常薄弱的环节,有许多问题有待解决。一方面预算编制的方法不够科学,预算分配给各下属单位的指标基数缺乏量化分析和科学论证,不合理因素多;另一方面预算的编制和预算支出透明度差,约束力不强。追加预算一般是依据单位的报告,领导的批示等理由来确定的,年度的实际支出数往往高出年初预算数很多。针对这些问题,财务部门必须建立和完善预算管理监督机制,加强财务预算及控制,减少现金流量安排不当、收支不抵的财务风险。

1.从制度上保证预算编制、执行到调整的科学性

预算编制流程模式如图 5-2 所示。

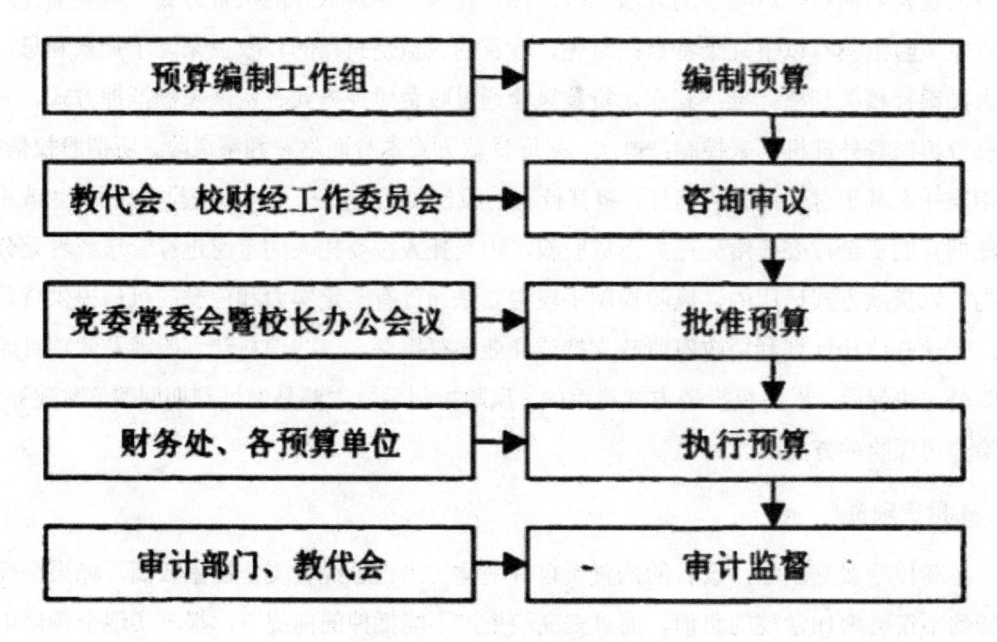

图 5-2 预算编制流程模式

2.改进预算编制办法

改进预算分配办法主要是要细化预算编制，制定详细的预算定额标准，从编制综合预算逐步延伸出经常性预算、采购预算、滚动项目预算。目前通行的预算办法是零基预算法，这种预算分配办法是对各项支出均以零为基础，对每一预算单位或项目的资金需求按成本—效益原则逐项重新进行审核，区分轻重缓急，安排支出顺序，根据工作任务和单位人员编制，确定支出管理目标，在对过去的支出效益与支出的合理性进行分析判断的基础上，对未来的支出需求做出预测，重新确定预算资金分配计划，使预算过程更加简捷和高效。增强预算的严肃性、合理性和有效性，有利于控制各种随意性开支，遏制预算不断膨胀的趋势。

3.把财务公开作为校务公开的重要内容

积极推进各高校应公开预算标准和程序，公布财务预算执行情况和决算结果。财务部门作为学校理财的主体，既是预算工作的制定者和执行者，又是预算管理中的被监督者。在预算制定过程中，要增加透明度和民主性，要进行程序化的监督，使预算更加具有法制性、权威性和严肃性。在预算执行过程中，财务部门在监督各部门收入的同时，要确保支出资金的及时、足额到位。

根据预算计划、财经法规对支出进行有效监督，对于那些超预算或无预算以及违反财经纪律的支出，财务部门有权拒绝执行。财务部门要及时做好信息反馈工作，使学校各部门及时了解预算执行进度，以便根据实际情况采取相应措施，确保预算的顺利执行，从而使财务管理更好地为学校的发展服务。

第五节 提高预算的约束力和权威性

高校是我国培养人才的重要场所，伴随着十几年的持续扩招，我国高等教育也正在从精英教育向大众化教育转变。在此过程中，许多高校向银行贷款并欠下债务，大部分高校出现了财务困境。很多学者认为，我国高校群体性负债是高等教育规模不断扩大与国家财政投入相对不足矛盾下的现实选择。然而，这只是目前高校集体性财务困境的表层诱因。

一、造成高校预算软约束的原因分析

科尔奈在讨论有关预算软约束产生的原因时，认为存在外生性和内生性两种解释。外生性原因包括社会主义国家的父爱主义，国家追求就业目标或领导人为获取政治上的支持等，内生性现象起因于 Dewatripont 和 Maskin 讨论的时间非一致性问题。我们可以从这些分析中得到一些启发，但高校有其自身特点，在分析高校预算软约束的原因时，必须结合高校这一具体研究对象加以剖析。

1.高校提供的产品难以考核、度量是造成高校预算软约束的直接原因

高校提供的服务主要有两类，即高等教育和科学研究，两者都是难以准确考核和评估的。譬如，高科技研究能否成功，事前是不可预测的，只有在先期的投入之后，才能判断其效率高低。这势必造成事前无法准确确定该研究项目的预算，研究者也可以以此为借口追加经费。另外，由于研究目标的模糊性，研究者在不能进一步得到经费的情况下，降低研究质量。教育教学活动也是非常复杂的工作，即使教育服务的结果容易评价，目标也是清晰的，但是学校的教育教学质量，不仅取决于学校和教师，同时也取决于学生的天赋及其努力程度。学校的投入再多，但如果学生不努力、不用功，也无法取得好成绩。由于影响结果的因素很多，很难确定到底哪些因素对教育质量有影响，影响程度有多大。同时，学生、家长和社会都不具备相应的专业判断能力，即便知道了一些相关信息也难以做出正确判断，进而难以对大学的行为进行有效监督，使大学失去了约束。

2.代理问题是造成高校预算软约束的重要原因

当前，我国高校领导人具有两大组织特性：①短期任职，②"官本位"体系。在"委托人－代理人"的理论模式下，短期任职导致高校管理者的行为目标扭曲，他们很可能会出于私利，利用自己的信息优势机会主义地行事，而忽略委托人的利益。又由于高校预算的审批权都保留在政府主管部门手中，而高校管理者通常是由政府委派而不是择优选聘等缘故，大学管理者不可能、也无须独自承担预算软化的终极责任。在预算资金捉襟见肘的情况下，高校只能靠突破预算约束，以各种形式获取预算外资源。高校所涉及的委托代理关系中既存在代理人没有履行好代理责任的问题，又存在委托人不成其为委托人的问题。在这种制度安排下，政府和大学双方都只能对预算的软约束采取忍耐和宽容的态度，政府对大学进行的投资低效率因为预算软化且不能及时得到治理和纠正，就必然持续扩大和蔓延下去。

3.政策性负担是造成高校预算软约束的外在诱因

在现行制度下，高校只能作为政府命令的执行者，无法抗拒管理部门给予的政策性负担。比如，高校只能按照主管部门的政策意图制定招生指标、教学规模等。由于承担过多的政策性负担，高校经营成本增加，在竞争性的市场环境中没有足够的"自生能力"。为了让高校正常发展，政府对高校政策性负担所造成的财政缺口不得不进行补贴。在激励不相容的情况下，不能排除个别高校会将各种债务和支出都归咎于政策性负担。但由于信息不对称，政府无法准确计算高校政策性负担所需的经费额度，也很难区分高校负债是由政策性负担造成的，还是自身管理不当造成的。当政府不能推脱对政策性负担所造成的财政缺口的责任时，就只好给予事后补贴，形成了高校的预算软约束。而且，如果政府从高校承担政策性负担中得到的好处越多,政府愿意支付的补贴额也就越大,从而带来高校事前的道德风险和预算软约束问题。

二、高校预算软约束的治理

虽然要形成与市场经济体制下以营利为目的企业同样硬的预算约束是困难的,学校的软预算约束不能完全根除,但是可以通过治理高等学校的软预算约束,增加预算约束的硬化程度。

1.加快高等教育体制改革

根据奥茨分权定律,在地方政府具有相应的财政能力,并且不影响学校规模效益的情况下,由地方提供高等教育服务比中央政府提供更有效率。因此,在中央不断加大对地方政府在投资管理权限的分权力度的同时,进一步减少中央教育部所属的学校,按照属地化原则下放给地方政府,或改为地方管理,或中央与地方共建,这样既不会影响学校的规模效益,而且能促进各地方政府发展满足本地区需要的高等教育服务,能促进地区之间高等教育的竞争。

2.适当控制高校规模和高校合并

高校服务的外部性使得高校倒闭的社会成本大于机构成本,也使得其倒闭成本大于政府的救助成本。如果假设高校服务的外部性为常数,那么,整体的外部性大小就取决于高校规模的大小,规模越大,所带来的社会损失也就越大,其得到求助的可能性越大,这种现象被称为"规模太大以至于不能倒闭",其实质是高校以巨大的倒闭成本作为与政府讨价还价的筹码。如果说在一定历史时期,高等教育发展的赶超战略发挥了重要作用,那么,这一战略在当前已经显得有些不合时宜。由于合并高校及多校区运转的高额成本,不得不引入大量的银行贷款进行教学科研基础设施建设和校园建设。从贷款发生的时间上看,贷款的发生和迅速发展,与我国院校合并、高校扩招有高度的相关性。所以,高校监管部门在今后的高校规模控制和高校合并等问题上应该持更谨慎的态度,在收获高校合并的规模效应和整合效率的同时,也要看到由此带来的效率损失和产生的成本。

3.严格界定高校财务自主权范围

在高等学校规模不断扩大而投入相对不足的情况下,有一些学者指出银行贷款应该成为高校筹措资金的一个重要补充渠道,他们的理由是我国的《教育法》规定:"国家鼓励运用金融、信贷手段,支持教育事业的发展。"但是,当存在政策性负担时,这种贷款自主权显然为高校突破预算约束开了一道方便之门。所以,公立高校从银行贷款的权力应该受到严格的限制,原则上高校不能拥有自主从银行贷款的决策权。高校的基本建设规划应该由政府来参与制定并监督学校实施。高校向银行借款或者通过其他方式从市场融资,应该由政府来审批，甚至由政府来操作取得资金后拨付给学校，而不是由学校直接融资。另外，高校财务自主权应该受到严格监督，财务运作情况须接受审计。

4.建立健全社会评价中介机构和组织

随着我国政府对高校管理职能由微观逐渐转为宏观，独立的教育评估中介组织的作用越来越受到重视。独立的评估机构是独立于政府机构的第三部门，它通过搜集教育组织的资料，按照一些公众一致认可的评估标准，对教育组织的表现进行评估，并将评估资料及评估结果用最简单直接的方式告知公众。但是，我国对高校办学活动的评价仍然是由政府组织进行的行政性评价，虽然具有一定的"权威性"、"计划性"，但在实施过程中容易走过场，效果和效力大打折扣。所以，我们必须建立一套独立的评估机制，培育一批独立性和客观性强，业务水平、信誉度高的大学评估中介组织，加强对高校办学活动的社会化监督，硬化高校预算。

第六节 加强预算监管以及预算执行

新预算法首次提出对财政预算支出情况开展绩效评价，从法律层面改变了过去"重收入、轻支出"的做法，开始注重财政资金的效果，在预算中强调"绩效"。在预算执行过程中融入绩效的理念，目的是为了监督和控制资金的使用过程，并对资金的使用效率进行考核。在高校预算绩效管理中，过程评价对预算执行的管理起着重要的作用，其实质是在预算执行过程中，通过业绩表现衡量指标作为桥梁，跟踪控制预算支出过程中的项目计划实施进程及资源匹配情况。通过绩效信息可以对预算执行的质量和效率做出合理判断，保证预算严格按照既定的目标运行，及时发现问题改正问题。

一、建立事中绩效报告和跟踪监督机制

为了强化高校预算执行效果，开展事中绩效监督是必不可少的环节。针对金额较大的项目及重要的部门经费，应当重点监控，将其列为绩效监督关键点。预算绩效管理办公室起到十分重要的作用，预算管理办公室、审计委员会及绩效评价委员会承担起不同的任务。预算管理办公室监督预算执行进度，控制各预算责任单位项目的执行情况，确保支出按照绩效目标进行；审计委员会检查实际支出是否符合预算，进行监督；绩效评价委员会负责监督项目阶段性绩效目标的完成情况。

对重点项目，要逐项分析项目的绩效目标完成情况和工作推进情况，撰写绩效跟踪报告，及时发现预算执行中出现的偏差，保证项目按照计划实施。高校基本建设工程监督是高校审计监察工作的重心。为了有效控制并真实反映工程造价，降低建设成本，完善工程管理，防止违纪违规问题发生，以南通大学基本建设跟踪监督为例探讨高校基本建设全过

程跟踪监督运行模式。

1.以"派出机构"为主体，整合资源，强化实效

为整合监察、审计资源，创新监督方式，强化监督职能，增强监督实效，学校监察部门和审计部门抽调人员组成联合派出机构，进驻基建管理现场，实施同步全程跟进监督。为了弥补内部审计力量不足，确保跟踪审计质量，监审办采用"借助外力，以我为主"的跟踪审计运行模式。"借助外力"—南通大学内部审计人员绝大部分是从其它岗位转行而来，与建设工程项目规模相比，工程造价专业审计人员严重缺乏。根据教财[2007]29号《教育部关于加强和规范建设工程项目全过程审计的意见》第三条"各部门、各单位开展建设项目全过程审计，由内部审计机构或内部审计机构委托具有相应资质的工程造价咨询机构实施"之规定，通过招标方式选聘了一家造价咨询事务所作为跟踪审计协作单位。"以我为主"—根据内部审计具体准则第14号第六条"内部审计机构应当对利用外部专家服务结果所形成的审计结论负责"之规定，学校内部审计部门对跟踪审计质量负全责。跟踪审计各项工作的指导思想、工作思路、工作目标、业务流程、人员工作职责、审计实施方案、质量标准和规范、质量控制等等都由学校内部审计主导。

2.以"阳光基建"为主题。严格程序。强化监督

（1）开展内部控制制度评审监审人员按照相互牵制、岗位责任、相互协调、系统网络等内部控制设计原则对建设项目的可行性研究报告、立项审批、初步设计、招标评标、工程支出、质量管理、概算调整、价款结算、决算编审等进行健全性和符合性测试，在健全陛和符合性测试基础上对内部控制作出综合性评价并提出审计建议。

（2）适时介入经济业务活动的关键环节监审人员采用"在场监督"（有形监督）和"不在场监督"（无形监督）相结合的运行方式，对基本建设各项经济活动进行了全程跟进监督，确保各项经济业务活动在规定的程序中运行。审查是否通过招标来选择优秀的设计单位和设计方案；是否采用优化设计的方法和措施；是否组织设计单位、施工单位、使用部门和有关权威专家对图纸进行会审，以便减少设计变更；审查是否通过招标方式确定施工单位，招标方式、招标程序和评标办法是否客观、公正、严密；审查是否按规定的程序进行变更签证、隐蔽工程验收；审查是否按规定的程序进行选材和确定材料供应商；审查是否按合同约定支付工程款；审查是否认真组织验收，验收资料和手续是否完备，有无走过场的现象，验收未通过的整改方案是否得当，存在的问题是否进行了返工或采取了补救措施；审查剩余物资的清理及处置情况是否违反有关规定；审查是否按规定程序办理固定资产交付使用等。

(3)建立廉政准入制监审办明确规定对进入南通大学进行建筑安装监理等业务的单位在签订业务合同的同时必须签订《廉洁协议》。《廉洁协议》要求业务单位在给南通大学提供材料设备或开展相应业务时，必须自觉遵守国家的法律法规及党风廉政建设有关规定，坚持公开、公正、诚信、透明的原则，不得有通过不正当的手段损害学校利益的行为，否则将取消其承接南通大学后续工程的投标资格。《协议》还明确规定了双方在廉政建设方面的权利、义务及违约责任。对违反协议规定，给学校造成经济损失的，学校可根据实际损失额向对方进行等额索赔。

(4)强化教育职能监审办根据建设规模，采取灵活多样的方式，开展经常性的教育。不定期的召开有基建管理人员（校方）、监理人员、施工单位人员、材料设备供应单位人员等参加的基本建设廉洁工作报告会，增强各方人员法纪观念，做到依法行政和廉洁从政。组织相关人员观看"校园警钟"等警示教育片，经常性地开展反面典型案例教育，通过发生在高校基建领域的反面典型案例，增强教育的说服力。

(5)实行审计报告公示制度审计报告客观评价建设翻鏊各阶段的管理情况及其结果，详细分析造价变动的原因，揭示管理中存在的问题，分析问题产生的症结并提出建设性建议。

3.以"控制造价"为核心，节约投资，强化效益

(1)审核工程量清单和招标控制价

工程量清单是编制招标工程标底、投标计价和工程结算时调整工程量的依据，是整个项目造价控制的核心内容。为了提高工程量清单的准确性，跟踪审计实行工程量清单审核制。项目组采用两次三级复核等质量控制措施对管理部门提交的工程量清单进行全面审核。以工程训练中心为例：审核清单特征描述是否全面准确时调整特征描述22处；审核工程量计算是否准确时调整工程量31处；审核分部分项设置是否合理时调整5处等等。经后期工程建设管理环节相关业务的验证，南通大学工程量清单的准确性较高。在审核四期建设项目招标控制价时，核减招标控制价396，16万元。

(2)审查中标单位商务标根据国家相关规定，建设一翻到召评标工作在南通市招标办进行，学校对评标过程、评标质量存在不可控性。项目组开展商务标审查、分析，发现个别中标单位的商务标漏洞较多。如对三大耗材用量的调整：有意把耗材数量少报，把少报部分的价款调整到其他项目中，保持价格文件中工程项目定额直接费及投标报价不变或稍略改变，而不影响竞标力；在价格文件中有意将材料价差大、标准高的项目的工程量调增，将其他项日费用下调，保持总价基本不变，中标后，调补材料价差，调增的那部分工程摄的材料价差变成了纯利润。跟踪审计通过审核分析商务标，一方面防患于未然，将商务标

中发现的问题通过合同进行约定，减少后期工程管理、结算出现扯皮、纠纷等现象；另一方面，对商务标中施工单位以类似运用不平衡报价策略技巧所涉及的子目进行整理，并提交给基建管理部门，以便在设计变更、现场签证管理环节中加强控制，使学校招标阶段应得的效益最大化实现。

（3）审核工程签证工程签证是施工过程中工程变更的记录，是结算审计的依据，由于施工过程的复杂和众多的人为因素造成了现场签证的漏洞很多，如：施工单位在签证上巧立名目，以少报多，遇到问题不及时办理，结算时搞突击，造成双方扯皮等等。为了堵塞漏洞，跟踪审计实行签证审核制。在审查签证程序合规性的基础上重点审核签证内容的真实性、数量的准确性、价格和原因的合理性。此项工作对于后期结算审计过程中工程量的调整和造价的控制起到至关重要的作用。

（4）审核材料价格

南通大学工程建设管理过程中招标时的暂定价材料和设备比较多，特别是安装工程和装饰装修工程部份，如配电箱、开关、灯具、消防报警设备、电缆桥架、洁具、面砖等等。跟踪审计项目组在审查其计划、采购、验收、付款各环节合规性的基础上，重点审核其价格的合理性。项目组建立了南通大学新校区工程材料设备数据库，同时还补充了造价咨询事务所审核同类工程的相关材料设备信息，作为审核材料设备价格合理性的参考标准。采用比较法、市场询价法、成本分析等方法把好材料设备价格关。

（5）审核工程竣工结算

工程竣工结算是控制工程造价的最后一关。南通大学实行"先审计、后结算"制度，以竣工结算审计结果作为施工单位与学校之间的结算依据。项目组制定结算的审核方案，规范送审程序，引导施工单位如实编制结算，针对常见问题列出重点。在跟踪审计过程中，项目组已经采取了合同审签制、变更审签制、材料价格审签制、隐蔽工程验收审签制等措施对关键环节进行了控制，竣工结算无论是技术上、还是程序上都相对成熟和完善。

（6）审计工程项目财务决算

建设项目财务决算审计是对工程建设"工期、质量、造价"三大控制目标的实现情况进行确认，对建设项目的真实性、完整性、合法性进行审查，确保交付使用财产的完整、真实。审计部门抽调财务审计人员组成工程项目财务决算审计组。重点审查竣工决算的编制是否符合规定、资料是否齐全、手续是否完备；建设内容与批复的概算投资是否相符（跟踪过程中进行了概算、预算控制）；审查结余资金、库存物资、债权债务是否真实；审查交付使用财产是否真实、与明细表是否一致、有无重报、瞒报、漏报、虚报。竣工决算审计既可以利用事前、事中及竣工结算审计结果，也可以进行独立审计。

二、赋予管理者相应的自主权

将绩效理念引入预算执行和控制环节，是为了监督和控制资金的使用过程，提高资金的使用效率。通过赋予管理者一定的自主权，加强对产出和结果的控制，便于管理者根据实际情况的变化对预算进行调整，并对此承担相应的责任。这依赖于在预算执行过程中对绩效信息的及时收集和使用。应当建立相应的约束机制，比如通过对执行项目的签字确认来约束预算执行主体的责任，督促其承担相应的预算项目执行情况的责任。在预算执行过程中，学校有权对各预算执行负责人进行监督检查，发现偏差应当及时纠正。

就专项经费来说，其支出范围、预算调整、结余资金管理的方面都有十分详细的规定，管理十分严格，学校没有统筹使用的权利，项目负责人对下达的经费完全掌握使用权，学校没有自主权，这给专项资金的管理带来一定难度。为了提高专项资金的使用效益，应当赋予高校一定的自主权，上级主管部门可以给高校增加对于专项经费的预算调控权，比如下达的项目经费中，30%左右的经费预留给学校统筹进行安排，使学校更为灵活的根据高校实际情况继续专项经费的使用。当项目结束，验收合格，预算绩效良好的，在合理范围内，可以将专项经费的结余资金用来弥补高校经费的不足，带动高校主动参与管理，实现高校经费使用效率的提高。

1.高校财政专项经费概述

高校财政专项经费是指在政府年度预算中安排的基本支出以外指定用于高等教育事业发展，完成既定目标任务而拨付的具有特定用途的资金，主要由中央改善基本办学条件专项、中央高校教育教学改革专项资金、中央高校基本科研业务费、中央高校建设世界一流大学（学科）和特色发展引导专项资金、中央高校捐赠配比专项资金以及中央高校改革绩效拨款等构成。财政专项经费是深入推进高校内涵式发展，加快世界流大学和一流学科建设的重要资金保障，相较于基本拨款，它具有显著的管理特点和使用要求，它来源于财政或上级部门，带有强烈的政策导向性，需单独按项目核算，要求专款专用，强调建设周期和时效性。

2.高校财政专项经费管理中存在的问题

（1）项目论证缺乏科学规划，难以切合高校建设和发展需求

高校内部管理部门受限于自身专业性限制，在项目筹划时，缺乏前期规划论证，对实施条件考察不够充分，经常会出现设备采购到货却无法提供相配套场地的尴尬现象，也给项目下达后采购招标环节埋下隐患，导致采购参数反复推倒重来，废标、重新开标情况比比皆是。中期实施计划内容随意性较大，对执行进度、时间节点等概念模棱两可，难以按照序时进度开展。项目申报缺乏总体规划，未能从学校整体建设角度出发区分轻重缓急，采取"大锅饭"形式，致使各高校普遍存在亟待建设项目资金紧张的问题。另外，不同程

度的项目重复建设，大量的电脑、仪器设备反复购买，大型科研专用设备利用率不高，无形中造成专项经费的浪费，降低了资金使用效果，也使项目执行劲头不足。高校财政专项拨款与基本拨款在核定方式上有较大区别，基本拨款大多按照招生规模、办学成本等指标定额拨款，而专项拨款多由主管部门组织专家，采取评审方式，参考因素分配、公平公正等条件对下拨金额进行核定。这就使高校在评审过程中需要通过激烈竞争才能获得更多经费支持，难免存在虚增预算申报金额的现象，使高校专项经费管理陷入"重争取、轻管理"的困境当中。

（2）规章制度建设不完善，项目过程管理缺失

高校在财政专项经费使用过程中普遍依靠国家政策性文件指导，缺乏适合本校管理特点的规章制度，对申请、立项、审批、实施、验收各环节责任与权力界定模糊，出现各行其是、职责交叉的现象，无形中增加专项经费预算执行阻力，也导致会计核算的标准分散不统一，弱化了专项经费预算执行内容的范围界定，难以保证做到专款专用，最终导致建设效果大打折扣。财政专项经费执行过程中高校疏于管理，缺乏学校层面的协调组织。财政专项承担部门多为高校独立院系或业务部门，在执行过程中需协调资产处、设备处、采购招标中心等多个部门，但由于专项建设并非此类部门的核心业务，在配合过程中积极性不高，重视程度不够。管理手段较为单一落后，财政专项经费主要由财务、科研等业务部门负责推进，受限于各自职能范围，只能采取电话、邮件、约谈等方式对专项执行进度进行督促，难以深入专项经费执行过程中的各个环节，对专项执行情况实现动态化、信息化的反馈，只能陷入"头痛医头，脚痛医脚"的恶性循环当中。

（3）财政专项经费绩效考评体系不完善，缺乏结果的有效运用

财政专项建设内容复杂多样，高校内部教学、行政部门职能又各有不同，对于绩效目标设定无法采取一套通用评价指标，涵盖全部财政专项项目，分类个性化设定又偏重于定性指标，缺乏量化指标作为补充，现阶段高校普遍采取由各专项部门自行提交绩效考评目标的方式，此方式难以避免会出现为了"面子工程"人为降低考评指标的情况，也使考核指标不一致、考核方式不统一，无法对高校内部各项目建设部门绩效目标的完成情况，形成公允可比较的考评结果。现阶段高校普遍缺乏完善的财政专项经费绩效考评体系，仍然停留在完成上级部门考核任务的层面上，缺乏主动开展绩效考核的积极性，造成考核覆盖面较小，考核内容蜻蜓点水难以深入，形成的考评结果无法完整准确体现高校财政专项预算执行完成情况，没有发挥绩效考评对促进专项管理的应有效果。

3.高校财务专项经费管理方法

（1）加强项目前期论证，合理规划统筹安排

高校应当在项目前期论证过程中，主动"走出去、引进来"，对所申报项目与国内外同

类型项目开展实地考察，结合自身优势特色，选择水平高、可持续项目优先发展，集成校内、校外专家对项目所产生的预期社会效益进行分析，对项目建设思路进行充分论证，对各项设备的产品名称、型号、价格等技术参数进行多方询证，避免采购招标等后续流程无法顺利推进，提高预算编制质量，为以后的资金投入提供可靠的依据，做到严格论证、精心安排。高校应进一步理顺和完善现行项目的申报程序，避免"拍脑袋决策，再拍胸脯保证，最后拍屁股走人"的情况出现，可以采取提出目标-按需定制-统筹使用的流程完善申报程序。

由高校规划部门根据中长期发展规划和事业发展目标确定重点投入方向，各业务管理部门根据自身业务特点，在摸清"家底"基础上，提出具体实施计划和绩效目标，反馈至高校决策层面，按照"近细远粗"的原则制定形成3~4年的滚动项目库，把短期计划和中期计划结合，扭转被动执行的局面，使财政专项资金规划更贴近实际需求、更加合理。

（2）完善专项管理办法，加强财政专项全过程管理

各高校应在上级发布的各项财政专项经费管理规章制度基础上，根据自身不同特点和管理需求制定相适应的规章制度，逐步完善财政专项经费在立项审批、报销结算、监督检查和绩效考评等方面的工作流程。加强对项目资金支出的管理，保证资金使用的规范性和高效性，最终形成具有约束力、程序规范、简洁易行的管理制度体系。

强化管理部门职责与协同。高校财政专项管理是一项政策性、系统性强的工作，涉及校内多个部门，学校应成立专项工作领导小组负责统筹领导，明确学校科研、财务、资产、设备和审计等职能部门权责，加强分工与合作。对财政专项经费应实行项目负责制，强化各项目负责人经济责任意识，形成"统一领导、协同合作、责任到人"的管理机制。推动财政专项预算执行情况公开化，采取在高校主页设定信息专栏，动态反映项目执行进展情况，充分发挥全校师生的舆论监督作用，提高专项资金项目执行效率和管理工作的规范化程度，同时推动电子化专项信息共享平台，在多部门之间形成联动，保证信息对等，早发现问题早解决。

（3）建立绩效考评体系，强化监督管理职责

高校应当建立完善的绩效考评体系，扩大项目覆盖面，将考评结果运用到下一年度项目申报、预算安排和部门年度绩效核定中，形成"考价结果有反馈，反馈结果有运用"的绩效奖惩机制。避免沿用由项目主管部门自行申报绩效考评指标的方式，科学化、合理化设定绩效考评指标，按照不同管理部门、不同财政专项、不同建设目标分类形成考评指标，充分遵循系统性、重要性和可操作性原则，弱化对执行进度的盲目追求，坚持以项目完成质量和贡献为导向的绩效考评体系。

高校应当强化财政专项执行各阶段的监督管理，充分发挥监督职能，加强校内监控和相互制约，增加透明度，要根据各类财政专项的建设周期、任务要求和自身特点，有计划

地开展财政专项全过程监督检查，重点关注财政专项资金管理是否做到专款专用、手续合规，对重大修缮建设项目要实行全过程的跟踪审计，加强预警和防范，提高监管能力，确保财政专项资金用到实处，发挥最大效益。

三、提高预算执行能力

1.强化相关责任人预算执行责任意识

由于当下我国高校相关人员对预算执行的重要性认识不足，因为有必要在项目申报的过程中告知项目负责人加快预算执行进度的重要性。同时对于新入职员工的的管理培训上，也要重点强调加快预算执行的重要性。在我国高校中，很多人普遍缺乏预算使用的规范性思想，只是认为申报到相关项目预算就算大功告成了，至于预算经费如何使用，使用进度等都缺乏应有的重视。另外，很多项目的负责人对报账不积极，由于日常事务繁忙等原因，不能及时按照预算执行的进度及时报相关费用，等到年末又担心经费退库，很多项目集中退库的现象时有发生。

2.设置专门的预算管理机构，监督预算执行进度

目前我国高校预算执行效率低下的弊端越来越突出，加强高校预算项目的管理日益迫切。近年来，我国为了规范高校预算执行，出台了一系列的文件，表明了国家层面对高校预算管理的重视程度，而预算执行的效率与相关的预算部门的工作效率息息相关，因此我国各高校应尽快建立专门的预算管理机构，负责对预算的审批、规划，监督预算的有效执行。同时根据相关法律法规的规定，结合相关项目特点制定预算执行计划，在预算的制定阶段就保障预算的科学合理。另外，对于一些大型项目，涉及到多个部门的预算，还应该建立起相应的协调机制，由专门的预算管理机构牵头，协调各部门人员的分工合作，指导项目组人员细化项目编制，从而确保预算进度的顺利进行。

3.简化办事流程，缩短预算下拨期限

由于我国现在的预算审批制度为了加强审批制度的严谨性，往往都要经过先申请后审批再拨款的流程，这就影响了预算执行的效率。因此，提高预算的审批效率，首先就要减少预算的审批滞留时间。例如在校内审批的过程中，简化人力审批的过程，能通过线上系统审批的尽量安排在线上，这样提高了审批流程的规范性，效率自然也会得到提升。其次，针对一些大型设备和需要资金量较大的项目，在不违背风险控制原则的基础上，尽量缩短审批流程，提高办事效率。通过缩短流程，强化高校内部的资金结余管理，对结余资金进行详细分析，没有保留必要的及时收回。在整个流程审批过程中，确保标准化，同时明确各机构间的考核机制，建立健全考核制度，加强预算部门对预算执行进度的有效掌控，通过采取批评、约谈的方式对预算执行不力的部门进行教育，对于预算执行的优秀部门也应该给予适当的奖励。

4.建立信息化管理平台，实施项目动态监控

提高预算执行速度要求各高校应该建立高效的预算管理信息系统。财务核算系统的建立能够有效地推进预算的执行进程，实现会计信息和账务系统的信息化管理，使得项目执行单位可以随时查询项目进度和预算支持。另外，高校内部建立跨部门的信息系统管理平台的需求也日益强烈，通过大平台的构建，实现各个项目从申报到审批再到资金拨付的全过程管理，通过各个环节的不断制约，保证项目的顺利执行和预算的审批，同时可以通过信息系统的实时监控，及时发现影响预算执行效率的环节，找到相关部门负责人进行问责，通过对预算执行进度的跟进，及时了解项目负责相关的经费使用情况，从而保证预算项目的顺利执行。

第六章　高校预算支出绩效管理体系构建

第一节　高校预算支出绩效管理的可行性

绩效预算在西方国家成功的运用给我国预算管理方式的改进提供了思路，绩效预算改变了过去只重视投入的预算管理模式，强调结果导向和绩效，对于解决目前我国高校预算管理中存在的问题有重要的意义。

一、实施绩效预算的优势

绩效预算的特点是对所申请资金所达到的目标进行量化。绩效预算是由绩、预算、效三个要素构成的，绩指绩效目标和相关的指标；预算是实现绩效目标所需的资金预测；效指对业绩的考核，也是绩与预算挂钩的桥梁。

具体来说，绩效预算的优势如下。

1.重视产出效果

绩效预算按照计划来决定预算，测定绩效成本，并按照成本来分析效益，最后对结果的绩效进行考核。采用绩效预算，有利于明确各项支出用途的效益，强调以绩效为导向进行预算资金的分配，更加重视产出效果，改变了传统预算以投入为主的弊端。

2.实现了绩效与预算的匹配

绩效预算不同于我国现行的预算模式，改变基数加增长以历史经验标准来确定本期的预算，将绩效与预算进行匹配，鼓励各个院系节省开支，将经费投入到绩效高的地方，有利于调动各部门完成工作的积极性，同时避免浪费资金的现象的发生。

3.使预算支出更加科学

绩效预算的编制，需要科学的论证程序，各职能部门对预算绩效目标进行考核，可以理顺预算的分配关系，规范预算开支，避免随意开支现象的发生。在预算执行过程中，对项目各阶段的绩效控制可以保证资金规范使用，打破过去资金支出不合理的缺陷，减少人为因素的干扰，是预算支出更加科学。综上，绩效预算按照计划来决定预算，测定绩效成本，并按照成本来分析效益，最后对结果的绩效进行考核。绩效预算对支出标准进行了确定，有利于提高支出效益、防止浪费和控制预算支出。西方各国的公共部门和高校中已经广泛采用绩效预算编制方法，我国也应当借鉴绩效预算的优势来完善当前的高校预算管理体系。

二、高校预算绩效管理体系构建的必要性

预算绩效管理体系是基于绩效预算对高校预算管理体系的优化，将绩效融入预算管理流程，对现行高校预算管理体系进行了完善。当前我国高校预算管理体系存在诸多问题，绩效预算可以有针对性地解决，因此构建高校预算绩效管理体系十分必要。目前，我国学者对于预算绩效评价的研究居多，对于如何实施绩效预算的研究较少，对于如何将绩效融入预算管理流程的研究缺乏。因此，有必要建立起高校预算绩效管理体系，克服只强调评价而忽视如何将绩效与预算挂钩的缺陷。

三、高校预算绩效管理体系构建的基本思路

高校预算绩效管理体系应当考虑高校战略规划及年度工作的要点、内部各单位的年度工作目标，同时还要依照财政部、教育部颁布的《高等学校财务制度》中对高校预算管理的要求进行构建。

基于绩效预算对高校预算管理体系进行优化，即在预算各环节中引入绩效理念，从编制预算开始就合理的根据绩效目标来进行，保证资金配置的合理性；预算执行过程中，进行事中监督并通过信息反馈系统及时对预算绩效评价，保证预算支出的效率；最后对于预算执行结果进行预算绩效评价，并将评价结果运用起来，对以后年度的预算编制起指导作用。

如图 6-1 所示，高校预算绩效管理体系的构建，需要秉持目标管理原则、部门预算原则及绩效控制原则，在预算编制方面做到事权与财权相统一，分别编制校级预算、院级预算和专项经费预算。优化现有的高校预算管理模式，建立健全的预算管理组织结构、预算信息系统、科学的定额标准和滚动项目库，以满足预算绩效管理的需要。最后将绩效融入预算流程中，以结果为导向，对预算编制、预算执行、预算评价和反馈各环节进行优化设计，构建高校预算绩效管理体系。

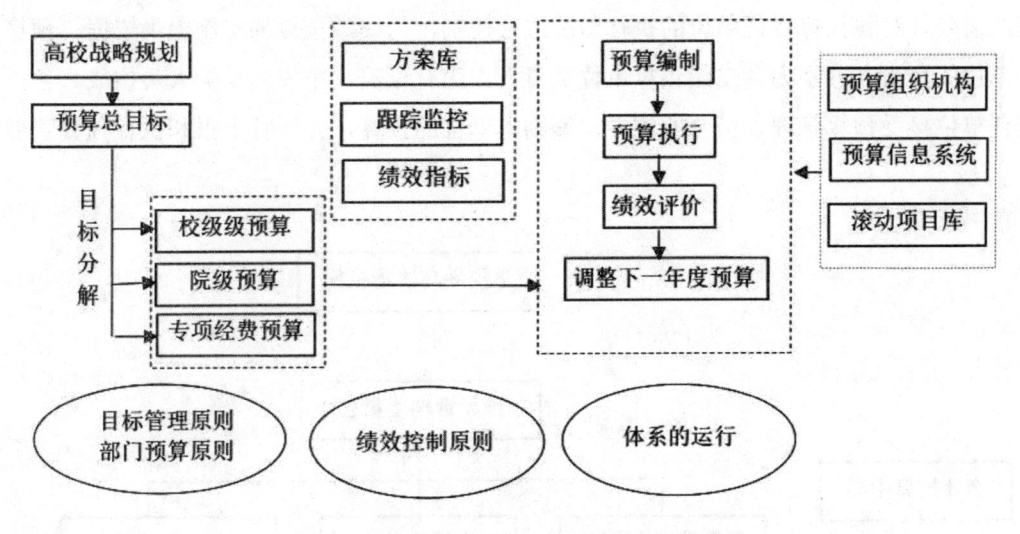

图 6-1 高校预算绩效管理体系的构建模式

五、构建高校预算绩效管理体系的要素

为了实现高校预算绩效管理体系的构建，需要在目前已有的预算管理体系中设置必要要素，包括建立健全的预算管理组织机构、建立预算信息系统及建立科学的定额标准和滚动项目库。

1.建立健全的预算管理组织机构

预算绩效管理的顺利实施，需要在预算管理全流程融入绩效信息，仅仅由财务人员编制是远远不够的，还需要涉及资金使用的相关人员进行参与，保证绩效目标设定的合理性和科学性。高校预算绩效管理工作的进行离不开组织体系的保障，因此高校有必要构建多层级的绩效评价组织体系。

高校预算管理的顺利开展离不开完善的组织机构的支持，设立科学的组织机构体现为将资源在校级和二级部门之间的合理配置。

高校应当成立预算管理委员会，设置在学校最高决策机构下。预算管理委员会的负责人应当由分管财务的校长担任，组成人员应当包括各学院代表、教务处、人事处、财务处、审计处、后勤等部门人员。预算管理委员会负责高校战略目标的制定，并将预算的编制与高校总目标融合，保证高校教育资源的合理配置，起着预算协调、控制及绩效评价的作用。

预算管理委员会由预算管理办公室、审计办公室和预算绩效评价办公室组成。预算管理办公室负责人由财务处处长担任，组成人员为财务处预算管理专门人员。在预算管理办公室设立资金结算中心和会计核算中心，资金结算中心集中管理学校各级单位的资金，统一进行资金收付事项，是保障高校在分权管理模式下统一财务领导的重要保障；会计核算中心的成立，有利于高校在分级管理体制下实现内部财务信息共享，满足高校内部预算管理的需要，对各预算责任单位的执行情况进行控制，为绩效预算的实施提供依据。预算责任单位的负责人分别为各二级预算单位负责人，由有预算决策权的相关人员构成。各预算责任单位接受预算管理委员会的领导，编制本单位的预算，并进行上报和执行预算管理工作。

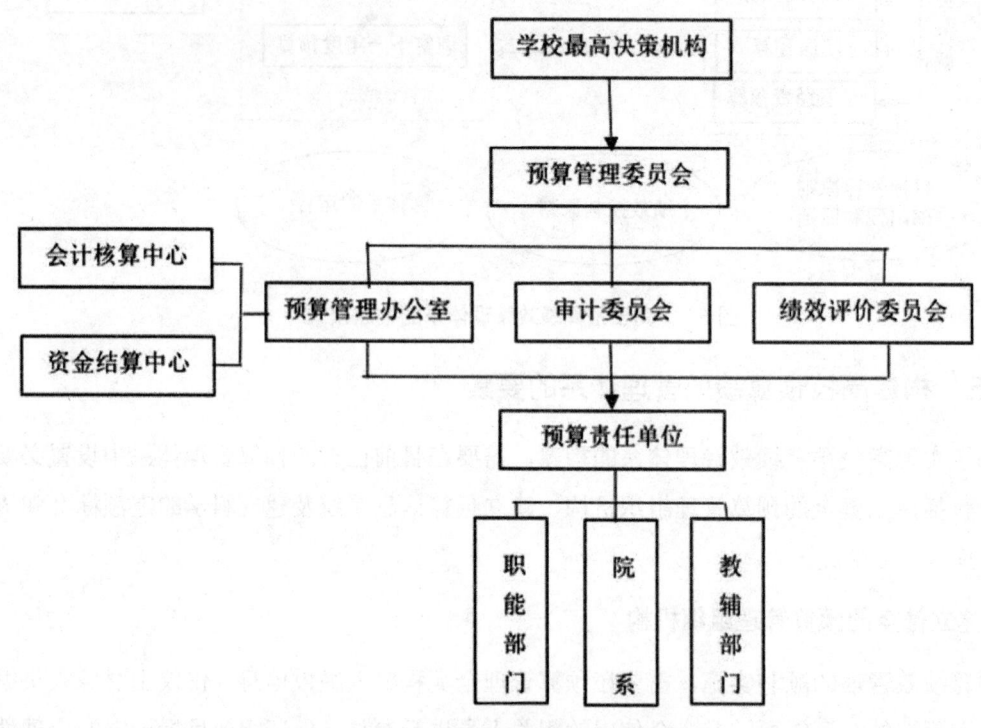

图 6-2　高校预算绩效管理组织结构图

2.建立预算信息系统

（1）构建基本预算信息系统

为了科学、准确的编制预算，实现预算信息及时更新，建立基本预算信息系统平台十分必要。基本预算信息系统应当包括校级和院级的全部资产情况、人员基本资料等所有资源情况。全面的信息平台有利于加强高校资金管理和细化预算编制，为其提供可靠的依据，使绩效预算的编制基于合理的基础之上，真正发挥预算管理的作用。

（2）建立预算信息反馈机制

要重视对产出和结果的控制，改变之前只重视投入的预算管理模式。增强对预算执行结果的控制，要及时关注资金使用效果与绩效目标的关系，若出现偏离目标的情况，应快速做出调整，这就基于建立起能够全面反映预算信息的系统。

经批准的预算方案，不得随意变更，项目经费一经申报，高校不得自行调整，杜绝随意性，这就基于之前项目申报中的充分论证和审核。高校要对预算执行进行严格的控制，对预算支出进行精细化管理，保证项目执行的约束力。各二级单位应当按照计划开展工作，建立起畅通、及时的经费查询系统，实时监控经费支出情况，这样可以避免年末突击花钱，确保年末支出进度按计划进行。

对于高校而言，建立健全的预算信息的反馈机制十分必要，可以通过建立以反馈为职能的预算信息统筹中心，来提供全方位的信息源，并及时收集与传输系统运行中的各种信息，使反馈机制更好的发挥效用。在反馈机制系统中，要保证有明确的职能划分，明确各学院各部门的职责，确保反馈机制有效运行，实现科学高效的运作。更为重要的是，要通过制定详细、明晰、严格的规范来避免机制运行中可能出现的误差或随机性。建立起预算信息反馈信息库，便于根据业务表现评价指标对预算执行进行评价和绩效控制并对对各部门预算执行、业务流程、优化资金管理等方面提出改进建议。

3.建立科学的定额标准和滚动项目库

预算支出管理是高校预算管理的重点内容，从经费来源和管理要求的角度上来说，可以分为两个部分，一部分是经常性支出预算，政策性很强、有严格开支标准的预算项目，主要是公用经费和人员经费，所占比重较大；另一部分是专项支出预算，是为了满足未来工作任务的要求而发生的预算项目。为了科学核算这两种预算内容，需要建立科学的定额彼标准和滚动项目库。

（1）建立科学的定额标准

针对经常性支出预算的编制，由于多涉及日常必要支出，采用定额预算方法，因此制定科学的定额标准体系就十分必要。细化预算的定额标准为测算部门基本支出预算提供了准确的依据，有利于绩效成本的测定。为了增强绩效预算编制的准确性，需要建立科学合理的定额标准体系，可以采用统计的方法或者经验评估法来建立起合理、科学、可操作性强的定额标准体系，使人员经费通过人员管理、公用经费通过定额管理、专项经费通过项目管理，实现量化定额管理目标。同时，继续扩大人员经费定额的范围，对离退休人员的定额经费单独列明，改变之前使用的基数加增长的管理了方式，推行更准确精细化的预算管理方式。当然，也要建立起动态的调整机制，使人员经费定额与不断变化的财政相关规定和社会物价水平相平衡。

（2）建立滚动项目库

针对专项支出预算的编制，应从本单位未来工作计划出发，不考虑上年度的预算数额，根据对本年绩效目标的测定，对各项费用发生的绩效成本和效益绩效考核。新预算法中明确"各级政府应当建立跨年度预算平衡机制"，所以高校应当根据自身的战略规划建立起滚动项目库，以使高校的项目支出预算编制制更为细化、全面。滚动项目库是信息化的数据管理系统，可以实现对预算申请项目的规范化管理，高校可以通过建立项目库，细化项目分类，并对各类项目支出实现动态管理。

高校项目的实施，应当符合高校的发展战略，通过建立项目库，突出高校的人才培养和科研功能，分类对项目进行对比，重点选择优势学科进行发展，实施项目预算绩效管理，来优化资源配置。

高校应当在科学论证和充分调查的基础上建立分类项目库，同时符合高校人才培养、科研、社会服务的基本职能，具体包括以下几项，如图6-3所示：

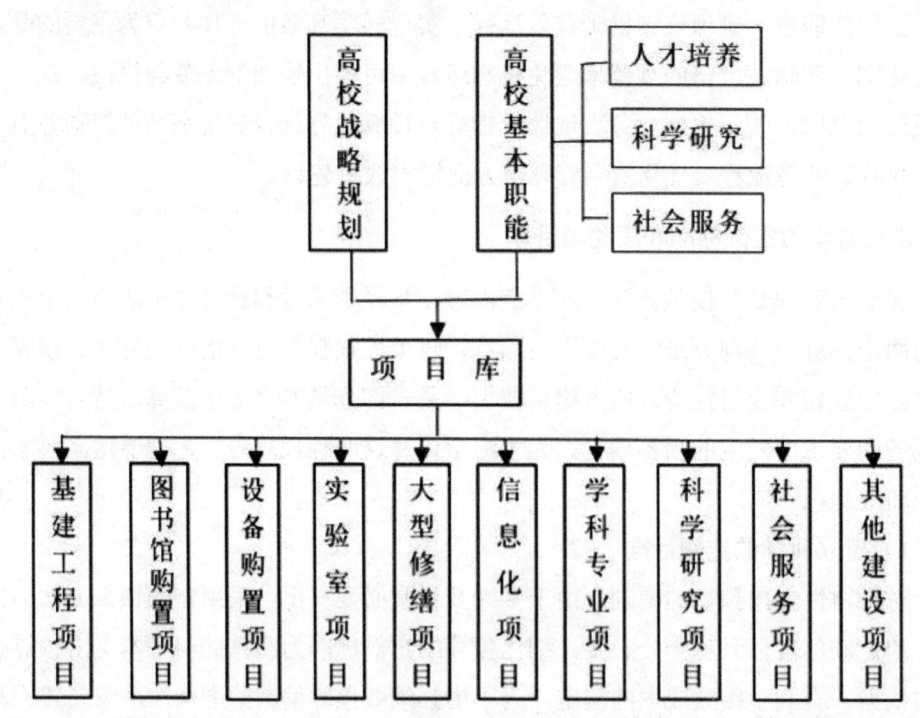

图6-3 高校战略规划与分类项目库具体来说，高校滚动项目的编制应按以下步骤进行：

（1）按照学校各部门职能的不同，将预算项目的责任单位划分为教学类、科研类、实验类、学生管理类、产业类及后勤类等。

（2）结合高校预期财力水平，编制各预算责任单位的中长期发展目标，制定重点建设领域等项目的实施计划及进度安排，进行科学论证，形成规定预算规划编制体系。

（3）对项目做好申报、细化、分类和立项等工作，只有经过科学论证后的项目才可纳入项目库，同时按照轻重缓急结合项目绩效进行排序，定期对项目库进行更新，建立滚动项目库。

（4）编制滚动预算，结合上年度预算评价结果，调整和编制本期预算，全面测算支出需求，从项目库中选出符合标准项目纳入预算，连续编制，形成跨年度预算。

第二节　高校预算支出绩效管理的基本原则

一、高校预算绩效管理体系的构建原则

预算绩效管理体系，将绩效和预算有机融合，同时有利于增强预算约束，是"以结果为导向"的预算管理模式，应当以目标管理和部门预算作为支撑，并对预算执行全过程建立绩效反馈机制的模式。高校预算是根据预算目标制定的一系列的内部管理活动，预算绩效管理体系的构建应根据高校自身特点和学校财务制度的规定，并结合实际需要，科学、合理地进行预算管理工作的开展，具体分为以下三个原则：目标管理原则、部门预算原则、绩效控制原则。

1.目标管理原则

作为非盈利组织，高校也处在社会经济环境中，满足多种利益主体的诉求，这些利益相关者包括政府、社会公众、学校教职工和学生、企业等等。不同的利益相关者所占角度不同，会对高校的提出不同的诉求：

政府和社会公众会将高校的作用定义为"教学"和"科研"两个方面，即通过教育提高国民综合素质和促进国家科学技术的创新。在"教学"方面，社会公众，尤其是学生和家长，期望学生学有所成，所以高校的目标应是提高教学质量，向社会输送高端人才，契合市场的就业需求。在"科研"方面，根据高校自身的特色专业做出学术贡献，特别是契合社会经济发展实际，产出标志性成果，做好科研工作，对国家的经济发展和科技发展提供支持。高校应当将学科建设和师资队伍的建设摆在重要位置，并努力将科研成果转向产业化发展模式。

政府，作为高校资金提供者，需要评价高校的预算绩效。高校属于非盈利组织，其首要目标自然不在财务方面的出色表现，但高校仍需要充足、持续、稳定的财政支持，并通过合理的预算管理方法，以确保高校有序的开展教育工作。经济发展越来越多元化，需要的人才数量和质量也在不断提高，高校迫切需要改善办学条件，更新科研设备，这都离不开教育经费的支持。目前高校的资金来源渠道也在不在拓展，高校通过自筹资金的方式，例如出租教学设备、提供培训、实验室出具检测报告等，来满足日益增长的资金需求。而作为资金提供方，有必要了解高校资金使用的效益，这就需要对高校预算进绩效评价。

教职工和学生同样需要评价高校预算绩效。高校的各种教学科研活动的进行离不开高层次人才的支持，高素质的教职工队伍是高校持续发展必不可少的要素。高校通过组织培训、提供国外进修机会、鼓励学术交流等方式来不断提高教职工的教学质量和科研水平。学生，作为高校培养的人才，从市场的角度来说，高校为学生提供了服务，学生应当对高校的服务质量予以评价。

综上，高校的利益相关者都关注高校绩效和高校资金使用效益，由于关注重点不同，我们应当选择多样的评价角度对高校预算管理成果进行评价。因此，高校应从多个维度评价高校预算绩效，合理设置高校预算目标。

2.部门预算原则

部门预算是高校预算绩效管理顺利开展的基础，有利于二级预算执行单位加强预算控制。高校内部的部门预算指将部门作为预算编制的基础单位，预算落实到各个二级院系。下属各二级院系负责编制本部门的所有经费收支，向财务处上报预算建议方案，审议通过后汇总编制校总预算。传统预算模式下，高校内部预算使用权的分配各自为政，预算约束效果差，采用部门预算，可以真正实现各部门事权与财权的统一，并在统一的高校目标下形成良性合作关系，提高资金的使用效率。另一方面，部门预算原则要求各部门对预算编制进行细化，具体到各项目，不仅对项目的可行性进行详细考核，还能促使资金落实到位。

3.绩效控制原则

高校预算绩效管理体系的运行，必须保证对预算全过程的监控，才能使绩效真正发挥作用，有利于预算执行的准确性和科学性。绩效控制要求通过对比各部门制定的绩效指标，全程对比预算执行情况，及时发现问题并进行完善。同时配合顺畅的预算信息反馈机制实时实现绩效控制，并作为来年预算资金分配的参考，不断优化高校预算管理体系。

二、高校预算绩效管理体系的运行

预算绩效管理的基本流程包括事前的绩效目标管理、事中的预算控制管理、事后对预算结果的绩效评价考核，以及对预算评价结果的运用。以绩效为核心使预算管理形成一个闭环，每一个环节是下一个环节的续接，实现全过程管理。预算绩效管理基本流程如图6-4所示：

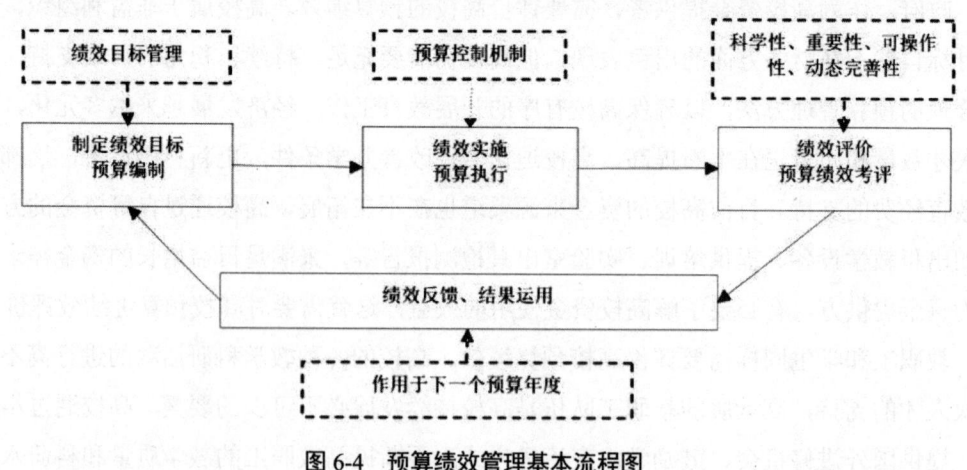

图6-4 预算绩效管理基本流程图

高校预算绩效管理体系的核心在于绩效与预算的融合，所以对其构建时，要以绩效为指向，首先设置预算绩效目标，然后进行各学院部门的绩效预算，最后对各部门的预算执行结果进行绩效评价，并参考评价结果合理编制下一年度的预算。高校预算绩效管理的流程可以简述为：

（1）编制预算前要进行决策，制定绩效目标，即确定好目标及目标实现的方式和需要配置的资源。所以高校预算的编制应当基于一个中长期的发展框架下，合理地将长期目标与短期任务结合起来，更为合理的预测本年度应当完成的目标、以及实现这些目标的方式、及对支出总量的控制和安排等，形成对总资源的预期。

（2）通过对各项目计划可行性和紧迫性进行优先排序，对既定的总资源进行合理的配置，编制高校预算。具体来说，可以通过对高校需要完成的任务进行评估，测算其需要投入的成本及预期的产出效果，并结合总体战略优先权来进行排序，为高校资源配置的合理性提供依据。

（3）高校预算编制之后，要确保在投入后的预算执行过程中按照既定的目标顺利开展高校各项活动。这需要在预算控制环节建立起阶段性成果与预期标准相比较，正确衡量投入与产出之间的关系，形成对预算执行的控制。

（4）预算期末，要对产出效果进行评价，即进行预算绩效评价，并将评价结果运用起来，作为下一年度预算编制和进行决策的依据。高校应当建立起预算绩效评价程序、方法和标准体系，并将结果运用于接下来的决策和执行中。

三、高校全面实施预算绩效管理的实施实例

全面实施预算绩效管理是推进国家治理体系和治理能力现代化的内在要求，是深化财税体制改革、建立现代财政制度的重要内容。目前，许多高校陆续制定了各自的预算绩效管理方案，逐步实施预算绩效管理。实例Y大学完善全过程预算绩效管理链条实践为例，总结其改革成效和突出问题，提出改进措施，进一步探索更适应高校的全面预算绩效管理路径。

1. Y大学全过程预算绩效管理链条探索实践

为加快推进预算绩效管理，解决资源配置过程中"重申报轻管理、重投入轻产出"的问题。Y大学基于预算管理全链条梳理，积极开展全过程预算绩效管理探索，采取多项措施逐步将绩效观念和绩效要求融入预算管理全流程，要求学校预算安排与发展规划相结合，实现"财随政走"；财权与事权相结合，实现"钱随事走"；预算执行遵循内控要求，确保资金使用合法合规，实现"行随规走"；预算执行结果进行绩效评价，奖罚分明，实现"奖随效走"，从而引导学校逐渐调整预算管理重心，整体提升学校财务管理水平。

（1）强化绩效理念，加强制度建设，实现"财随政走"

Y大学不断强化绩效理念，遵循绩效导向，坚持"编制有绩效目标、预算执行有监督、完成有评价、评价结果有反馈、反馈结果有运用"的原则，在预算编制环节明确绩效目标，

充分体现学校年度工作目标任务，并结合实际情况，全面设置部门整体绩效目标和项目绩效目标；对预算的执行过程和完成结果实行全面追踪问效，将绩效目标、论证结果和绩效评价作为预算安排的重要依据，牢固树立"花钱必问效，无效必问责"的理念，明确"财随政走"。

面对资金压力，Y大学必须加强统筹能力，预算管理既要聚焦解决当前最紧迫问题，又要着眼健全长效机制，突出强调中期财务规划的重要性，强化预算作为货币化党政工作要点的重要体现，更好发挥财务预算资源配置、综合平衡和监督管理的功能。同时，Y大学不断完善内部控制建设，对预算管理存在的风险点进行系统梳理，并在此基础上完善财务制度建设，破解管理中的难点、堵点，为绩效管理实施疏通"经脉"。

（2）优化预算结构，规范编制流程，助力"钱随事走"

为贯彻"绩效"理念，强化绩效目标管理，Y大学不断优化预算结构，在保持原支出预算"三大类、七大项"基本结构不变的情况下，明确任务经费，要求申报任务经费时填报项目立项申报书，明确绩效目标、详细描述支出内容及测算依据，并由归口单位评估管理；申报建设经费时明确绩效目标，科学测算，量力而行，填报项目立项申报书；重点项目早准备、早论证、早启动；做好中期财务规划编制。

通过对预算编制流程的梳理，Y大学明确了从预算启动到预算拨付的15个环节，包括预算布置会、"一上"编制、预算编制工作小组、财经领导小组、党委常委会、专项经费预算答辩会、预算委员会、教代会、下达"一下"控制数、"二上"细化预算、牵头单位进一步论证专项项目、"二上"编制、校长办公会、校长签发、财务处拨付预算等。通过规范编制流程，学校严格按照"二上二下"模式编制预算，保证预算安排与学校事业发展相衔接，助力"钱随事走"。

表6-1 预算结构对比表

优化前	优化后
人员经费	人员经费
公用经费	公用经费
日常公用经费	日常运行经费
科学研究经费	任务经费（需填报项目立项申报书）
保障经费	保障经费
附校经费	附校经费
建设经费	建设经费（须填报项目立项申报书）
财政专项经费	财政专项经费
校内专项经费	校内专项经费

（3）硬化预算刚性约束，预算执行"双监控"，督促"行随规走"

硬化预算刚性约束，严格按预算设置控制额度、开支范围、项目印鉴、借款次数等；按照财务审批权限暂行规定的要求，集中办理预算调整业务，严格预算调整流程，杜绝随意调整预算；加强预算管理，切实做到无预算不支出，除"急、特、重"事项外，原则上不追加一般性预算，严格杜绝先支出后补报等"先斩后奏"现象。

预算执行方面，各部门对绩效目标实现程度和预算执行进度实行"双监控"，逐步建立绩效运行监控机制，加强绩效信息适时跟踪监控。重点监控预算支出是否符合预算批复时确定的绩效目标，发现预算支出绩效运行与原定目标发生偏离时，及时采取措施予以纠正；重点开展对任务经费和建设经费的绩效监督和检查，全面实行绩效监控。

（4）多层次预算绩效自评，强化绩效管理激励约束，实现"奖随效走"

建立项目预算绩效自评和单位整体预算绩效自评的多层次绩效自评方式。一方面，按照教育部的要求，以项目为单位做好财政专项项目的年终绩效自评和中期绩效监控，另一方面，在年终决算环节，各预算单位对各项经费进行预算执行情况检查和总结分析，填报绩效自评表；审计处于次年初对学校本级和所属各单位预算执行情况和决算的真实性、合法性、完整性、有效性进行审计，审计结果作为次年各项经费预算安排的重要依据。

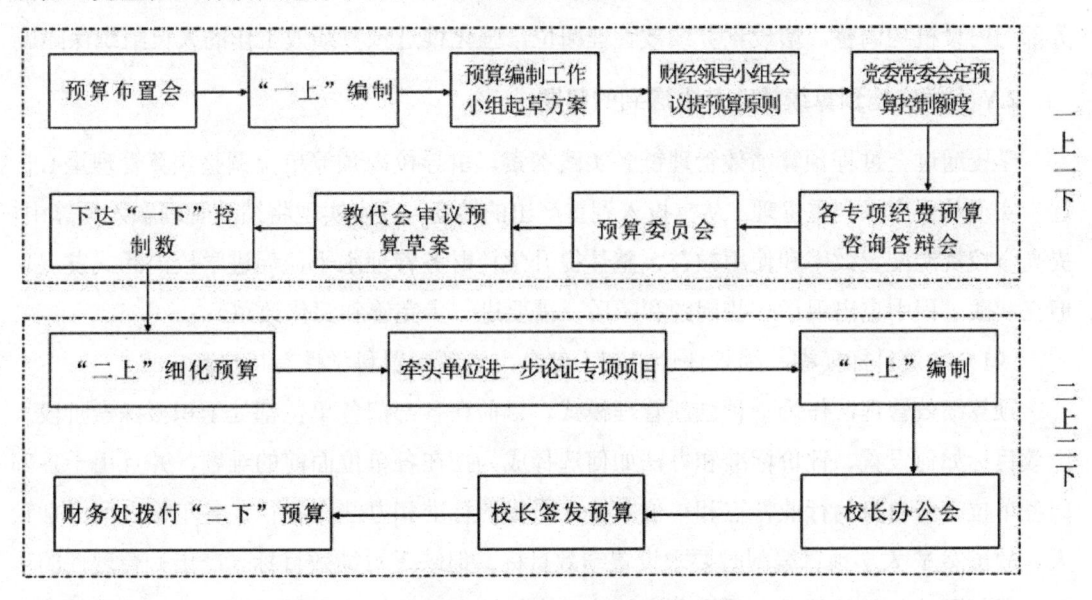

图 6-5 预算编制流程图

学校扩大预算评价范围，调整年终财务指标结构，细化考核指标，将学费欠缴率、特殊事项签批、退单率、借款还款率、预算编制情况等纳入考评范围；调整年终财务指标评分，提高预算管理的分数比重，首次将预算编制的质量和效率纳入评价范围；强化绩效管理激励约束，将预算安排与一系列评价指标挂钩，包括预算单位上一年度的预算执行情况、学费收缴率等。

（5）多重保障措施，推动全面实施预算绩效管理

1）信息化建设支持全面预算绩效管理

加速推进财务信息化建设，在满足新形势下国家和学校对财务预算管理新要求的前提下，完成全面预算管理系统的个性化开发调试工作，逐步实现将现行的线下预算管理模式调整为线上管理模式。全面预算管理平台是在深入分析高校"预算管理"实际情况和普遍要求的基础上，结合学校预算管理模式和思路，建立包括预算申报、预算编制、拨款下达、预算执行、执行分析、预算考核在内的全过程的信息管理系统。以支出预算申报为例，通过全面预算管理平台申报预算时，需经过政府采购、"三公经费"申报、用款计划、绩效指标申报等申报环节；预算申报后，必须经过专家评审环节，才能进入预算批复阶段；预算执行阶段，通过与"财务系统"对接，实现对经费管理实时控制、计划拨款、对执行情况查询分析，实现从预算编制、预算下拨到预算执行与预算结果反馈等全过程预算管理。通过信息化手段进一步规范预算管理流程、畅通数据流转渠道，推动预算编制和绩效管理相互融合，助力学校发展上台阶。

2）强化人员保障，推动设立绩效管理

岗位为保障全面预算绩效管理的顺利推进，满足现行业务及管理的需要，学校启动财务部门内设机构调整，增设预算绩效管理岗位，强化推进预算绩效工作的人员组织保障。

2.Y大学实施预算绩效改革中遇到的问题

学校通过全过程预算绩效管理链条实践探索，引导校内预算单位调整预算管理重心，逐步实现从重申报到重管理、从重投入到重产出的转变，逐步实现将绩效管理融入预算中，提高学校资源配置效率和使用效益，整体提升学校财务管理水平，促进学校内涵式发展。但在实践过程中也出现了一些问题和矛盾，需要进一步完善和深化改革。

（1）绩效目标模糊，绩效评价机制不健全，资源配置科学性有待提高

预算绩效管理，作为一种创新管理模式，目前在各部门各单位都处于积极探索阶段。绩效目标如何设置、评价标准和办法如何选择成为摆在各单位面前的难题，并且由于各部门各单位有着自身的行业特点和单位实情，最优的标准和办法在各行业各单位之间区别较大。故虽然Y大学预算编制时要求设置绩效目标，但缺乏对绩效目标（产出）合理性的认定；虽然要求归口部门对专项经费进行论证，但缺少专业机构组织对绩效目标设置的完整性、合理性、可行性进行评定；虽然设置了年终财务评价指标，但指标不成体系，是否能实现引导预算单位向学校制定的目标任务靠拢有待商榷。绩效目标模糊，评价机制不健全，导致预算编制不能很好的反映绩效要求，资源配置科学性有待提高。

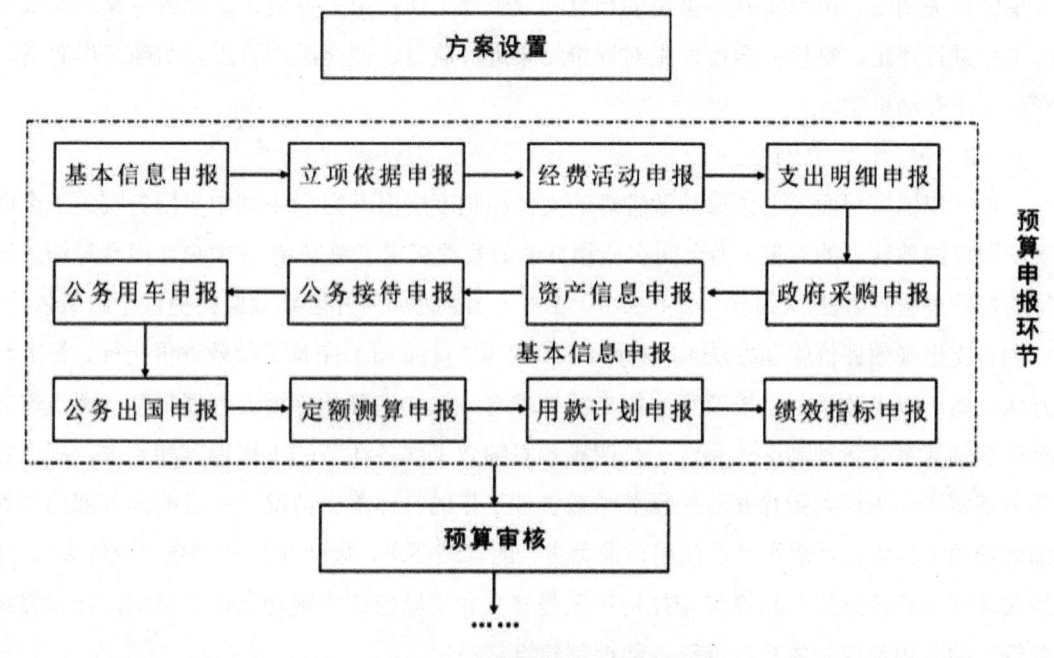

```
                    ┌──────────┐
                    │ 方案设置 │
                    └────┬─────┘
                         │
  ┌──────────────────────┴─────────────────────────────────┐
  │ ┌────────┐   ┌────────┐   ┌────────┐   ┌────────┐      │
  │ │基本信息│──▶│立项依据│──▶│经费活动│──▶│支出明细│      │ 预
  │ │ 申 报 │   │ 申 报 │   │ 申 报 │   │ 申 报 │      │ 算
  │ └────────┘   └────────┘   └────────┘   └───┬────┘      │ 申
  │                                             │           │ 报
  │ ┌────────┐   ┌────────┐   ┌────────┐   ┌───▼────┐      │ 环
  │ │公务用车│◀──│公务接待│◀──│资产信息│◀──│政府采购│      │ 节
  │ │ 申 报 │   │ 申 报 │   │ 申 报 │   │ 申 报 │      │
  │ └───┬────┘   └────────┘   └────────┘   └────────┘      │
  │     │              基本信息申报                         │
  │ ┌───▼────┐   ┌────────┐   ┌────────┐   ┌────────┐      │
  │ │公务出国│──▶│定额测算│──▶│用款计划│──▶│绩效指标│      │
  │ │ 申 报 │   │ 申 报 │   │ 申 报 │   │ 申 报 │      │
  │ └────────┘   └────────┘   └────────┘   └────────┘      │
  └──────────────────────┬─────────────────────────────────┘
                         │
                    ┌────▼─────┐
                    │ 预算审核 │
                    └──────────┘
                        ……
```

图 6-6 支出预算申报步骤图

（2）绩效评价易流于形式，绩效评价结果运用不充分结合

教育部的绩效自评和绩效监控，各单位自评虽然都能按时提交，但绩效评价和监控的质量无法保证，更没有校内牵头单位或第三方评价机构对提交的报告进行评估。由于预算编制时间早于绩效评价，因此预算评价的结果对预算编制及分配的指导性意义甚微，因绩效评价的滞后，使预算管理与绩效评价契合度低，绩效评价不能真正发挥其实效。

（3）绩效理念尚未牢固树立，部门间信息沟通不畅，业财融合有待提升

虽然各预算单位"无预算不支出"的意识越来越强，但绩效管理的理念还未真正深入到业务工作中去。学校要求归口部门对任务经费及建设经费进行论证，削减不合理的项目支出，但部分归口部门为了自身利益和维护与相关单位的关系，往往选择做大预算支出，通过包装项目争取学校更多支持。此外，制定部门与具体实施部门间、财务处与业务部门间、相关业务部门间存在信息流转和沟通不畅的问题，预算是否真实反映业务需要，是否权责对等有待商榷，业财融合有待进一步提升。

3.完善和深化预算绩效改革的体会和思考

（1）建顶层，重协同

建立"学校主导，财务主抓，单位执行，师生参与"的预算绩效管理工作机制。根据《中共中央国务院关于全面实施预算绩效管理的意见》，组建预算绩效管理工作领导小组，由学校主要负责人担任组长，全面负责预算绩效管理工作；财务部门负责制定相关规章制度、工作规划、操作规范，指导、监督、考核预算单位绩效管理工作；预算单位负责制定

本单位相关制度、组织实施本单位的预算绩效管理工作；第三方机构、业务专家对绩效评价工作进行评定、复核；学校师生对评价结果进行监督。健全组织管理，明确工作职责，形成工作联动机制。

（2）树意识，立制度

近几年国家层面关于预算绩效管理的文件和制度层出不穷，《中共中央国务院关于全面实施预算绩效管理的意见》为全面实施预算绩效管理奠定了总基调；《中央部门预算绩效运行监控管理暂行办法》（财预〔２０１９〕１３６号）为如何开展绩效监控提供了政策依据；《项目支出绩效评价管理办法》（财预〔２０２０〕１０号）完善了绩效评价指标、标准和方法。基于以上政策，学校要牢固树立绩效理念，加快完善预算绩效管理制度，逐步建立全过程预算绩效管理制度体系，一是明确预算绩效工作各环节的工作内容和要求，规范各环节基本操作规程，指导并监控预算绩效管理工作的具体落实情况；二是明确各部门预算绩效管理主体责任，落实"谁使用，谁负责"的管理要求，硬化预算和绩效"双约束"，逐步实现绩效评价结果与预算安排挂钩；三是建立和实施内部控制动态评价机制，将预算绩效管理纳入内部控制体系，推动内部控制建设常态化。

（3）设指标，明标准

《项目支出绩效评价管理办法》（财预〔２０２０〕１０号）完善了绩效评价指标、标准和方法，明确"绩效指标包括项目的产出数量、质量、时效、成本，以及经济效益、社会效益、生态效益、可持续影响、服务对象满意度等"；"评价方法主要包括成本效益分析法、比较法、因素分析法、最低成本法、公众评判法、标杆管理法等，可根据情况采用一种或多种方法"；"绩效评价标准通常包括计划标准、行业标准、历史标准等"。依据文件精神，学校应在政策允许范围内，汲取兄弟高校先进经验，整合、分析现有成果，分别按部门、学院、项目等，建立适应业务实际的绩效评价指标体系，提升绩效评价工作质量。此外逐渐建立专家学者库、中介机构库和监督指导库，引入第三方参与绩效管理工作，增强绩效评价的权威性和公信力，提升绩效评价工作质量。

（4）用结果，强问责

建立结果应用机制，强化绩效评价结果应用。

1）建立完善绩效报告机制、反馈整改机制、与预算安排有机结合机制。预算单位要将预算资金使用整体绩效情况报送学校，为学校决策提供依据。学校要将绩效评价结果及时反馈项目执行单位，督促及时整改，提高其预算管理水平。

2）建立绩效评价结果和预算安排有机结合机制，将上一年度绩效评价结果作为安排下一年度预算的基本依据，实现结果应用实质突破。

3）建立绩效问责制度，落实主体责任。把绩效评价结果与行政效能问责相结合，联合审计部门，加强对预算绩效审计。在预算编制和执行过程中，对于故意或过失导致预算绩效管理未达到相关要求，以致资金配置和执行绩效未能达到预算目标的单位及其责任人员进行问责。通过绩效问责，促进各预算单位改进预算管理，优化资源配置，提高资金使用效益，促进财务和业务良性循环。全面实施预算绩效管理是党中央、国务院作出的重大战略部署，是政府治理和预算管理的深刻变革。高校全面实施预算绩效管理应不断总结经验，吸取教训，加强创新，把全面实施预算绩效管理落到实处，推进高校内涵式发展。

第三节　高校预算支出绩效管理的评价机制

一、构建我国高校预算绩效评价指标体系

高校预算按其性质可划分为经常性预算和专项预算。专项预算又称项目预算，是高等学校从特定渠道取得，被指定用于特定项目或特定方面的专项资金收支预算。高校财务管理者必须严格按照资金提供者限定的用途编制预算，为每一个专项设立专户进行核算，并按照"专款专用"原则运用资金。经常性预算与项目预算都属于部门预算的范畴。狭义上的部门预算是指经常性预算。因此，可从部门预算绩效评价和项目预算绩效评价两个层次建立我国高校预算绩效评价指标体系。

1.建立高校部门预算绩效评价指标体系

对部门预算支出绩效的考评，即部门预算绩效评价，是一种综合性的评价，与具体的项目预算支出绩效评价相比更为复杂。部门预算绩效评价指标体系的建立可以运用平衡计分卡的思想，多维度、全方位地衡量部门预算支出的绩效。平衡计分卡的四个维度是财务、顾客、内部流程和学习与成长。

在企业中，平衡计分卡的因果关系链上财务指标位于末端，就是说企业一切经营管理活动的最终目标均指向财务绩效的改善，因此，财务位于平衡计分卡的第一层次，在设计其他三个维度的指标时，必须考虑这些指标是否有助于提高企业的财务绩效。但在高校，预算资金主要来源于政府拨款，资金的提供者并不要求获得资金上的回报，他们关心的是高校能否有效运用这些资金完成组织的使命。对高校而言，教学、科研、人才培养等诸多为社会和人的发展服务的职能是其根本使命。因此，对高校来说，顾客应列在平衡计分卡的第一层次。这是高校和企业运用平衡计分卡法时得一个显著区别。

平衡计分卡四个维度上的具体内容：

（1）财务层面

财务稳健是高校正常发展的重要前提，是建立和完善高效的内部流程，提供良好的学习与成长环境的基础工作。高校需要稳定的、可持续发展的财源，近年来，经济的发展对人才的数量和质量要求越来越高，对高校来讲压力就会加大；高校对于改善办学条件，更

新教学设备、更新科研设施等方面的需求也在逐渐提高；此外，高等教育经费的投入在总教育经费中所占比重逐年下降，加上高校扩建，这些都使得高校感到负担很大。因此，在财务层面上高校需解决的问题是如何利用有限的财务资源保证组织目标的实现，来谋求财务收支的适当平衡并实现增收节支。在高校的平衡计分卡中，财务层面是作为维持学校得以正常运作的基本条件，而并非是主要的目标，对于高校而言，最终的目标还是完成使命，满足高校客户的需求而不是取得财务上的成功，实现教育产业化。但是不可否认的是财务层面在整个平衡计分卡的设计过程中占有重要的位置。

学校的财务来源于不同的方面，总的来说，第一，从内部讲，以往高校的资金多来自于政府的投入，而现在高校应努力自筹资金，降低办学成本，可以通过举办培训班，利用教师科研服务的创收，或者教学设备的出租等，取得合理收入，伴随着高校的扩张，高校负债大幅度增加，应将资产负债率纳入考核范畴；第二，从外部讲，存在一些外界热心人士的捐赠，同时高校也可加强与企业的合作，以此来获得其他收入，因此可以用社会捐赠和其他收入作为衡量外部的指标。针对以上分析，在财务维度方面，我们可以进一步从以下三个方面的指标来衡量。财务综合实力指标：该类指标体现了高校事业发展的经济基础和实力，包括学校经费总收入、总资产增长率、学校自筹经费比例等。财务运行绩效指标：该类指标体现高校运行过程中相关事业的资源投入利用结果，是评价高校当期事业发展状况的。包括总资产利用率、总资产更新改造率等。财务发展潜力指标：该类指标体现影响高校今后发展的相关因素。在此必须提及的是高校偿债能力指标。众所周知，我国高等教育已由精英教育向大众教育转变，随着大众化教育阶段的到来，高校在校生人数迅速增加。随之而来的就是高校已有的教育资源远远跟不上高校发展的需要，高校需要扩建校舍、改善教学条件、引进人才等，以适应教育事业发展的需求，为此高校对发展资金的需求日益强烈，而国家财政投入严重不足，致使高校不断拓展融资渠道，其中向金融机构融资（主要是贷款）成为最重要、快捷的途径。银行贷款确实在一定程度上促进了我国高等教育的发展，但同时也使高校背上了沉重的债务压力，加大了高校财务的风险，影响了高校事业的发展。

因此，为了高校事业的顺利发展，在评价高校财务绩效时必须考虑偿债能力。高校财务部门应在现代财务管理理论的指导下，通过具体的量化指标，对高校财务运行情况进行动态分析，及时发现财务运作中的隐性问题，对潜在的财务风险进行预警和提示。专家指出，建立财务风险预警系统要对一些关键性的财务指标设置预警界限，一旦其中的指标达到或超过警戒线，一旦风险达到预警级别，系统会自动提示，并提出相关的应急预案。通常用流动比率、速动比率和现金比率三项指标衡量高校短期偿债能力，以资产负债率、净资产负债率、净资产比率和利息保障倍数四项指标评判高校长期偿债能力。

（2）顾客维度

这个层面首要回答的问题是谁是高校的顾客,我们如何才能为顾客提供最有价值的服务?我国高校的最高目标是实现综合效益的最大化,综合效益包括社会效益和经济效益,而顾客层面体现的则是社会效益。高校是一个拥有多重顾客的组织,顾客主要是学生、家长、用人单位、政府等。高校学生不仅是高等教育培育的对象,也是高校教育服务的最终消费者,其综合素质的高低和适应社会能力的强弱在一定程度上可以反映其对高等教育的满意度。因此,学生可以看成是高校的直接顾客,学生质量水平的高校反映了高校综合水平的高低,应该成为高校预算绩效评价指标体系的内容。同时,高校培养的人才又具有公共产品的性质,他们能对社会进行有效的参与,满足社会的需要,提高社会效益。社会公众的满意度成为衡量高校综合水平的另一标准,也由此成为绩效评价指标体系的内容。除此之外,媒体对高校的评价、学校的报考率、学校的声望等都可作为相关指标。

（3）内部流程维度

这个层面同样适用于高校,它要回答的是为达到目标,我们应该擅长哪些流程以及应该改进哪些流程?高校内部努力经营的目标是我们的教育管理与服务应该是高效的、高质量的和责任明确的。通过提高服务质量,进而提高所输送人才的质量,以满足社会的需要。为实现这个目标,高校应执行明晰的政策,简单的程序和高效的工作流程；高校还应对未来进行预期,设计并改造高校的计划和服务,以确保将来获得成功；责任是我们做任何事的基础,无论是集体还是个人,都应充分利用我们的技能和资源,以便更好地完成高校的根本任务。这方面的指标,如高校教学水平、科研水平、办学条件等。通过这些指标的设计,高校可以更好地为顾客提供高质量的教育管理与服务,为客户创造更大的价值。

（4）学习与成长

这个层面要回答的是要实现高校的目标,高校应该如何学习和进步?只有通过学习,提高高校教职工的能力,才能实现上述内部流程的优化。在这个层面上高校的目标是要营造一种不断取得成功的氛围,建立一个专业的、诚信进取的、有合作精神的团体,同时还要具备科学的信息化网络,为更好地改进内部流程服务。

对于一个组织而言,学习与成长是起点,也是战略的基础建设,对高校而言就更为重要,根据关键因素,我们设计了下列指标:①提高教职工的素质:教师提升职称层次人数的比例；参加学术活动的次数；②学术交流:包括举办全国性会议次数,举办国际会议次数,教师参加学术会议次数；③教师进修:包括国外进修人次及时间、国内进修次数及时间；另外,教师满意度以及员工满意度、教学管理水平、信息化管理水平等都是学习与成长层面的关键因素。需要指出的是,高校平衡计分卡的四个维度不是独立的,它们之间是相互作用的因果关系。如为实现培养高素质人才这一高校绩效目标,就应该在顾客层面使学生具有系统的专业知识、良好的实践机会、多方面综合发展的素质；为满足学生对专业知识的渴求,在内部流程中,教师需要不断地提升自己的教学水平和科研水平；在学习与成长层面中，教师只有经常地参加培训，不断汲取新知识、新理论才能提高自己的教学与科研水平；而学生获得良好的专业知识、高校具有较高的教学与科研水平、教师能够有机会参加培训都取决于一个基本条件，即高校的正常运转，进一步说，就是高校财务状况的正常运转。因此，财务层面的指标是其他三个层面指标的基础。同样，高校声誉的提高、良好的学术氛围，又能为高校带来更多的政府拨款、更多的社会捐赠与企业投资。

由此可见，财务指标与其他三个层面的指标是相辅相成、相互促进的关系。以上四个层面的指标构成了我国预算绩效评价的指标体系（见表6-2）。

表 6-2　我国高校预算绩效评价指标体系

纬度	评价指标类型	序号	关键绩效指标
财务纬度	财务综合实力	1	学校经费总收入
		2	总资产增长率
		3	学校自筹经费比率
	财务运行绩效	4	总资产使用
		5	总资产更新改造率
	财务发展潜力	6	资产负债率
		7	利息保障倍数
		8	自筹经费增长率
顾客纬度	财务发展潜力	9	毕业生一次就业率
		10	研究生考取率
		11	学位证书获得率
		12	英语四六级通过率
		13	参加各类比赛获奖情况
	声誉绩效	14	校友捐赠率
		15	捐赠收入年增长率
内部流程纬度	教学绩效	16	生师比
		17	专任教师比
		18	生均事业费
		19	生均教学科研仪器设备值
		20	生均教职工经费额
	科研绩效	21	教师人均科研经费
		22	科研活动收入年增长率
		23	科研成果转化率

		24	发表论文著作数
学习与成长	教职工学习与成长指标	25	教师人均培训费
		26	管理人员人均培训费
		27	教职工离职率
		28	教职工工作满意度

2.建立高校项目预算绩效评价体系

项目资金，也就是专项资金，是指为完成特定工作或实现某一事业发展目标由各级政府拨款或由高校自身安排的具有专门用途的资金。近年来，我国高校迎来了前所未有的快速发展时期，整体规模逐步扩大，项目资金的投入大幅度增加，对高校的事业发展起到了重要的作用。同时，我们应该看到，高校对项目资金的管理仍相对薄弱，存在着管理不严、管理办法不够规范以及难以确保专款专用等问题，存在着"重投入，轻管理"、"重支出，轻考核"的现象，资金紧张与损失浪费现象并存，并未从源头上控制没有绩效和低绩效的项目。

针对高校在项目资金管理上存在的一些问题，规范专项资金的管理体制，建立高校项目预算绩效评价体系，加强监督，"追踪问效"，提高项目资金的经济效益和社会效益很有必要。

高校项目预算绩效评价指标体系应根据"专项资金必须专款专用"的原则及支出的经济性、效率性、效果性进行构建。在实际工作中，高校项目资金进行绩效考评，应按专项资金的支出性质分别构建考评指标体系，对不同的项目，设计一定的评价指标，并根据高校提供的项目申报书（含项目可行性研究报告，项目支出预算表）、项目实施方案、项目完工报告以及学校年度预决算等，对其经济性、效率性和有效性进行客观、公正的综合评价。

通过建立科学的高校项目预算绩效评价体系，可以对项目资金支出进行合理、客观的评价，为高校合理安排项目资金的使用提供依据。同时高校对内部使用项目资金的各个单位进行绩效评定，形成自我评价与外部评价相结合，自我监督和外部监督相结合的有效机制，从而做到有章可循、有据可依，确保专款专用，达到既定的支出目标，体现资金使用效益。

下面对高校项目预算绩效评价指标体系进行初步设计。

（1）业务指标

1)"规划和立项情况"反映项目实施背景和项目实施的可能性。其中"项目与战略规划的适应性"考核本项目与教育事业发展和本校事业发展规划、职能是否相符，对规划是否重要；"立项目标的合理性、可行性"考核项目绩效目标是否科学、合理，有无实现的可能；"项目实施计划"考核项目的实施计划是否明确、可操作性如何。一般为定性指标。

2)"立项目标完成程度"反映项目的阶段目标或总体目标的完成情况。从项目建设的数量及其完成情况、实施前后水平提高程度、达到水平、档次等方面考核。主要是定量指标。

3)"项目组织管理水平"反映项目单位在实施项目过程中组织、协调、管理能力和条件保障状况等。主要从组织机构的设置、管理制度的建设、制度执行情况、项目负责人的学术水平和组织管理能力、人员职称结构、学历结构、年龄结构的改善情况等方面考核。定性与定量指标相结合。

4)"经济效益和社会效益实现情况"反映项目实施的效果,重点在于"效"字。包括项目对学校、区域及国家经济和社会发展所带来的直接或间接经济效益和社会效益。可从新增教学科研经费、学科发展、教学科研成果、队伍建设、人才培养、仪器设备的配置和利用率、项目建设特色、改革成效及创新点等内部效益来考核,也要从对区域经济的发展、对国家的贡献度、社会影响力等外部效益来考核。定量考核为主,定性考核为辅。

(2)财务指标

1)"资金落实情况"考核资金到位率、及时性、配套资金情况等。主要用定量指标来衡量。

2)"资金使用情况"主要考评预算执行的支出、结余情况,实际支出与预算的一致性,实际支出结构与财务管理制度、项目资金管理办法规定的相符性,项目实际支出构成的合理性等。定性与定量考核结合。

3)"财务管理状况"反映财务管理的效率和项目实施对财务的影响。主要考评项目单位财务(资产)制度健全性、财务(资产)管理有效性、项目资金使用带来的增收、节支情况。定性与定量考核结合。

4)"会计信息质量"反映会计核算水平。主要考评与项目相关的财务会计信息资料的合规性、准确性、完整性。主要是定性指标。每个考评指标都有不同的作用和重要性,要合理分配它们的权重,发挥其应有的作用。在权重分配问题上,体现着考评者和组织者的意图和价值观念,可采取综合意见法、层次分析等方法来确定。

总之,高校预算绩效评价是一个由易到难、循序渐进的过程,尤其在部门预算绩效评价上还存在很多困难。因此,在具体实施上,可先选择容易制定评价指标的项目预算为突破口,在积累一定经验后,再推广到其他项目预算的绩效评价,最后再全面推行部门预算绩效评价。

二、重视绩效评价结果的运用

高校预算绩效评价是对高校预算的综合性评价,但评价本身不是目的,不是为评价而评价,而是为了提高等教育经费的管理水平、公共服务水平和资金使用效益。因此,必须注重绩效评价结果的应用。

（1）高校预算绩效评价的结果，要成为政府部门安排高等教育财政支出预算的重要参考依据，财政部门安排年度预算时，要把绩效评价的结果与预算挂钩，建立奖罚结合的预算管理机制；

（2）高校预算绩效评价的结果，要成为改进和加强管理的重要参考依据，财政部门、教育主管部门和各教学单位，都要根据预算绩效评价的结果，总结经验，分析问题，完善制度，制定措施，以提升管理工作的水平；

（3）绩效评价的结果要成为对教育部门和教育单位财务管理活动评价的重要依据，要充实对教育部门和教育单位财务管理活动评价的内容，既要包括合规性的评价，也要包括绩效性的评价。

同时，要积极探索高校预算绩效评价结果运用的有效途径，使绩效评价真正发挥应有的作用。绩效评价结果的运用，是开展绩效评价工作的必要性所在，也是保障这项工作持续深入发展的重要手段与动力。但目前我国尚不具备将绩效评价结果和财政拨款联系起来的条件，而只能将绩效考评结果作为年度编制和安排预算的重要参考依据。

第七章　发达国家及地区高校财务预算支出的经验借鉴与启示

第一节　美国高校财务管理方面的经验及借鉴

美国高等教育的办学模式和管理体制千差万别，但总的来看，公立大学的财务管理尤其是预算管理比较完善。其主要经验有以下几方面：

一、法律体系比较完备

在美国，从预算与会计法案，到预算法律制度，再到小项的具体预算决议乃至每一个预算项目的变动，都以法律的形式予以确认。美国的部门预算大到确定预算编制与执行的法律法规，小到每一项目细节的变动，都是对所遇到的问题首先上升到法律的形式加以确认，然后就成为预算法律的一部分。美国现已经形成了一套完备的预算法律。预算编制和执行的演变体现着预算法律的演变历程，在现实社会经济中遇到的问题上升到法律的高度加以解决，然后解决问题的预算决议经过国会批准和总统签署以后就成为今后的法律，这样形成的法律，对今后的预算编制与执行有着很强的约束力。

美国这种预算法律的完备性，可以从以下几个方面加以理解。

1. 预算法律法规确定了预算编制与执行的各个程序和各个环节以及各项内容

从预算程序上看，法律上明确的规定了从总统提出的预算要求的编制程序、时间确立，到总统提出的预算要求向国会的提交，到国会收到总统预算决议，各个程序和各个环节。从预算编制的内容上看，预算法律对预算功能项目的分类、每一类别中的不同特点与不同的规定，以及编制过程中对于项目的细分、预算编制的要求等，也有明确的法律规定。美国部门预算的编制，从总体方案的确立到每一项目的细微处的变动，都可以找到其法律的依据，即使新遇到的问题，也会在解决的过程中形成法律，从而做到有法可依。这种完备的法律，为预算监管的有关各部门提供了监管依据，从而保证预算编制过程中的效率，以及执行中的严肃性。

2. 预算法律是一切行政活动的绝对依据

政府的一切行政活动，都要严格依据预算法律所确定的范围和内容进行活动，既不能在预算法律规定的权限以下活动，也不会超越法律权限活动。不在法律权限以下活动，也就是说,在法律所确定的要求没有达到时,除特殊的部门外,其他所有相关的部门都要停止行政活动,直到预算决议得以通过,从而相应的行政经费得以保证后再继续执行该项政务。当然,超越法律权限的行政活动就更加不可能。由于预算法律法规对预算的方案的细节都有明确规定,例如在人员经费预算项目中,对于多少永久雇员、临时雇员、全职雇员、兼职雇员等等一些细分项目都列入预算,对于预算细目中项目间的调节,都需要法律依据,执行者几乎都无权自行决定,至于更大项目间资金的调剂使用更是有法可依。在这样的情况下,禁止了超越部门预算法律权限的活动及超越权限的融资、收费。

二、经济预测

美国的预算编制法律为了保证预算法律的权威性和预算编制的准确性、效果的持续性,要求预算报告不仅要包括已经完成的预算年度的数据,还要包括正在执行的预算年度的数据,以及今后预算的预测数据。这里重点介绍一下美国、英国部门预算中的经济预测情况,在其预算报告或是预算报告的附件中都有详细的描述,概括而言,体现着如下特点。

1.成立专门的综合的经济预测委员会

每年定期发布关于经济展望的预测报告。美国经济预测委员会的组成,既包括经济学家,也包括政府官员和预算编制工作人员,实际情况是包括经济顾问委员会、预算管理办公室和国库部的人员,由他们联合准备经济展望报告。

2.决策者必须考虑影响预算估计的经济和技术假设

利率、经济增长率、通货膨胀率、失业率以及各个受益项目的合格受益人数,其他影响政府收支的事件。这些假定中的微小变化可能会影响到预算估计数以百万美元。对收入和支出变动的法定限制也影响着预算决策。预算设计程序涉及到同时考虑私人项目的收入需求、联邦政府功能部门和机构间收入的分配以及与当前和未来经济条件、法定约束相一致的总体收支水平。

三、预算编制细化

预算越是细化,编制的难度就会越大,需要经济分析预测更为准确,对不确定因素预计得更加准确。一旦预算细化以后,那么对于预算执行及监管就大大方便了。这里要把握部门预算细化的特点,主要集中在编制程序和编制内容上。在前面已经分析了国外部门预算法律的细化特点,这与要分析的预算编制的细化是对应的,而且这正是预算编制细化的依据。因此,下面的分析也会在特定的地方予以综合分析的。

1.预算编制程序细化

一方面对整个预算编制时间安排的细化,包括总统预算要求的编制时间进度安排,总统与预算报告提交国会后，国会讨论、修订的具体时间安排等。大到整个预算编制的过程，小到每一次项目修改的讨论时间规定，都有明确规定，可以说是非常细化。为保证预算编制程序细化能够得到落实，美国对每一个问题的解决机制都有明确规定。也就是说，无论哪一个项目，无论项目进展中遇到什么问题，都有相应的解决机制。

2.预算编制内容细化

美国部门预算编制的内容分类非常细化，而且是明确的，以便于接受监督。例如职工工资及福利部分，分为全职永久职员、其他非全职永久职员、职员的其他补偿、军人职员、特殊职员劳务支付、军人职员福利、原有职员福利，每一类职员分类非常细致。因此每一类的预算资金是明确的，哪一类资金超出了预算，都需要做出详细、可信的说明材料以取得国会的通过，程序上的严格，使得预算极具约束力。

再如，办公及维护费用，通讯使用和各项费用支付，打印复印，顾问及助理劳务费用，其他服务，政府账户的其他商品和劳务的购买，设施运转与维修，研究与发展合同，医疗，设备运转与维修，个人生活及帮助，供给与物资，合约供给与劳务等等，编制的内容都非常细化。

3.管理方法与项目的适应性

仍然以美国为例，对预算项目管理方法进行考察。美国的预算由预算内和预算外两部分组成，深入了解一下美国预算的编制方法，就可以清楚这种分类的合理性，这也正是体现了其预算编制管理方法与项目特点的适应性。

预算内项目，可以看作是限定预算资金数量的项目，也可以说是确定数量额度的项目。对于这种项目涵盖中的机构或部门，它的预算责任和预算支出是确定的，也就是说它的预算责任是可以预测的，相对稳定的。因此在一个财政年度内，除非有意外事情发生，通过修订法律或预算决议而达到对其预算额度进行修改外，否则其预算额度是确定的。这种情况下，对于从总量上控制预算资金的使用，控制财政支出是非常有益的。

但是，对于一些项目，采用预算内项目的管理方法难度就非常大。比如社会保障项目，在这种项目下，一个财政年度内究竟会有多少人失业、多少人生病，这取决于诸多因素，有经济的影响、也有社会自然环境的影响，还有人口迁移等等其他因素的影响，因此要在一个财政年度内相对准确地确定该项目人数是不太可能的。在这种情况下仍然要求预算的编制确定数量标准，要么就是预算编制的难度非常大，以至于预算的编制不太可行；要么就是预算编制的准确性差，执行中变动大，达不到真正预算的目的和意义。对于类似这些项目，美国部门预算编制的过程中，就采取了相对灵活的方法。对于社会保障项目，采用限制标准的方法，对项目的标准进行确定。也就是说，只规定一个合格的标准，不论是哪一个人，只要符合标准要求，就可以享受项目规定的受益。这样虽然对于项目的总额资金不能准确预测，但可以在有限的条件下达到加强预算资金管理的要求。这也正是将这类项目列为预算外管理的重要原因。

正是由于对预算编制方法上的不同要求，也对预算法律法规提出了更高的要求，也就是预算法律法规要针对不同预算编制项目的特点，进行不同的要求和规定，以保证预算编制的可行性和有效性。

4.施政纲领是预算编制的大纲

在美国，总统预算委员会进行年度预算编制开始以前，总是先有总统颁布的年度施政纲领，用以明确年度支出重点以及相关信息，成为部门预算编制的重要依据。

总体上讲，可以说无论是预算法律的完备性还是经济预测的长期性准确性，重要的宗旨就是给出重要的评价、评估参考依据，便于被监督。法律上，明确了各个部门、各个职员的责任、权利与义务；编制的数据上，既要包括实际年度，也要包括执行年度，也包括预测年度；内容上，项目内容细化，范围明确。这样既便于执行者运作，也便于社会各界监督。

第二节 澳大利亚高校财务预算支出的主要做法与经验

近年来，我国教育改革不断深化，国家对高效的教育经费投入不断上升，由政府拨款、学杂费、银行贷款 3 类来源组成的高校资金规模正日益庞大部控制作为保证资产安全、提高运行效率的管理工具，需要同步进行完善，以防范高校的经济犯罪问题。高校内部控制通过自我调整、约束、规划、控制和评价的一系列方法，达到保护资产完整、安全、检验会计信息真实可靠，确保教育是事业健康发展。与国外高校内部控制的发展轨迹相似，我国的高校内部控制也来源于企业内部控制。然而由于高校特有的经济环境，起步较晚，目前存在众多薄弱环节。

一、澳大利亚高校内部控制制度

1.管理机制严谨权威

澳大利亚高校的管理机制与内部控制之间存在紧密的联系，合理规范的管理机制框架能够保障内部控制的实施，执行有效地内部控制有助于管理目标的实现。澳大利亚高校领导管理的主体是高校董事会，其下设多个委员会：审计与风险管理委员会、财务委员会、立法委员会、学校发展委员会等（见图7-1）。

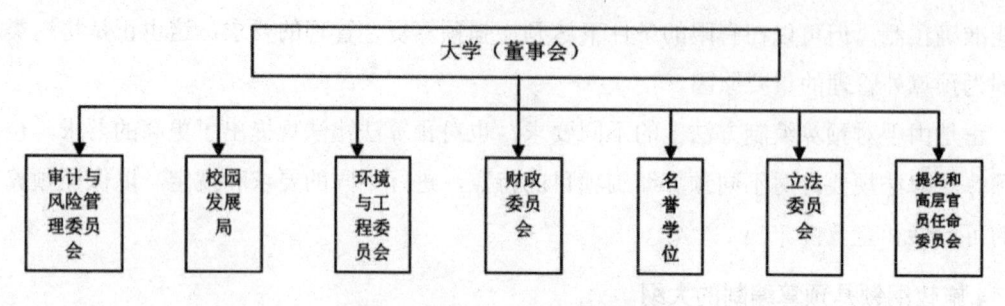

```
                        大学（董事会）
    ┌──────┬──────┬──────┼──────┬──────┬──────┐
  审计与  校园   环境   财政   名誉   立法   提名和
  风险管  发展   与工   委员   学位   委员   高层官
  理委员  局     程委   会            会     员任命
  会             员会                        委员会
```

图 7-1　澳大利亚高校的管理组织

（1）董事会—最高决策机构

董事会是最高决策机构，以高校的利益最大化为主要目标，是澳高校最高内部监督机构，也是被监督的最高机构。其决策、内部监督的职能体现于董事会具体的职责之中，如：制定和批准大学的战略计划；任命大学校长和副校长，并任命校长作为大学的行政总裁，并监督他/她的表现；建立下属各委员会和任命其成员；授权适当的委托管理职能；审查大学的各机构对战略和业务目标绩效管理完成情况；批准年度预算；授权确认大学的年度财务决算报表；批准提交大学的年度报告，并授权转交立法大会；审批和监管及问责制度，包括大学的控制实体的总体概述；监督和监测评估和整个大学的风险管理，包括商业机构等。为了保证董事会决策的公正、有效，平衡并限制董事会成员间的权利，通过选举、上级主管部门制定和校董事会指定 3 种方式共同产生董事会成员，以避免成员集中在少数高校主要领导中间。这种方式下产生的被选人不代表推选群体的意愿，只代表高校的整体利益。校董事会成员构成相对固定，一般由校长、执行副校长、教育部指定人员、选举出的资深学术教授、教学和行政人员、选举出的未毕业的本科和研究生等组成，董事会还指定一些财务人员、专业学术人员等资深专业人士作为董事会成员。董事会会议次数在年度工作报告中确定，除了已经宣布的机密和非公开会议，董事会会议内容向公众开放，接受公众监督。

（2）董事会下属委员会—职能管理机构

董事会下设若干委员会作为具体的职能管理机构，与经济活动直接相关的有：财务委员会、审计与风险管理委员会、立法委员会等，各职能部门相互协作，相互监督。

澳大利亚高校财务委员主要负责高校财务活动、金融投资、资产处置等方面，监督财务活动、提供融资投资的决策建议、系统专业地向董事会提供财务报告和报表。财务委员会只提供财务决策建议，由董事会负责最终决策。财务委员会监督财务活动，由金融财务服务部门负责执行。

审计与风险管理委员会是澳大利亚高校普遍设立的一个重要部门，该委员会对校董事会和当地审计长办公室负责。一方面向董事会提出风险防控建议，并监督董事会的行为和决议；另一方面落实内部审计的规章制度建设，开展、实施具体的审计工作，最大限度地防范和缓减高校财务风险的发生。作为澳大利亚高校管理内部控制中的关键性部门，为保证其审计、监督工作的独立性，委员会主席和委员会主要成员不能为校董会成员，校董会成员只能作为代表参加委员会。其他应邀并有话语权的有副校长、校副执行总裁、风险与审计人员、大学内部审计人员、当地审计长办公室成员、金融（财务）服务部门负责人等。

以董事会为核心，下设多个委员会分门别类进行管理，各司其职，相互制衡。财务委员会负责执行、校董事会负责决策、审计与风险管理委员会负责监督，三者相互结合又相互独立，形成一个有机的内部控制制度体系，保障澳大利亚高校的可持续性发展。

2.财务核算管理信息化

澳大利亚高校的内部财务核算是由金融财务服务部门完成。区别于上述董事会、财务委员会等管理部门，金融财务服务部门是一个财务核算单位，其职能类似于国内高校的会计核算中心。该部门的主要任务是为高校提供准确、及时的金融服务，为决策、财务和管理报告提供数据支持。该部门由主要负责人和一批财务经理组成。

澳高校财务核算普遍采用信息管理系统。以堪培拉大学为例，作为一个比较年轻的高校，尽管国际排名不高，但信息化建设却远远领先于诸如澳洲国立大学等高校。目前，堪培拉大学财务信息系统分为4个子系统：：Technology One Financials、Calumo、整合信用管理系统（Integrated Credit Management System, iCMS）和One Stop。Technology One Financials是学校基本财务系统。Financial Services系统应用于财务会计，对应收账款、应付账款、资产和银行对账进行管理。Calumo是一个专用于生成各种财务报表的工具，用户可以通过拖拽的方式选取所需信息生成特定的报表。iCMS是学校的支出管理软件，用于管理所有信用卡购买和报销事宜。OneStop是整合后的票据和支付系统，可实现学生与非学生的在线支付。

充分利用信息技术，有效进行财务管理。基于这4个子系统的财务核算，不仅提高了员工的工作效率，还极大地降低了打印纸张的数量，促进了节能减排。

3.预算制度设计科学缜密

澳大利亚高校预算是根据本校规定和所在地区财政责任法案编制的，预算的财政年度基于公历计年，预算编制的时间为每年的下半年。预算会议一般由校长和执行董事以及财务、资源规划等负责人召开，商讨未来3年的发展计划，制定3年期的预算，包括有经济意义的所有收入和支出。

作为学校整体战略规划和预算编制的一个部分，各学院和部门需于11月前提交年度教学和研究计划预算，由财务委员会和规划资源部门进行审查。对于预算批准所承担的责任层层落实，从校长到执行董事、财务委员会负责人、院系、部门负责人等。

在一个预算周期的第一年中期，高校将对全部项目的预算执行情况和财务业绩执行情况作全面审查，包括了所有的预算方案和预算方案的重新预测，以保证预测出反映出今年的预期工作结果。同时，各院系、部门机构都需要参与其中，对自己承担的工作计划预算进行审查，增减有关经费。

澳高校的预算并不是都能进行调整的，原则上只限于以下3种情况才可以调整预算：

（1）由于项目实质发生改变而造成的预算调整。这些项目收入和支出发生了明显的改变，这种改变已触及项目的组织和预算计划的底线。

（2）非重大的预算调整，这些调整是中性的，不影响到项目的组织和预算计划的底线，这种类型的调整可以在1—12月份之间进行。

（3）安排分配给内部各教师、院系、部门之间的项目合作预算的调整，这种类型的调整也可以在1—12月份之间进行。

4.固定资产周期化管理

澳高校对于固定资产管理有详细的分类，对于各类固定资产也有明确的定义，如建筑物被定义为任何带屋顶的建筑，且价值超过1万元。建筑物的价值包括内部主要部件的成本，如电器、照明和电气系统，管道式空调系统、风扇和门，其他任何费用和杂费支出，但不包括拆迁和场地清理等相关费用。

对于固定资产的采购有明确的政策和目标。政策要求所有的采购符合高校的规定，确保所采购的物品遵守国家采购的政策。同时采购政策强化了对采购官员的问责制度，有效管理了高校的采购部门，使采购行为经济有效，使得采购部门承担起对公共资源的责任。采购最终要达到4个目标：物有所值、确保采购的廉洁和问责、满足现在和未来高校的需求、可持续发展原则。

对于固定资产采购，澳高校还要进行采购风险分析。首先，要分析"商业风险"的程度，及本商品是否在同行业供应市场中具有竞争力。其次，分析商品的价格。政府规定的商品采购基于风险和价值分为4类。常规：商业风险低，开支程度地；程度：商业风险低，开支程度高；专营：商业风险高，开支程度低；严重：商业风险高，开支程度高。

学校的绝大多数采购被评估列为第1类（Routine），如果采购被列为第2类（Volume）、第3类（Specialised）和第4类（Critical），就需要制定一个明确的采购计划，评估可能发生的风险并进行分析，确保采购的合规性。所有的非第1类的采购都受到内部控制机制的监督。

澳大利亚高校固定资产购置有着非常严格的批准程序，如金额限制、授权限制。从规划、签约到购买每一个过程都要接受审批并记录在案。高校资产购置必须通过政府采购予以透明化并加强采购问责，采购招标信息需要进入当地州政府的首席采购办公室的网站发布并对信息进行维护。澳大利亚高校固定资产普遍要进行折旧，一般以资产剩余使用期为基础采用直线折旧的方式。

澳大利亚高校对外出租教室，获取一部分收益，但大部分不对外出租或出借固定资产。但澳大利亚高校可以通过贷款或租赁的方式使用设备，所有的贷款和租用设备必须由组织单位的负责人批准，并签署相关协议。设备贷款、租用都遵循一套完整的规范，以保护高校利益不受损害为主。对于固定资产的管理，从前期计划、采购、招标到后期维护、运营管理，都有具体的规章条理，操作严谨合规，以保障高校利益。

5.审计制度内外结合

澳大利亚高校都设立了专业的内部审计部门，同时还与外部的独立审计机构和州审计署建立联系。内部审计部门发挥金融审计的功能，按照高校的要求面向所有的管理人员和员工，保证相关活动符合财政政策和权限，确保账目的准确，并提交财务报表及绩效管理报告。

州审计长办公室每年度依据法律规定对高校的财务账目、财务绩效、财务责任等进行审计，大学需要按要求分财政年度提供综合账目包括自身的经济实体的账目。审计长办公室将会通过签约的审计机构对高校进行审计。所有高校的成员按照法律的要求，有责任协助、保障审计的顺利进行。

跟踪检查和论证是审计问责必须调节。每个工作人员都必须取得和保留交易每一个过程中的书面证据，以便以后跟踪检查。审计调查过程中将会要求提供历史资料、支付授权、大学收入等信息。这些待查的材料需要由英文书写，并保存以备查阅。

高校有关的单位需要确保负责或从事财务工作的人员熟悉财务资料的保存期限和金融服务系统的管理政策、程序。高校的任何管理人员或员工都无权违反学校的政策，但如果能预测到按照程序或指导方针等原因会造成违反政策规定的，必须对事项作完整的记录，并正式收到组织单位负责人的授权。任何没有经过授权而出现违反规定的行为都会被视有风险，可能会出现挪用公款、欺诈和诈骗等不恰当行为。

除了高校内部进行审计外，当地州审计署和审计长将对大学的财务记录和财务报表进行独立审计，而且会进行绩效管理体系的审核。外部审计常常依靠高校内部审计去完成执行，以避免重复工作，使审计程序更有效。当然这种依靠是建立在外部财务审计充分相信内审能遵从财务审计宗旨的基础上。外部财务审计可能突出大学在运营过程中存在的权限，大学可酌情接受或拒绝外部审计提出的建议。如果外审提出的建议不被接受，高校应该明确清楚地记录不采用建议的原因。如果审计提出了明确的建议而并没有被采用，审计长可能会将此情况向州政府议会进行汇报。澳大利亚高校的内部审计与外部审计相互结合，充分发挥各自的功能。内部审计发挥金融审计的功能，进行账目审查、提交财务报表和绩效管理报告，审计制度严格执行，材料齐全完备。外部审计根据法律规定对相关财务进行审计，在内部审计协调配合下完成工作。良好的内外部环境，有利于内部控制的有效执行。

二、国内高校内控规范管理启示

上述部分选取澳大利亚高校的管理机制、财务核算、预算管理、固定资产管理和审计管理5个角度，充分阐述其内部控制制度的建设体系，为我国高校内部控制制度建设提供借鉴。

1.管理机制层级分明、权责明确、相互制衡

澳大利亚高校管理机制层级分明，各司其职，由具有最高决策权的董事会统领全局，各委员会职权明确，既相互独立，又相互制衡。我国高校在内部控制建设上，也应建立健全内部控制管理机制，建立层级清晰、职责明确的管理层级，明确各层级的职责权限，并保证不相容岗位相互分离、相互制约，以形成有效的制衡。

2.信息技术为高校内部控制的规范实施提供了坚实有力的基础

澳大利亚高校以强大的信息技术作为支撑，科研充分利用资源，提高了工作效率。除此之外，科学严谨的制度设计及其在实践中的可操作性，为内部控制的实施提供了规范。我国高校也应借助信息技术的强大功能，科学建立内部控制的各个业务流程，设定流程节点的职责权限，通过信息化手段实现科学严谨的制度设计，并在实践得以运用。

3.充分利用外部力量，为高校内部控制的实施创造条件

澳大利亚高校结合外部力量进行监督，更有利于内部控制的有效实施。我国高校内部控制的广泛推广与实施还存在一定难度，可以借鉴澳高校的成功经验，在内控监督上结合内部审计与外部审计的力量，充分发挥内部监督与外部审计的功能，为内部控制的实施创新良好的内外部环境。

第三节 英国高校财务预算支出的主要做法与经验

高校在欧洲发展历史悠久，尤其以英国的牛津、剑桥最为著名，下文以英国高校预算管理为例，阐述欧洲高校预算管理方面的经验。英国的高校独立于政府之外。

英国高校的建立通过由英女王或英国议会授权成立，通常从所有权角度被定义为独立法人的公众机构，英国高校既不是公立，也不是私立，它是一类公共财产，属于非盈利性组织。因此，英国高校的管理与运行完全由高校自主组织与实施，可以视为一种自主运行的组织体系。英国的高等教育预算具备以下特点：

一、高校经费筹措

英国高校运行经费主要来自于国家拨款。国家拨款是通过一个叫做高等教育拨款委员会（Higher Education Funding Council For England 简称 HECFE）的中介机构来执行的，该机构根据高校的教学和科研评估情况分配国家高等教育经费，拥有公开透明的工作程序，能确保拨款的优化配置和合理分配。

高等教育拨款委员会不属于政府部门，在高校和政府之间作为中介机构存在。政府将教育预算经费拨付给高等教育拨款委员会，高等教育拨款委员会再拨款给各高校，这样避免了政府带有某种政治色彩直接拨款给高校，有利于维护高校的学术氛围，也避免了高校不断找政府要资金的做法。将资金统一交由高等教育拨款委员会进行公平公开地统一分配，有利于公共资金发挥最大效益。

高等教育拨款委员会按照一定的计算方法安排资金并拨付高校后，只要是教学、科研和其他相关活动，高校可以自行安排拨款资金的使用。因此，预算管理对于英国高校还是很有必要的。

二、内部预算分配

高校从高等教育拨款委员会取得的拨款是一个总额，需要高校自主编制内部预算进行分配。通常情况下高校将一部分经费划分为教学经费和科研经费，另外一部分以特别经费（如更换设备，土地等其他事项所需经费）的方式进行分配。各高校的财务委员会按照自己的管理办法和经费分配机制对教育拨款进行分配。高校在收到拨款后，通常会留出一部分做行政经费，其他的部分交由院系自行分配，由学院院长决定资金的使用。

高等教育拨款委员会对高校拨款资金的减少也是近年来英国高校学费大大增长的原因之一。在支出预算方面，将支出预算按人员类别分为教学人员、支援人员、与职员有关的支出、学生事务、设备及其他几个主要方面，这些支出占了预算收入的93%，如此高昂的学费下，伯明翰高校的收支刚刚平衡，结余1.9%而已。

三、预算控制严格

和美国一样，英国高校在进行预算控制时也十分严格。为了保障高校资金运作的高效性和可持续性发展，高校在执行预算时严格按政府采购政策执行，通常会编制未来五年的政府采购计划，并在校财务网上公布招投标原则。英国高校注意定时分析预算并公布执行报告，如英国伯明翰大学在校园网上就不止一次的公布了预算情况。几乎在每个高校的校园网上用预算去查找，都会找到不同时期的预算方案及执行情况。英国高校预算的公开性和透明性毋庸置疑，这给高校预算控制带来了极大地便利，有利于高校的预算执行的严肃性，预防了舞弊的发生。

四、预算评价

1986年,英国副院长和校长协会、大学拨款委员会(CVCP/UGC)成立的联合工作小组认为,绩效指标是对资源使用情况和某些领域内特殊目标达成情况所作的通常是定性的陈述,并且认为,绩效指标是一种行为的信号或指导而不是绝对的测量,它并不直接提供对投入、过程和产出的直接测量,也不直接提供综合意义上的绩效评价,但它能够提供与此相关的有用信息。随后,人们将绩效指标的认识不断深入,范围也进一步地扩大,使之包括了管理统计的内容。关于英国高校绩效评价指标体系的具体内容,目前比较全面的是英国副院长、校长协会和大学拨款委员会工作小组编制的《英国大学管理统计和绩效指标体系》。英国高等教育依据这些指标体系对高校预算管理做出绩效评价。

第四节 我国高校预算支出绩效管理改革实践与启示

考虑到我国目前高校预算管理体系的缺点,结合西方国家高等教育预算管理经验,为了适应目前财政改革体制,协调高校预算管理体系和财政体制改革的关系,做到准确提供财务数据,对完善高校预算管理体系进行探讨并提出建议十分必要。

一、健全与财政改革相衔接的高校预算管理措施

现阶段下,国家财政改革对高校预算管理体系产生了重要影响,如何使高校预算管理体系有效发挥出对国家财政的作用和对高校校内管理的作用,必须要健全目前高校预算管理和国家财政改革相衔接的措施。

1.健全与部门预算改革相衔接的预算管理措施

实行部门预算改革后,各高校作为独立的部门,编制的经费预算需要经过各级人大的批准,其严肃性不容置疑。此外,国库集中支付制度改革也要求加强部门预算的严肃性。但在预算管理过程中,预算约束力仍然偏软,其具体原因就是预算责任和权利相脱节;预算指标核定过紧,没有体现可控性原则;对预算执行没有进行实施监督等。本节尝试采用赤字预算、责任预算,改变预算编制方法及实行网络监督系统等手段来解决上述问题。

(1)采用"略有赤字预算,综合平衡"的校内预算编制原则

部门预算改革体现了全面性和综合性的统一,一方面综合反映部门预算内外收入,政府性基金等可动用资源,实现了部门公共资源的统一,另一方面要求严格控制支出的总量。我们可以综合考虑部门预算改革的影响和现实情况下,将预算编制原则定位为"略有赤字预算,综合平衡"。

预算的本质是实现特定发展目标的一种管理工具,其本身具有工具性,那么预算编制

的原则就可以自行控制。高校预算一直是在"量入为出、收支平衡"的原则指导下进行预算编制和管理。但目前高校支出越来越多，收入的增长赶不上支出的增长，资金供求矛盾突出的情况下，高校可以摆脱《高校财务制度》所规定的"量入为出"的预算编制原则，对校内预算采用赤字预算的方式也不是不可行的。很多时候高校的收入预算在严重压缩后仍然难以满足支出的需要，我们可以允许适当的赤字预算以保障高校重点发展目标的实现。

在实现方式上，高校通常拥有大量个人科研资金，这类资金在使用时间上由个人自主掌控。科研人员通常在使用其科研资金时非常省，留有部分资金作为结题经费，这些条件就为赤字预算提供了资金来源。高校可以通过分析前3年的科研经费使用情况，对本年度的科研开支做出估计，在本年度科研收入预算和科研项目年初余额的基础上除去本年的科研开支预算，剩余资金可以作为赤字预算额度。对于赤字预算要进行回补，在时间上可以通过对预算赤字进行强制性弥补的时间规定，要求2~3年内进行赤字弥补，达到预算的综合平衡。在空间上我们可以编制二级院系、单位预算，只要达到二级单位的汇总预算综合平衡即可。

（2）建立各级责任中心预算管理机制

部门预算实行"一个部门，一个预算"，高校可以采用校内部门预算的方式进行预算编制。对于高校主体来说的预算支出—划拨给二级部门的经费就是二级部门的收入，二级部门的预算支出就构成了高校主体预算的明细开支。将每个二级部门视为一种责任中心，部门负责人就是责任中心的负责人，编制责任预算，明确预算管理的职责、权限和审批程序，落实预算执行主体的权利和责任。目前，我国高校办学规模日益扩大，导致管理层越来越多，管理跨度大，管理部门几乎占到全校所有机构的一半。学校对各单位的管理力度逐渐削弱。如此多的管理职能部门，容易造成高校事务处理时权责不清，互相推诿，管理效率低下。在预算管理上，也容易造成同一个事项不同的部门同时申报经费，预算管理容易陷入混乱，这对高校预算管理产生了不利的影响。为了解决这个问题，高校可以在预算管理体系中引入预算责任中心的管理模式。预算责任中心上是一种分权制结构，属于较大型的一种单位内部组织结构模式，形式上属于"统一领导，分级管理，分级核算"。高校对于责任中心的财务管理模式，可以选择责任中心各自拥有独立的预算部门和财务核算部门，也可以拥有独立的预算部门，统一的财务核算部门，做到统分结合，集中优势。在预算责任中心的管理基础上，高校按照教学、科研、行政、服务、其他等五个不同的管理层构造五个一级预算管理责任中心。教学责任中心主要由教学任务为主的部门单位及教学管理部门组成；科研责任中心由学校的科研管理部门及科研单位组成；行政责任中心包括校行政管理部门、人事管理部门、学生管理部门、财务管理部门、离退休管理部门等等一系列具备行政管理职能的部门组成；服务责任中心是指面向全校师生提供服务的部门，包括后勤管理及其服务部门、图书馆、计算机中心、保卫处等；其他责任中心包括上述四类责任中心之外的部门及单位。五个一级预算责任中心下属部门单位为二级预算责任中心。根据部门主要业务划分责任中心进行预算管理，有利于管理责任的划分，管理方式的统一，也有利于实施预算业绩评价和各种资源的合理分配。

在预算责任中心管理模式下，为顺利地进行全校预算管理，保证预算管理效果，高校可以按照独立的预算管理部门和统一的会计核算部门的管理模式完善预算管理组织体系。

1）在管理一级责任中心设立预算管理委员会统筹管理

强化预算管理在高校管理中的重要作用应建立预算管理委员会，由行政一把手领导，各分管责任中心的副校长、总会计师、财务处长、审计处长、各责任中心财务主管及校内预算管理专家学者共同组成。专家学者在预算管理委员会的作用一是作为民意的代表，二是起到一个"智库"的作用，对高校预算管理提出研究性和创新性的建议，以利于高校预算管理的创新性和实用性，在高校管理中发挥更大的作用。预算委员会结合预算的制定、审批、执行、分析、控制、评价及审计等各部门职能为一体，是高校预算管理的最高权力机构，属于行政管理部门。其主要职责是负责根据学校发展规划和收入预算分配各责任中心资金计划，审批预算草案，保证预算的总体平衡，宏观协调各责任中心运作，协调考核指标，并对业绩考核结果实施奖惩。

2）各责任中心设立财政主管和预算管理

专员引入预算责任中心管理机制，各责任中心需设置财务主管和预算管理专员各一名。财务主管负责预算资金的分配，通过预算资金报销的审批权限实施预算控制，对预算考评结果负责。责任中心预算管理专员在财务处工作，隶属于责任中心。

3）明确财务处的预算管理地位

财务处是学校唯一财务支出机构，其主要职责除了日常的会计核算外，还全面负责学校的财务管理、财务预决算报表的编制，财务预算的监督实施及执行情况的总结、分析、考核、参与预算项目的评价。在预算管理上，财务处随时掌握预算执行情况，积极反馈信息及时为领导决策提供依据，对不合理的编制方法进行调整，对预算执行发展方向做出控制。财务处在内部设置综合预算管理科（以下简称综合预算科）和责任中心预算管理科（以下简称责任预算科）。

在预算管理组织体系中，综合预算科负责对各责任中心的预算管理情况进行统一管理，负责编制收入预算，汇总责任预算科的各责任中心支出预算及相关资料，将预算草案编制汇总，提交给预算管理委员会审定，此外，综合预算科定期对各责任中心预算执行情况进行考核，上报给预算管理委员会。责任预算科按责任中心设立预算管理专员，主要负责根据各责任中心财务主管的资金分配计划编制预算，对该责任中心的预算执行情况实时分析，并报由各责任中心财务主管进行预算控制，各预算管理专员对各责任中心财政主管负责。

4）各单位部门自行编制申报，建立预算各级责任制改变以往由财务处编制预算的做法，将预算编制工作交由各责任中心完成。各责任中心根据来年工作重点分配资金计划，将各资金计划交由下属各部门单位去完成预算编制。各部门单位根据本部门的特点和资金计划按照统一的预算编制方法进行编制后，交由财务处责任预算科进行各责任中心预算编制汇总并准备相关资料，经过责任中心财务主管审核后交由给财务处综合预算科编制汇总预算草案。这种层层提交预算方案的做法有利于提高预算在管理中的重视程度，改变预算只是财务部门工作的想法，使高校财务预算管理变得和每一位员工息息相关，只要足够重视并加强管理，必将给高校的预算管理带来新的局面。推广高校责任中心预算既影响了有限的资金在学校各责任中心之间的分配，也间接影响了各责任中心内部部门的资金分配，必然会触动一些部门的利益，引发部门之间的资金争夺，彼此在经费的需求上各不让步，给预算编制带来困难。此时，需要预算管理委员会组织协调，各部门负责人要从全局出发，主动服务于学校远景规划，了解本部门的经费情况，确定下年度的工作重点，对所需的经费提交详细的论证报告及经费使用计划书，以求得资金在各部门之间的合理分配。

5）发挥审计部门的监督职责

学校审计部门要参与高校财务预算编制和执行情况的审计监督和评审，并将监督和审计结果向预算委员会报告。按照预算责任中心，设立预算管理组织机构，改进预算管理流程，是在高校两种管理模式中寻求一个平衡，既有分权制，又有统一管理，有效地结合了统一管理和分权管理的优点，既可以集中权力，又有利于各个部门发挥所长。

（3）利用互联网实时监督预算执行情况

充分利用目前日益发达的互联网的优势，开发经费使用查询系统，使各级责任中心不论何时何地都能通过互联网查询该责任中心的预算实时执行情况。开发经费使用查询系统有利于预算各责任中心对于预算经费的掌握和控制，杜绝浪费和舞弊现象的出现，提高部门预算的约束力。经费查询系统需要实时更新各责任中心的会计账务数据之外，还可增加实时横向比较相对指标，如收入完成率，支出完成率等，给责任中心财务主管对本中心经费情况更加宏观的概念。

2.健全与国库集中收付制度改革相衔接的预算管理措施

实行国库集中支付制度给高校预算管理到来了一系列难题，主要是资金使用受限，为了改变这一状况，本节拟从编制资金使用流量滚动预算、加强国库集中收付网络信息系统建设和细边收支预算、完善预算管理等方面给出建议。

（1）编制资金使用流量滚动预算

实行国库集中支付后，高校的自有资金有限，国库资金的拨付按时间来进行，影响了各部门正常工作的开展。为了适应这一改革形式,要求各部门在编制本部门支出预算时,提交资金使用计划时间表,采用滚动预算按月编制,由财务处汇总并合理分配资金使用时间,据此向国库申请资金使用,保障各部门工资积极持续有效地开展,规范了工作程序,有利于提高效率。

(2) 加强国库集中收付网络信息系统建设

国库集中收付制度改革需要在财政、国库、银行等部门密切协作和大力配合下安全稳妥的开展,具备很强的综合性和复杂性。在此体系里,建立计算机网络系统则显得尤为重要。建立计算机网络系统使财政、国库、银行和各支付部门之间形成网络资源共享,互相监督、相互制约、资源共享,以提高工作效率。同时,以财政部门为核心建立财务信息处理中心,通过一个高效、安全、快捷的现代信息技术网络将各预算执行单位与财政部门的国库收付中心、政府采购部门、商业银行联系起来,满足资金结算、异地实时查询、统计、分析和监督管理等要求。

(3) 细编收支预算,完善预算管理

一方面,实行国库集中收付后,预算控制发生了变化,将原来控制支出总额转变为控制每笔支出,强调预算支出的合理性,强化了预算的约束性,使各项支出必须严格按预算指标、用款计划执行,大大减少了预算执行的随意性。而高校资金使用受到制约的主要原因在于预算管理与编制不够科学合理,要想摆脱资金使用上的制约就必须完善预算的编制工作,强化和细化预算管理,建立科学的预算定额和指标体系,尽可能细化预算,对专项支出设立项目库管理,保证专款专用,使所有的资金支出都建立在明细的预算基础上。

另一方面,支出预算作为一种分配的导向,要在收支平衡的基础上,将预算支出分为维持性经费、发展性经费、重点经费和机动经费,并以历史资料分析和比较作为依据,在现学校发展方针和重点投资方向的指导下进行预算编制,并请各责任中心参与编制过程。在编制支出预算时要坚持统筹兼顾、先急后缓、保证重点、勤俭节约的原则。预算编制既要实事求是,又要有超前意识,充分研究学校年度工作计划与中长期发展规划,兼顾学校经常性预算和资本性预算,保证学校日常开支和前瞻性发展的目标均能实现。

3.健全与财政收支分类改革相配套的高校预算科目体系

进行预算控制需要下达各项经费的预算控制指标,如何将预算控制指标下达至各个项目经费或是职能部门,需要利用预算管理的工具—预算核算科目体系。但我国高校预算管理对于高校预算管理科目体系没有做出明确规定,目前实行的高校会计核算科目体系和高校预算管理科目体系相差甚远,无法将两个科目体系的数据进行汇总对比分析预算执行情况。高校在执行预算时没有核算科目来实施预算管理,预算管理就成为纸上空谈。如何进行预算科目体系的建设,有效地管理预算收支情况成为高校共同面对的难题。没有统一的高校预算科目体系，使预算控制缺少了依托。

鉴于此，我们在借鉴政府收入支出预算科目的设置理念和高校会计核算科目的基础上，设计高校预算科目体系，更好地实现预算控制的功能。

（1）设置高校校内总预算收支科目

设置总预算收入科目"预算收入"，总预算支出科目"预算分配"和经费结余科目"预算结余"，并符合恒等式"预算收入"-"预算分配"＝"预算结余"。其中："预算收入"科目核算高校预算年度内的各项收入的预计金额；"预算分配"科目核算高校预算年度内的资金支出安排及分配金额；"预算结余"科目反映的是预算收入预算期末为分配的金额。此外，另设置"预算调整"科目，用于核算预算调整情况，实施预算指标的再归集和再分配。

（2）设置预算收入科目及

二级科目预算收入科目的二级科目按照政府收入分类科目体系的理念进行设置，其下按收入来源设置二级明细科目。高校的收入在政府收支分类体系中集中反映为"非税收入"，但就高校具体收入来源来说还是有很多不同的，比如学费收入，拨款收入，科研收入等。学费、住宿费和委托培养费属于上缴政府财政专户并返还的非税收入，对上缴数额需要进行准确地预计并上报，因此在预算科目上需要单独分类。据此，高校将二级预算收入科目设置为"非税收入"、"财政拨款"、"科研收入"、"捐赠收入"、"其他自筹收入"，"非预计收入"等六个二级科目，其下设置三级科目。

"非税收入"反映学校收取的学费、住宿费和委托培养费等需要上缴至国库的事业性收费。

"财政拨款"反映上级主管部门经常性拨款及专项拨款收入。其下设置经常性拨款、各类专项拨款等明细科目，"科研收入"反映高校非上级主管部门获得的收入，包括从其他政府部门获得科研拨款，从企业获得的科研资金，从其他第三方获得的科研资助等，如国家自科委的国家自科科研项目，国家社科委的国家社科科研项目等。

"捐赠收入"反映学校年初通过安排和预计本年内能取得的捐赠收入。

"其他自筹收入"反映学校取得了不需要上缴至国库的资金，如经营收入，二级单位缴款等。"非预计收入"反映学校年初不可预计的收入。

各高校可以根据本校特点明细设置下级科目，让收入结构清晰反映在预算管理体系中。

（3）设置预算分配科目及二级明细科目

预算分配是高校预算管理的重点，在资金来源有限的今天，对于提高资金使用效益，取得资源利用率最大化的有效途径就是对预算支出进行细分并严格控制，而对控制预算支出首先就需要有一套完整及科学反映预算分配的科目体系。原预算教育事业型经费支出分为两部分：人员经费支出和公用经费支出，人员经费支出包括基本工资、补助工资、其他工资、职工福利费、社会保障费、奖、贷、助学金。公用经费支出包括公务费、业务费、设备购置费、修缮费、其他费用。这样的经济分类既不明细，也不完整，无法达到部门预算和国库集中支付制度要求的细分预算的程度。

借鉴政府支出功能和经济两类分类体系，在"预算分配"下设置反映高校功能性质的二级科目。将高校的各个部门职能分类归总得出以下几个主要方面的职能：教学、科研、行政、财务、后勤和其他事务等六个方面的职能，按职能设置预算分配的二级功能科目，与此平行设置支出经济分类明细科目。按照工资和福利支出、商品和服务支出、对个人和家庭的补助支出、发改委基本建设支出、其他资本性支出、对附属单位补助支出、经营支出、债务利息支出、债务还本支出、预留机动等十个方面进行经济分类，并设置明细科目。将预算科目按功能和经济分类编制支出预算不仅明细而且便于统计，综合反映了预算安排情况，避免了资源重复投入的情况。通过支出功能分类和支出经济分类，预算分配科目形成一个纵横体系。

（4）预算科目的使用

高校收到预算经费的来源时，借记预算收入科目体系，贷记预算结余，当将经费进行分配使用时，借记预算结余，贷记预算分配科目体系。若出现需要内部调整的情况，通过预算分配之间的内部结转进行。

（5）设计预算收支科目体系的优缺点

按政府收支分类改革的理念设计高校会计预算科目体系，将大量的经济和功能信息集中在一个科目体系中反映，可以按经济性质反映支出，也可以按教学、科研等功能类级汇总反映支出。有利于对预算管理体系做出数据统计分析进行绩效考核，明确管理责任，和部门预算及政府收支分类改革能协调，有利于高校对预算进行绩效评价。高校会计预算科目体系也有它的不足之处，虽然能体现大量的信息，但是在账务处理方面十分复杂。工作量相当大。对于同一笔经费的下拨，原来只需要一笔拨款分录，现在要分成六个部门分别编制拨款分录。最大的难点就是对于人员经费的定位，高校很多教师既是教学人员，又是科研人员，如何将其人员经费定性，各个学校要根据自己的特点去选择合适的方式。具体是选择按工作量比例分配还是按照人员编制分配或者其他的分配方式，就看高校自身的考量和取舍了。此外还存在信息取得的成本和信息的有用性之间的相关性的问题。高校预算的主要目的就是优化资源配置，是对有限的资金合理进行安排并完整执行的过程，对于工资经费这类刚性的支出在校内预算中是否具有功能性还需要论证。

二、建立以目标为导向的预算管理体系

目标管理（MBO）是以目标为导向，以人为中心，以成果为标准，使组织和个人取得最佳业绩的现代管理方法。目标管理亦称"成果管理"，俗称责任制。目标管理理论认为如果一个领域没有目标，这个领域就不会被关注，如果个人的工作没有目标指导，则组织发

生冲突和浪费资源的可能性很大，应该通过目标来考量个人的贡献，并以此保证组织目标的实现。在目标管理中，当最高层管理者确定了总目标后，将总目标分解转变成各部门甚至是个人的分目标，管理者依据目标完成情况对员工进行考核、评价和奖惩。

1.选择绩效目标

实施目标管理对于绩效目标的设计，需要在高校发展计划的基础上进行统筹考虑，我们拟采用借鉴关键业绩指标法来对高校发展目标实行分解设计。

关键业绩指标（Key performance Index，简称 KPI）是指对通过对组织内部某一流程的投入和产出的关键参数进行设置、取样、计算、分析，以此衡量其业绩的一种量化的管理指标，是一种把企业战略目标分解为可运作目标的工具，是业绩管理系统的基础。KPI是用于评估和管理被评估者绩效的定量化和行为化的标准体系，对组织目标有增值作用，关键是在绩效指标上达成承诺，评估者和被评估者要做出充分的沟通。

借鉴英、美国家高校业绩考评的指标体系和我国大学评价体系标准，结合高校预算管理现状，各高校应根据自身的战略目标和发展规划来分别业绩评价指标。根据责任中心的职能设立，预算评价将在各个责任中心展开，责任中心各有其特点，故选取的业绩评价指标也不一样。采用 KPI 将从投入、产出和结果三个方面综合考虑设计制定业绩评价指标。

投入指标用于衡量某项目或服务所消耗的资源量，如人力、资金、场所、设备等。比如：在教学责任中心设立"生均教学经费"、"生均教学面积"、"生均教学设备"等业绩考核指标。对成本进行测算是在传统预算中具有重要地位。成本测算与业绩测算一起构成业绩预算的两个重要支柱。准确的成本测算要求建立一套能够完整记录、分析成本的会计体系。

产出指标用于衡量预算期内完成的工作量、提供服务和产品的数量。它描述的是一个数量，比如：在管理责任中心设立"毕业生一次性人数"、"收入完成数"、"自筹经费完成数"、"档案入档册数"、"文件发布数"、"接待来宾次数"等业绩考核指标。对产出进行测算是早期业绩预算最常用的一个测算工具，在业绩考评中应用比较广泛，因为它们是相对而言比较容易获得数据，并且在一个评价环境中总是不具备较强的对比性，刺激性也较弱。

结果指标用于衡量服务的结果，也是只高校希望通过资源投入所期望达到目标的程度，比如教学责任中心设立"考试合格率"、"英语四级通过比例"、"英语六级通过比率"、"其他国家资格证通过数"等业绩考核指标；科研责任中心设立"国家级课题占全部课题数量比例"、"国家级课题占全部课题金额比例""影响力文章发表率"、"国际影响文章发表率"等考核指标；管理责任中心设立"收入预算完成比率"、"支出预算完成比率"等财务方面指标、"解决来访问题满意率"、"上报文件及时率"、"各项检查合格率"、"处理问题及时率"、"校友捐赠率"等等考核指标，公共服务部门采用"绿化率"、"食堂就餐率"等考核指标。

结果考核指标是业绩考核指标体系中最值得人关注的一部分，但是由于它在资料收集方面难以取得，此外，也很难分析出某项投入和所需要的结果之间的联系。

根据三个不同的方面各责任中心设立不同的考核指标考核不同的业绩有利于各责任中心专注于发展各自的业务，并做好控制。绩效目标考核指标不宜过多，也不能太笼统，尤其是对产出层级的衡量。对于绩效目标的设定应该是选取关键性领域中的指标。比如教学部门就对其"成绩合格率"、"英语四级考试通过率"等控制教学质量的指标进行设置。而管理部门应该对其"人才引进比率"，"师生比"、"预算支出控制比"等管理关键绩效指标进行设置。

各校各责任中心设立不同，需要根据各责任中心的特点和目标设立各不同的业绩考核目标，在安排目标上可以按时间安排也可以按项目安排，也可以根据高校资金安排的重点进行设置，若高校今年财政状况不佳，也可以增加部门筹资比例作为绩效目标，对预算管理进行导向。

强求统一指标体系，对于各高校发展不利，容易造成耗费人力成本、物力成本而达不到考核目的的结果，所以高校应在实际工作中，应从本部门出发，设立关键业绩指标进行考核。

2.编制责任预算

本着"事权与财权相一致"、"权、责、利相结合"的原则，高校各责任中心既然有使用预算经费的权利，必然对经费使用合理合规性负有责任。权利和责任进行比对分析后，对于预算执行情况较好的单位予以奖励，对由于主观原因造成的预算执行不到位的部门单位予以惩罚。首先需要设置一个责任标准，这就需要高校各责任中心在申报预算支出草案时，附带一份详细的经费使用报告，阐述经费申报的原因，经费定量的标准，资金使用时间计划、绩效责任目标，对合理合规使用经费的保证等。财务处收到经费使用报告时，除了编制正常的预算收支报表和资金流量计划表外，还需要将预算目标予以统计归总，提交预算管理委员会讨论决定。

对于预算期内绩效责任目标的设定，如果全部交由责任中心去完成，将造成自由散漫主义和形式主义蔓延，若全部交由高校预算管理委员会去设定，则容易与实际情况相脱节。建议将两者相结合，采用制定方针—责任中心上报—委员会讨论决定的方式来确定绩效责任目标。首先，高校应根据高校发展规划及各责任中心的职能选择业绩考核指标，业绩考核指标一经确定，则将3年内该责任中心考核指标的数据做出分析，选取3年内各指标合理最高值作为预算管理业绩考核指标的满意值，最低值为不允许值进行弹性设定，并赋予权重比例。将编制指标体系通知各责任中心，各责任中心在预算申报预算经费使用的经费使用报告上，将预算期内的各项考核指标做出预计作为业绩目标。各责任中心在设定业绩目标时要进行明确阐述，经过预算管理委员会统筹考虑并决定其业绩目标的合理性和预算金额。

3.采用有效地预算控制手段

预算编制完成以后，对于执行中的预算要注意控制，以防止出现偏差，保证最后的预算效果。

（1）设置多段监控点

高校在预算执行开始后，要注意及时设置预算控制额度。由计算机财务报账系统运行财务核算的高校，可将某些日常经费预算控制额度按月或季度进行设置，有利于控制预算执行程度和资金流量，加强监管，杜绝突击使用经费的情况，提高资金使用效率，也有利于日后权责的划分和评价的实施。

（2）有效的分析机制

财务处按责任中心统计汇总各项经费制成预算表，既包括以新支出功能分类为统计口径的功能预算进度表，也包括由新支出经济分类为统计口径的经济预算进度表，两者总量平衡，统计口径不同。编制预算统计表便于事中控制分析使用。

在执行预算的过程中，高校财务处综合预算管理科，注意按月比对实际发生的经济情况和预算之间的差异，检查按功能科目汇总生成的报表和功能预算进度表之间的差异，并告知责任中心预算管理科责任中心预算管理专员进行分析和控制，有利于下一期预算的编制。检查按经济科目汇总生成的报表和经济预算进度表之间的差异并分析原因和实施控制。

对于预算差异产生的原因，可以从以下几个方面进行分析和检查。

（1）账务处理是否正确财务会计核算时，对于收入支出经费入账的时间、科目是否正确，和预算方案制定时是否一致。

（2）外部条件是否变化预算编制定额标准发生变化带来的差异，如预算编制时，博士生活费按200元每月发放，执行预算时，接到国家相关部门文件，要求将博士生活费涨至1000元每月。或原预算购买A产品或服务，由于技术进步等原因，发现购买B产品或服务更加节约资金和提高效率。对于外部条件变化带来的差异，有超支也有节约经费的情况出现，预算管理部门要注意分析其特点，做出正确的调整意见。

（3）内部环境是否变化由于学校内部情况的变化，造成在预算时不能预计的情况发生，比如某部门突然接到任务，要求安排计划外的活动。或者原预算预计程度不够，花的时间和资金比原预计情况要多。高校预算管理要实时监督预算执行情况并定时做出分析，对预算差异造成的原因要准确找到，并提交预算执行部门实施控制。

4.进行合理可行的预算评价

高校预算业绩指的是高校预算支出活动所取得的实际效果，反映高校所进行的资源配置活动投入与产出之间的比价关系。对预算业绩考核评价就是对高校各责任中心一年内预算运行结果的考核和评价，对预算管理情况的总体评价，对高校预算支出所产生的经济效益、社会效益以及对高校各项事业发展产生的结果进行综合考评，需要对全校各项指标进行考察来衡量预算投入和产出是否有效。预算评价结果直接影响来年的预算编制及执行政策的出台。预算评价是预算管理重要的一环，掌握着预算管理的生命线。如果没有对预算投入产出的考核评价，预算管理就会流于形式，预算就会失去控制力。

高校预算业绩考评的最终目标是对高校预算执行情况及效果做出全面、准确、客观地描述，并根据之前提交的经费使用报告中阐述的预算目标进行考核，对各责任中心执行预算的最终结果做出合理客观的评价。

进行高校预算业绩评价既要考评高校的资源总量是否符合整个高校运行客观比例的要求，又要考评资源的使用效率是否最大化。这是优化高等教育资源配置的要求，也是完善现行的高校预算管理体系的内在要求。因此，应当依据科学、合理、有效的方法对各预算执行部门进行全面评价。

三、高校预算管理信息化建设优化路径

2018年9月，中共中央和国务院发布《关于全面实施预算绩效管理的意见》，要求"加快建成全方位、全过程、全覆盖的预算绩效管理体系"，并提出要"创新评估评价方法，立足多维视角和多元数据，依托大数据分析技术，运用成本效益分析法、比较法、因素分析法、公众评判法、标杆管理法等，提高绩效评估评价结果的客观性和准确性"。

1.大数据应用于全面预算绩效管理的多功能价值

（1）大数据的精准指向可增强预算管理的可预测性

预算主要是指对未来资金的安排，是对未来可能发生的业务活动进行预测并提前进行资金安排的活动。作为资金政策，预算不仅要做好资金需求准备，而且要提供一种资金使用的未来指向。预算绩效管理则是通过考核和评估预算安排的合理性、合规性与准确性，为后期的经济业务活动提供明确的目标指向。显然，要达到理想的绩效标准，预算规划必须要增强前瞻性和预测能力。大数据应用所具有的对多来源、多渠道信息深度挖掘、筛选、比对、统计、分析的独特优势，赋予它精准化定制和精确化预测两大功能。大数据应用最核心的价值在于它对于海量数据的存储和分析，从海量数据中"提纯"有用的信息，在研究大量数据的过程中寻找模式，发现不同信息的相关性和其他可用信息，帮助各种预制方案更好地适应变化，做出更明智的决策，以形成具有未来预测功能的各种指导方案。例如，中国香港的研究人员根据《官方航空指南》、中国疾病预防控制中心发表的报告等数据，运用大数据技术，通过人口流动、确诊病例和病毒的序列估计值三个数据来源，对未来很可能发生的新型冠状病毒肺炎疫情规模做出估计，并建立了预测模型，以利于世界各国政府

提前制定好应急计划及缓解干预措施,迅速部署救助资金、储备各种防护和医疗用品。可见,大数据应用所具备的功能价值与预算绩效管理目标需求具有高度的一致性。

我国高校经过近几十年的不断发展,数量与规模逐渐扩大,办学质量逐步提升,经费投入也呈现出高速增长的态势。加强高等教育经费使用管理,提高资金使用效益不仅是国家和社会公众关注的重点也是高校自身内涵式发展的内在必然要求。无论是基本公用经费还是业务专项经费,都涉及到各级财政管理部门、高校、校内部门、教职工直至每一位在校生。把所有的资金收支环节与流转过程信息以大数据技术进行整理与归集,可以有效提高未来资金安排的可预见性,从而提高资金的使用效率。

(2) 大数据的相关性分析可提高预算决策的有效性

大数据被称为海量资料,是巨大的信息资产,但是大数据的挖掘应用不是简单的数据堆砌,而是要挖掘数据的关联性,找出关联数据中蕴藏的价值,即关联数据对决策形成的数据支持。大数据的价值不在于"大",而在于"有用"。在当前的预算绩效管理过程中,尤其是在进行绩效指标构建时,大多数预算单位绩效指标的全面综合、效度和信度、逻辑科学和可操作性等方面或多或少存在一些缺陷。许多高校在考核或评估预算绩效时,由于缺乏全方位详尽的信息和准确的数据,往往只关注支出程序是否合规以及资金使用进度和资金使用率。即使拥有数据,也难有精力进行整理分析,考核指标单一笼统,对于资金使用成效无法拿出令人信服的评估结果,难以确认初始决策的有效性,更难以在预算执行过程中实时跟踪决策与调整决策。大数据技术应用为全面预算绩效管理带来了新的机遇,它可以对财政部门、高校与高校部门的日常数据集合进行捕捉、管理和处理,具有比传统处理方式更强的洞察发现力、流程优化能力和决策力,可以帮助我们分析过去,提醒现在,展望未来。借助这些搜索到的信息数据,可以发现预算资金在一段时间内的活动趋势,对预算资金的流向进行对比与关联,分析预算资金支出的合理性,审查预算资金在执行过程中的所有无效或低效情形,以实现未来决策的最优化,增强预算决策的有效性。

(3) 大数据的全面覆盖可协调不同利益部门的需求

高校预算绩效管理涉及面较广,上有财政和教育行政管理部门,下有校内各学院、管理部门和教师学生,不同的参与者对于预算资金的考虑角度、未来预期利益也不尽相同。如何协调各方利益关系,达到所有参与者的利益平衡,必将对最终的全面预算绩效管理结果产生影响。现有的预算绩效考核模式往往是上级单位考核下级单位或部门,由于信息获取的缺失,考核难以顾及到所有参与者的利益,各利益相关者也缺乏自由表达意见的渠道与机制,这就导致大部分参与者对预算绩效评估丧失积极性和主观性,只是迫于考核压力而被动应付。大数据技术获取信息的完备性将弥补这一不足,由于大数据搜集信息的全面性,只要有需求,运用大数据技术即可覆盖到绩效管理流程最细枝末节的角落,自动将所有信息一网打尽,通过比对分析,最大程度地考虑所有参与者的利益需求,从而缓解参与者之间的利益不平衡，促使参与者积极自觉改进预算管理方式，改善预算管理方法，提高预算资金使用绩效。

（4）大数据的实时动态调整可提高预算资金使用效率

高校现有的预算绩效考核一般都是在年末或某一具体事项结束后再进行数据整理与信息搜集，这种事后考核只能对下一期间的预算编制和决策具有一定的制约和指导作用，对于当期的预算执行或是已经结束的项目已经没有实际意义。而大数据技术所具备的处理海量数据，实现数据的实时传输与快速流转，对数据进行专业化处理的超强能力，则可以随时根据资金的流向、周转速度、使用规模等分析预算编制时的遗漏或缺陷，根据实际需要实现预算资金在不同单位与部门间的动态调整，使有限的预算资金能充分"为我所用"，而不必等到某一项目完成或是某一时期结束才能进行预算修正。

（5）大数据的广泛性可提升绩效评价结果应用的及时性和延伸性

由于目前绩效评价大多为支出后评价，在整体性、协同性和源头性上缺乏管理的功能和手段，导致绩效管理的广度和深度不足，未覆盖预算部门的所有预算管理行为，导致绩效激励约束作用不强，财政资金使用低效和浪费的问题并没有得到根治。大数据技术将财政与教育行政管理部门、各高校和其他相关单位，甚至包括管理者或实施者个人都紧密连接在一起，将从前看似"无用"的数据通过整理变成具有充分可比性的有效信息，既可以从整体上进行绩效评估，也可以根据实际情况进行差异化评价。所有的绩效评价结果都可以通过链接及时上传下达到不同的单位、部门、项目组甚至个人，既有利于对照改善自身的资金预算绩效管理，也便于外界对高等教育经费使用进行有效监督。

2.大数据技术应用于高校全面预算绩效管理的困境

大数据技术作为新的技术手段将助推全面预算绩效管理站上更高的起点，应用前景广阔，但是也要看到这一进程任重而道远。就目前来说，积极推进大数据应用于全面预算绩效管理，还受到以下几个方面因素的制约：

（1）缺乏相关的法规和制度保障

虽然我国已经制定了一些有关数据信息收集方面的法律法规和其他规范性文件，如《中华人民共和国网络安全法》《全国人民代表大会常务委员会关于加强网络信息保护的决定》《国务院关于大力推进信息化发展和切实保障信息安全的若干意见》《电信和互联网用户个人信息保护规定》《信息安全技术公共及商用服务信息系统个人信息保护指南》《规范互联网信息服务市场秩序若干规定》等，这些法律法规在借鉴国外经验的基础上，结合我国实际，规定了数据信息收集的基本原则以及一些具体要求，但还缺乏系统性和更强的针对性。无论是国家层面的立法还是部门规章制度，关于大数据的管理都没有形成完整的法律体系和制度保障。各行各业包括政府管理部门更多地是关注大数据的优势和带来的利益，主要在技术层面下大工夫，热衷于发展大数据产业、大数据经济，却未能及时制定形成完整、清晰的大数据法律制度。比如数据收集主体较多，对数据收集主体未进行法律规范，数据安全面临威胁。全面预算绩效管理是实现国家治理能力现代化的重要手段之一，如何利用大数据服务于高校全面预算绩效管理还处于探索阶段，从国家立法到对应的教育、财政管理部门都还没有关于大数据应用的具体规定和实施细则，高校要真正落实执行还缺乏具体的法律依据与规章指引。财政部门和教育行政主管部门需要制定高等教育经费管理办法，对于绩效管理所收集数据的性质、范围等规定适当的条件，特别是有些专门、敏感数据的收集，还需要取得相关部门的授权，数据信息收集人员须具备相应的专业资格，并进一步明确其权利义务和相应的法律责任。

（2）新的全面预算绩效管理思维尚未形成

此前，预算绩效管理的责任基本上是落在基层部门头上，由于考核数据搜集困难，指标量化难以落实，因而责任目标也较为模糊，基层部门也大多处于被动接受考核评估的状态。全面预算绩效管理要求覆盖面更广，考核评估更为深入和精准，因而需要更为先进的管理理念和技术手段。一方面，主管部门、高校和具体实施者，特别是高校的财务管理部门自身还缺乏对于全面预算绩效管理的充分认知，仍是疲于应付日常工作，难有从"全面预算绩效管理+大数据"角度进行深入的思考与探讨，当然也就难于在实际工作中去主动体现这种管理思维。另一方面，由于长期形成的数据信息保密思维，一些单位或部门不愿意将自身拥有的预算管理数据信息进行共享，或是因为数据共享还需要进行额外处理因而存在怕麻烦的思想，造成了高等教育经费预算数据信息难以进行同口径和同格式处理整合，数据看似庞大完备，却无法实现共同利用，甚至还经常造成同一信息不断向不同部门重复申报的低效率行为。

（3）没有统一的数据安全保障

高等教育经费全面预算绩效管理涉及大量的经济数据，与高校的正常运转与持续发展密切相关，数据信息的广泛利用确实能为全面绩效管理带来许许多多的优势，但是数据信息本身的安全性和数据所有者的安全性目前还缺乏清晰的安全保障边界。数据信息的公开与分享打开了参与者合作的大门，但同时也为某些破坏者提供了进入的渠道。高等教育经费预算数据散落于行政管理部门、高校、校内学院部门等各级基层单位，某些情况下还涉及个人信息，一旦进行所有数据库的连接，难免使其他的教学、科研、管理数据信息也受到通信安全威胁，给一些之前相对封闭的数据信息存储带来较大的安全隐患，一旦有黑客攻击或是恶意软件入侵，则会给整个系统带来无法估量的损失。当前高校大数据的安全运用大多还处于设想阶段，要充分开展全面预算绩效管理，规范且灵活的建设标准与运行机制建立还需先行一步。

（4）急需复合型管理人才和管理队伍

新技术服务于新领域，必然需要大量掌握新技术与所属管理领域知识的复合型人才，同时还要形成与之相适应的完善的管理队伍。高等教育经费预算绩效管理工作本身就较为复杂，从事这项工作的人员不仅需要丰富的财务、审计、法律等专业知识，还要熟悉高校的管理特点与管理模式，对整个预算管理相关政策、所有运行环节与流程，甚至预算的具体编制、执行、考核评估等都熟练掌握。如果将大数据技术应用于全面预算绩效管理，相关人员还需要学习大量的信息技术知识，具备相应的管理能力。我国当前对于大数据应用人才的培养才刚刚起步，大数据应用人才的培养机制还需要进一步完善，大数据应用人才培养的数量和质量还有待进一步提高。

3. 高校全面预算绩效管理的大数据应用举措

（1）以发展的眼光制定有关法规与制度

大数据应用是一种新的技术手段，应用于全面预算绩效管理更是一个全新的领域，它将促使每一位参与者由被动接受绩效管理变为主动探求提高绩效管理水平，对于改变传统的预算绩效管理模式将具有深远的影响。机遇将至，也须规则先行，要以发展的眼光制定与完善相关法律法规，而不应总是等待问题出现再亡羊补牢。教育和财政管理部门可以在广泛征求不同应用领域专家和大数据技术人员意见的基础上，制定出一系列部门规章和管理办法，为逐步形成较为完善的法律体系和制度保障奠定坚实的基础，数据技术应用于高校预算绩效管理提供充分的政策和法律指引。高校也可以在上级部门的指导下，结合自身情况小范围先行试点，提早发现可能出现的漏洞，做好与相关法律法规间的相互衔接。关于预算绩效管理信息和数据规范的制定，应有宏观的思考和系统的架构，不能局限于某些局部领域的信息保护。首先，应根据《网络安全法》来完善大数据应用的安全保护，梳理查找目前还缺失的制度规范。如建立对大数据赖以存续的载体类关键基础设施数据的安全保护机制，而且这种安全保护机制应当涵盖公共通信、公共服务、金融管理、信息服务等领域。其次，要根据大数据应用于高校全面预算绩效管理的重点难点广泛征集相关部门意见，在制定全面预算绩效管理制度时充分考虑相关部门应用大数据时的实际需求和制度依据。最后，制定出切实可行、标准化的、刚性的操作流程和规范，并做到管理制度与法律规定的无缝衔接。

（2）打破数据信息共享壁垒，保护数据信息安全有效

要让大数据技术在高等教育经费全面预算绩效管理方面发挥作用，教育管理部门、财政管理部门、高校、校内基层单位必须全方位开放相关数据信息，公开所有的文件规定、管理办法、实施细则、预算编制、收支执行情况、考核评价结果等详细内容，所有参与者必须要积极转变观念，充分认识大数据技术所具有的优势，主动做好大数据技术应用的前期准备，对于不愿意开放数据资源的部门要充分利用法律性强制规定，打破数据垄断，建立良好的数据资源共享环境。在开放数据资源的同时，也要清晰界定数据信息资源的安全

边界，明确数据信息所有权。对一些重要的教学、科研数据尤其是涉及国家机密的信息，必须单独采取安全措施，制定科学、统一的开放原则与开放标准，做到依法开放，按需开放，以免顾此失彼。数据信息收集者要进行识别、把关，监控数据信息是否真实、合法、准确、完整和可用，提高开放数据信息的质量，提升共享数据的应用效率，既要明确单位或个人依法使用全面预算绩效管理大数据的权利，保障数据信息依法有序自由流动，如区分数据信息的类型，以此确定使用者层级、可利用程度、发布范围等，也要明令禁止单位和个人侵入干扰大数据系统、窃取数据等危害数据安全的行为。同时，还应制定相应的政策和法律规定，加大对数据安全违纪违法行为的行政处分和法律追究力度。

（3）构建新的"全面预算绩效+大数据"管理系统

首先，要建立能实现高等教育经费全面预算绩效管理多个数据源整合的管理平台。其次，在该平台基础上构建"全面预算绩效+大数据"管理系统，便于将纵向的宏观数据与微观主体数据信息汇总。同时，要使政府部门、高校、校内部门与个人紧密结合，内外监管高等教育经费的预算绩效质量。

宏观上，高等教育经费一般涉及教育厅、财政厅等相关部门，这些部门需要为管理平台提供高等教育经费的投入、学生数量、办学质量等历史数据及新增数据，便于数据的共享和再利用，而且关联指标要纵向可比。微观上，高校及校内部门或个人在逐级汇总中形成的信息数据需要依法公开，将教育经费投入预算与使用数据同步上传至管理平台，以便于对重点项目的监控。高校是微观层面关联数据的提供者，需要实现微观数据到宏观数据的纵向联系，越是内容丰富的微观信息越有利于大数据分析，决策依据可以更精准。同时，要对比关联数据间的稽核关系，通过异动预警或可视化呈现等机制，提升数据的使用效率，做到事前、事中与事后控制，提高经费的全面预算绩效管理质量。

以大数据为工具，构建新的全面预算绩效管理系统，可以从数据搜集、数据分析、预算决策与结果评价应用等方面着手：

1）统一的数据搜集与分散的意见表达

利用数据共享的有利条件，采用大数据技术手段建立数据自动采集系统，保证所有可公开数据能实现自动传输与备案，对于异动数据能够及时提示或预警，便于自我修正与外部监督，同时每一个环节末端还可以通过这个系统提出意见或建议，拓宽预算绩效管理过程中所有不同利益者的意见表达渠道。

2）数据分析与有效利用

利用搜集到的公开有效数据信息运用多种方法进行分类、对比、分析，形成的分析报告要相互印证。所有搜集到的意见、建议要进行梳理和总结，形成完整可行的实施计划，为预算决策、编制与执行提供可靠的依据。通过大数据计算与分析得到的趋势分析，有助于制定预算政策时充分考虑未来的不可预测性，提高预算编制的准确性。例如，教育部和各高校对于未来可招生人数的趋势分析，便可以作为教育行政部门核定招生指标、财政部门核拨教育经费的参考依据，提前做好未来数年所需的教育经费计划。高校也可以此为依据，规划未来校舍建设规模、图书和设备购置数量等。越准确的预算决策与编制越能够提高预算资金的使用效率，越有利于后期的预算执行。

3）绩效评价与结果应用的延伸

大数据技术对于海量数据的有效分析整理为绩效评价与结果应用提供了有力支撑，数据信息的全面可靠能够充分考虑到高等教育经费预算管理过程中的复杂性与差异性，使考核目标更加明确、具体，考核标准更加可行，考核指标更加个性化，考核数据更加可对比。大数据技术应用于考核评价可以快速计算出评价指标数据，以标准化格式撰写评价报告，结合具体情况进行调整后即可及时通过全面预算绩效管理系统进行公示，便于所有参与者对评价结果进行查询与研究，改进后期的绩效管理工作。只要符合信息安全要求，就能以此实现外部监督。

（4）加快复合型人才培养与队伍建设

大数据技术应用于高等教育经费全面预算绩效管理已是势在必行，这对每一位参与者提出了更高、更全面的技术要求。全面预算绩效管理涉及从上到下的管理部门、执行部门和具体实施者，同一部门或个人甚至还身兼多重角色，所有参与者不仅需要熟悉高等教育发展规律、高校的管理模式，还要清楚各种预算管理政策，掌握财务、法律、大数据技术等专业知识，才能够在整个预算绩效管理过程中各司其职，分享数据信息资源，找到大数据充分应用的连接点，不断进行信息资源整合。高校的主要职能之一就是人才培养，在专业人才培养方面具有先天优势，为高等教育管理创新提供人才支撑更是其义不容辞的责任。高校可以充分依托现有教学资源，整合不同专业的师资力量，设置专门的人才培养方案，开设有利于复合型人才培养的辅修专业或专业方向，为社会培养更多更好的具有大数据管理意识和技术能力的高校管理人才，提升高校的预算绩效管理水平，最终促进高校办学质量和效益的进一步提高。

4. A 高校预算管理信息化建设案例分析

（1）A 高校在传统预算管理体系下所遇到的主要问题

1）人工操作效率低

A 高校校内预算编制工作，如预算批复、调整、执行、监督、决算等，多依靠人工进行，分析统计工作也过于繁重，无法实现精细化、科学化的预算管理。受长久以来的习惯思维影响，校内二级学院及业务部门所报送的预算表格样式五花八门，对于资金使用测算根据、项目建成目标等内容不详尽，很多项目需要重复收集资料，给预算项目的审核、批准带来了很大难度。

2）预算计划不科学

A 高校的预算执行结构畸形，往往上半年进度缓慢，而下半年或年末出现大规模花钱现象，一定程度上影响了财政资金的使用效益。长期以来，A 高校各业务部门及二级学院普遍存在"轻预算、重决算"现象，信息反馈慢，预算管理与会计核算工作分离更加剧了这一现象。

3）教职工对预算管理的重视程度不够

A 高校预算管理信息下达滞后，导致很多教职工在经费使用过程中不知道所在二级学院、部门有哪些项目资金，不了解学院预算总额及可用资金数额；在预算审批过程中，不了解该找谁审批，而部门负责人也无法及时、全面地了解本部门的经费使用明细情况。

（2）A 高校预算管理信息化建设的具体优化措施

1）改进和完善预算管理信息系统

A 高校遵循"量入为出、收支平衡、积极稳妥、统筹兼顾、保证重点、效益优先"的预算编制原则，实行"统一领导、分级管理、集中核算"的预算管理体制，委托软件开发公司根据学校的组织结构和管理模式设计一套二级预算管理系统，并嵌入学校的 OA 管理平台。一切工作都线上进行，很大程度上减少了手工录入、统计的繁杂工作，并实现了二级部门预算申报的规范化建设。

2）加强预算的科学性

A 高校财务处可以根据优化后的预算管理信息系统提供的数据多渠道筹集资金，合理编制预算，科学配置资源，及时落实各二级学院日常教学科研工作、事业发展需要的资金。年初预算方面，因为有些费用是根据部门业务特点和建设重点测算的，而有些费用是根据部门的职工数（如差旅费、办公费等）和学生数按核定标准测算的（如学生费用、见习实习费用等），因此，优化后的系统在年中（一般在 10 月份左右）要及时根据职工数和学生数的变动情况进行预算调整和预算追加。

3）提高预算额度等信息的透明度

每年年初，财务处根据各部门编制的部门预算情况来最终汇总编制 A 高校的二级预算分配方案，经学校党委会和校办公会集体讨论通过后，将部门的二级预算额度导入系统。职工可在系统中申请资金，并按审批流程进行事前审批，使用后再根据实际使用资金情况进行确认，打印出报销单到财务报销。

（3）高校预算管理信息化建设的启示

1）统一标准，加强沟通

在高校预算管理信息化建设过程中，统一预算编制口径、规范预算流程是实现全面预算管理的基础。同时，应明确业务归口，落实审批权限，通过信息互通使高校内全员、全方位参与到预算管理和监督中。

2）实时联动，共享共用

高校预算管理信息化建设不能局限于系统内部联通，而要将建设目标落在多部门联网、多系统连接上，进而不断优化高校的信息化系统。

参考文献

[1]邓传洲,刘峻勇,赵春光.基于预算的考核、预算氛围和预算副效应[J].会计研究,2008（04）：70-77+94.

[2]程新生,李春荠,朱琳红,罗艳梅.参与式预算行为实验研究[J].会计研究,2008（05）：53-60+96.

[3]叶建芳,何开刚,沈宇星.预算考评、企业性质与CEO变更—基于我国A股市场的实证研究[J].会计研究,2014（08）：45-51+96.

[4]刘凌冰,孙振,韩向东.预算沟通：动因、形式与效果—基于中国企业深度调查的经验证据[J].会计研究,2016（07）：81-88+97.

[5]王海妮.高校财务预算绩效模糊评价研究—以S高校为例[J].会计之友,2019（04）：129-134.

[6]许江波,李春龙.中国高校预算管理现状调查与思考[J].经济与管理研究,2011（05）：118-122.

[7]杜彧.基于战略导向的高校财务预算管理研究[J].财会学习,2019（20）：7-8.

[8]徐勇.浅谈企业全面预算管理[J].经贸实践,2018（24）：198-199.

[9]孙培清.高等学校滚动预算编制方法探讨[J].财务与金融,2015（02）：28-30.

[10]孙玲,王涛.以战略为导向的预算编制方法在高校中的应用[J].会计之友,2018（05）：128-131.

[11]毛建荣,彭松波.高校内部预算管理中的预算松弛及其控制研究[J].会计之友,2018（09）：129-133.

[12]袁晋芳,何毅.高校预算执行松弛与治理研究—以75所中央部委所属普通高校为例[J].财经问题研究,2017（03）：76-81.

[13]李现宗,毕治军,颜敏.高校预算管理转型研究[J].会计研究,2012（12）：68-73+95.

[14]杨志红.高校预算管理问题探讨[J].财会通讯,2014（20）：94-95.

[15]乔春华.高校预算管理研究[M].江苏：苏州大学出版社,2013.

[16]彭秋莲,杨运东.高校预算绩效评价机制的构建[J].财会月刊,2016（16）：13-16.

[17]龙辰辰.高校预算绩效评价指标体系的构建及应用研究[D].广西大学,2018.

[18]冯文轶,林爱梅.大数据下基于云会计的高校全面预算管理框架构建[J].财会月刊,2016（07）：24-27.

[19]章雯华.试析大数据背景下高校信息化内部控制建设[J].财会月刊,2017（22）：23-27.

[20]田华静.大学治理视野下的高校预算导向作用[J].苏州大学学报（哲学社会科学版），2014，35（06）：127-131

[21]陈秋红.基于战略预算的事业单位预算管理体系研究[J].福建论坛（人文社会科学版），2018（10）：67-75.

[22]潘飞，程明.预算松弛的影响因素与经济后果—来自我国上市公司的经验证据[J].财经研究，2007（06）：55-66.

[23]张朝宓，卓毅，董伟，葛燕.预算松弛行为的实验研究[J].管理科学学报，2004（03）：46-53.

[24]王斌，潘爱香.预算编制、预算宽余与预算文化：基于战略管理工具视角[J].财政研究，2009（02）：78-80.

[25]刘浩，许楠，时淑慧.内部控制的"双刃剑"作用—基于预算执行与预算松弛的研究[J].管理世界，2015（12）：130-145.

[26]沈青青，左燕，安灵.基于门槛效应的预算松弛研究[J].财会通讯，2019（11）：33-37.

[27]程国琴.现代财政制度的核心价值及其实现路径—基于参与式预算的分析视角[J].中国海洋大学学报（社会科学版），2018（03）：110-116.

[28]詹国辉，张新文.治理能力现代化下公共财政预算改革之道[J].理论月刊，2017（03）：124-129+154.

[29]王峰.行政事业单位预算绩效评价指标研究[J].中外企业家，2014（25）：152+154.

[30]郭敏.国外高校财务预算绩效目标管理经验和启示[J].教育财会研究，2019（2）.

[31]彭荣福.基于绩效管理的高校财务预算研究[J].行政事业资产与财务，2016（12）.

[32]张晓红.探析高校财务预算与绩效管理[J].财经界，2014（29）.

[33]贾丽茹，郝凤林.新形势下加强高校财务管理的思考[J].华北科技学院学报，2016，5（2）：96-99.

[34]资园.我国高校的财务预算管理：问题与对策[D].北京：中央财经大学，2016.

[35]刘海峰，李霁友.高校财务预算管理模式及发展趋势研究[J].生产力研究，2013，26（5）：246-248.

[36]邓茜.对我国高校财务预算管理问题研究[J].管理观察，2019（9）.

[37]张静.高校财务预算与绩效管理研究[J].内蒙古财经大学学报，2017，15（02）：45-47.

[38]张婧.高校财务预算管理模式及发展研究[J].中国市场，2018（12）：153-154.

[39]汪笑云.公立高校预算管理存在的问题与改进策略[J].中国管理信息化，2018，21（04）：16-17.

[40]吴杰，柳彦彬，邹梦妮.实施全面预算管理提升高校精细化管理水平—以C大学为

例[J].财政监督，2018（7）：89.

[41]王章莉,叶青.基于战略导向的高校全面预算管理体系的探索与研究[J].经济研究参考，2018（28）：45-51.

[42]张璐.高校实施全面预算管理对策研究[J].菏泽学院学报，2020（1）：20-24.

[43]冯巧根.全面预算管理[M].北京：中国人民大学出版社，2015.2

[44]乔春华.高校管理会计研究[M].南京：东南大学出版社，2015.8

[45]财政部预算司.中央部门预算编制指南[M].北京：中国财政经济出版社，2015.7

[46]乔春华.高校预算管理研究[M].苏州：苏州大学出版社，2013.12

[47]苟燕楠.绩效预算：模式与路径[M].北京：中国财政经济出版社，2011.3

[48]张长胜.企业全面预算管理[M].北京：北京大学出版社，2007.3

[49]王倩倩.高校预算管理问题研究—以S大学为例[D].北京：首都经济贸易大学，2014.

[50]杜艳丽.信息化环境下全面预算管理应用研究[D].山西：山西财经大学，2014

[51]刘静.我国公立高校财务预算管理问题研究—以某大学为例[D].上海：复旦大学，2013.

[52]任小东.高校全面预算管理问题与对策研究—以四川XX学院为例[D].成都：西南财经大学，2013.

[53]寇秀英．我国高等学校预算管理体系的研究[D]．天津：天津大学，2009.

[54]韩燕.我国高校预算管理研究—以成都E高校为例[D].重庆：西南大学，2008.

[55]郭德侠,杨绮雯.2001—2009年我国高等教育经费来源结构及其变动分析[J].高等理科教育，2012，01：68-75.

[56]庞博，张凤武.香港与国外高校预算管理的特点和启示[J].教育与培训，2010，31：271-272.

[57]孙培清.浅议高等学校项目库建设[J].经济研究导刊，2015，15（267）：216-217

[58]孙振华，王倩.企业全面预算管理文献综述[J].管理会计，2014，17.

[59]乔春华.我国高校预算存在10大问题的理论思考[J].教育财会研究，2013（4）：30-37.

[60]冯俏彬.美国预算过程的发展演变及其启示[J].财政研究，2007（6）.

[61]赵实.高校涨学费：旧标准执行10多年成本远超学费[N].新京报，2016.07.10.

[62]冉琳钰.加州大学伯克利分校校长被迫辞职[N].财新网，2016.08.17.

[63]青海省预算绩效评价结果运用暂行办法[N].湖北省预算绩效管理信息网，2014.02.26.

[64]湖南省预算绩效目标管理办法[N].湖北省预算绩效管理信息网，2014.01.22.